21世纪本科应用型经管系列教材

物流与供应链管理

物流市场营销学

（第5版）

董千里　主编　　朱长征　副主编

LOGISTICS MARKETING

电子工业出版社

Publishing House of Electronics Industry

北京·BEIJING

图书在版编目（CIP）数据

物流市场营销学 / 董千里主编. —5 版. —北京：电子工业出版社，2023.5

ISBN 978-7-121-45345-8

Ⅰ. ①物… Ⅱ. ①董… Ⅲ. ①物流市场－市场营销学－高等学校－教材 Ⅳ. ①F252.2

中国国家版本馆 CIP 数据核字（2023）第 056218 号

责任编辑：刘淑丽

印　　刷：三河市君旺印务有限公司

装　　订：三河市君旺印务有限公司

出版发行：电子工业出版社

　　　　　北京市海淀区万寿路 173 信箱　　邮编 100036

开　　本：787×1092　1/16　印张：15.75　字数：424 千字

版　　次：2005 年 8 月第 1 版

　　　　　2023 年 5 月第 5 版

印　　次：2025 年 6 月第 5 次印刷

定　　价：58.00 元

凡所购买电子工业出版社图书有缺损问题，请向购买书店调换。若书店售缺，请与本社发行部联系，联系及邮购电话：（010）88254888，88258888。

质量投诉请发邮件至 zlts@phei.com.cn，盗版侵权举报请发邮件至 dbqq@phei.com.cn。

本书咨询联系方式：（010）88254182，liusl@phei.com.cn。

前　言

　　物流业是伴随着我国改革开放以来经济高速度发展而发展的，现在已经进入高质量发展阶段。本书是根据物流集成、两业联动、产业联动高质量发展要求，结合"一带一路"产能合作的国际物流高质量发展要求，在上一版的基础上，进行的一次全面系统的修订。以适应面向未来、适应需求、引领发展、理念先进、保障有力的现代物流与供应链管理复合人才的培养需要。

　　此次修订和完善的内容主要包括以下方面：①基于党和国家政府最新的为促进物流业高质量发展的政策文件、相关规定，重新审视了国内外第三方物流市场的需求，主要以国内物流为例，展示物流服务如何顺应时代变化。②从集成场角度揭示随物流高级化进程而逐步演变的物流营销，如支持物流集成、两业联动、产业联动、"一带一路"产能合作中体现的中国特色的营销策略，升华了中国物流网络营销实践的理念。③探讨了基于国内绿色物流的新体验；补充、分享了物流营销新理念、新内容、新实践、新趋势，体现了大数据时代物流市场调查与预测手段的多样性；分析了建设物流大数据平台对物流服务营销的影响；阐述了大数据技术下的智慧营销新理念、物流服务价值增值方向；介绍了物流营销体系由阶段向全程的转变，"互联网+"背景下的医药物流服务模式，电商时代冷链物流的差异化服务策略，"互联网+"时代物流服务新产品代表——共享云仓与众包物流；对物流行业的新营销宏观环境从政策层面、经济层面、社会层面及科技层面进行了更新说明。④介绍了营销 4.0 时代特征，引入了物流链、供应链、产业链等营销理念，并结合全球价值链概念进行了论述。⑤分析了物流企业在市场定位中企业形象设计的新理念，农村电商物流市场细分的主要特点，现代各大电商购物节背景下第三方物流企业调整定价的策略，消费者偏好对物流服务定价的影响。⑥分析了智能时代物流服务分销渠道，网络电商的运作模式，电商"造节"物流服务促销模式与作用；强调大市场营销，分析了大市场营销下智能营销的优势；增加了国际物流方面的中欧班列的运营体系，物流企业进入国际物流市场的新实践，以及"一带一路"倡议下，中国物流企业的国际化发展实践内容；增加了菜鸟与顺丰博弈的案例，对相关案例进行了补充更新。

　　本书由长安大学物流工程与管理学科博士生导师、长安大学物流与供应链研究所所长、西安欧亚学院工商管理学院顾问董千里教授组织编写。第 1、2、3、4、7、8、9、11、12、13 章由长安大学董千里教授撰写修订，第 5、6、10 章由西安邮电大学朱长征教授撰写修订。全书由董千里构思设计和统稿。中国民航大学江红、西安烟草公司李荣国等对本书的撰写、完善做出了贡献。

　　本书在撰写过程中，总结提炼了作者所承担的国家社科项目（13BJY080）：基于集成场理论的制造业与物流业联动发展模式研究成果，国家社科项目（17BJL063）：基于集成场理论的"一带一路"产能合作研究成果，国家社科项目（20AJY015）：基于集成场理论的中国物流业高质量发展机制研究的研究成果。本书结合长安大学物流与供应链研究所承担的省部级项目的研究成果，并将其融合在物流链、供应链、供应链集成、产业链、价值链的同态网链案例中，对网链绿色延伸、产能合作等国内、国际与物流供应链有关的市场营销案例进行研究，大量吸收了"互联网+"时代下市场营销学的前沿理论成果，特别强调了市场营销理论结合物流高质量发展实际、科研成果进教材、案例研讨进课堂的基本要求。本书也参考、吸收了国内外学者的研究思想和成果，并以参考文献的形式列在书后或相关章节中。在第 5 版出版之时，我们对曾参与本书前 4 版修订的作者表示感谢，向提出宝贵建议的有关专家、学者表示诚挚的谢意。

　　由于作者大都在教学科研和实际工作的第一线，时间仓促，若有遗漏，敬请告知，以便在重印时更正，实现逐步完善的要求。

董千里

2022 年 12 月

目　录

第 1 章
物流市场营销学概论

章首引例

改革开放以来中国物流业的主要发展过程，具有物流高级化的特点，这一过程如图 1-1 所示。

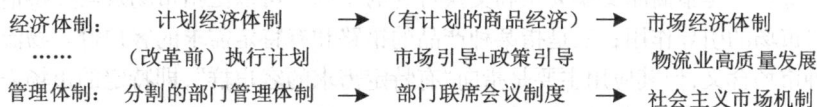

经济体制：	计划经济体制 →	（有计划的商品经济）→	市场经济体制
……	（改革前）执行计划	市场引导+政策引导	物流业高质量发展
管理体制：	分割的部门管理体制 →	部门联席会议制度 →	社会主义市场机制

图 1-1 改革开放以来中国物流业市场环境的最大变化

改革开放以来物流业发展过程主要呈现市场化、信息化、网络化和集成化特点及发展趋势。物流企业主要是发挥经济动能，提供服务于生产、消费质量、成本和效率；政府主要是发挥经济势能，发挥引导和监控功能。物流业是国家十分重视的新兴的复合型产业，物流业作为生产性服务业，与新时代经济社会发展和高质量、生态化发展密切相关。中国物流业在改革中的集成活动具体表现为物流集成、两业联动、产业联动、产能合作，所形成的组织形式为物流链、供应链、产业链和价值链，物流从业内到业间的集成优化，体现了从微观、中观到宏观的变化，如图 1-2 所示，集成、联动和合作等都是通过优化整合形成一个集体，双方或多方都在优化整合中获得新的进步。

原体制	行业	现体制	企业集成活动	产业集成活动	境内外产业集成活动

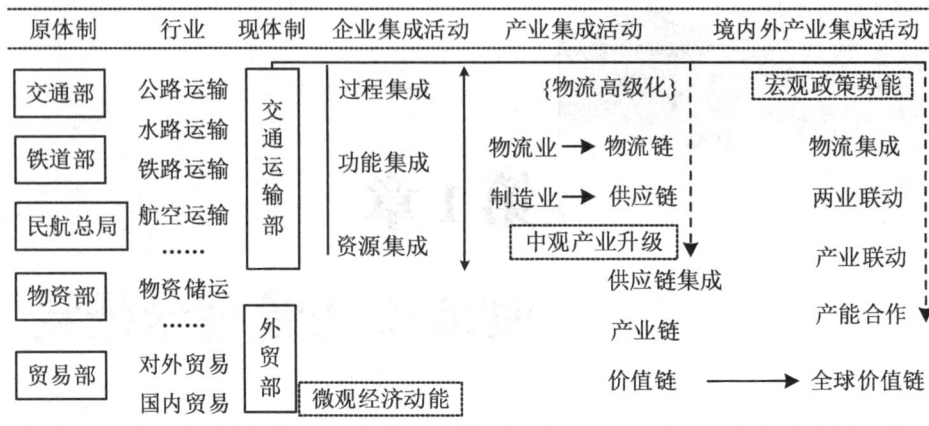

图 1-2　物流从微观、中观到宏观环境的变化

物流营销涉及国际、国家、区域、企业等，是一个组织化的过程，物流市场营销实践发展与经济体制建设发展机遇并存。总结改革开放以来的实践经验，运用集成理论进行网链结构总结，将高质量发展落实到位是中国物流市场营销发展的一个长期任务。

（根据国务院历年相关文件整理）

1.1 物流市场营销概述

1.1.1 市场营销的基本概念

1. 市场含义与类型

市场一般有三种含义：一是指商品买卖与交换的场所，如货运交易市场、钢铁交易市场、集贸市场等；二是指商品交换关系和交换行为的总和，可以泛指市场及其交换信息、价格信号和政府对市场的引导作用；三是指某种产品的销路和有特定需求的客户群。物流市场营销涉及以上三种市场含义，但其应用主要是指向"有特定需求的客户群"，即特定的市场需求或客户群。市场营销通常将具有共同特征的市场需求或客户群称为一个市场面。

根据物流服务需求主体，市场可分为消费者市场、生产者市场、政府市场等类型。消费者市场面对的是最终客户，又称最终需求市场。生产者市场面对的是以中间商为代表的市场客户。物流市场既包括生产者市场，又包括消费者市场，其中生产者市场占很大部分，这是物流市场的一个重要特征。

2. 市场营销的含义

菲利普·科特勒对市场营销的解释是"市场营销是个人或组织通过创造并同他人或组织交换产品和价值，以获得其所需之物的一种社会过程"。市场营销是指通过市场交换满足现实或潜在需求的综合性经营销售活动。随着社会经济的发展，人们对市场营销的认识不断深化。就一般的市场营销而言，其目的是满足消费者的现实或潜在需要；其中心任务是达成交易，实现交换；其手段是综合性的营销活动。

1.1.2　物流市场营销的含义

1．物流及其服务的本质

从产业运作层面来看，物流（Logistics）是指"物品从供应地向接收地的实体流动过程。根据实际需要，将运输、储存、装卸、搬运、包装、流通加工、配送、信息处理等基本功能实施有机结合"。[①]国内有学者将物流表述为"为物品及信息流动进行系统设计、运作和管理的综合服务过程"。[②]这种侧重于管理层面的表述，既体现了物流运作，也体现了物流管理及其高级化发展，以及参与国际物流竞争的的需要。

比较美国物流管理协会给物流的定义"物流是在供应链运作中，以满足客户需要为目的，对货物、服务和相关信息在产出地和销售地之间实现高效率和低成本的正向和反向的流动和储存所进行的计划、执行和控制过程"可知，其管理更体现了物流竞争国际化趋势，所以我们应该以更高的视角理解物流并开展营销活动。

以上分析说明，物流可以从产业运作层面和管理层面来认识。同样，物流服务也可以从产业运作层面的系统设计和集成管理方面来认识。

⚠️ **特别提示 1–1**

系统设计和集成管理是物流业升级的重要手段

物流服务的本质是提供和创造客户所需要的价值，这种价值提供可以通过物流系统设计、运作和管理的综合性活动来实现。市场需求是物流服务高级化的基本动力，物流市场化、信息化、网络化和集成化是物流服务高级化的基本特征。在这一集成物流服务过程中，集成体主导并决定服务质量及价值增值，提升幅度依系统设计、集成管理和实务运作而递减。虽然物流服务过程的每个环节都可能影响价值增值过程，但是，系统设计和集成管理是创造物流服务的价值高端、促进物流服务升级的重要手段，更多地体现在以物流网、供应链为基础的集成物流服务之中。基于网链会有更广阔的优化空间。

2．物流市场营销的内涵

物流市场营销是物流企业针对物流及其相关服务所进行的综合性市场营销活动。物流及其相关服务，包括物流战略、活动及相关的增值服务过程的一体化设计；企业制定综合性市场营销战略及其活动规划，包括战略性、战术性和过程性等不同层次的物流营销活动。

战略性物流市场营销涉及探索、细分、优选和定位，简称战略性物流市场营销的 4P。其核心任务是开发市场、准确定位、获得稳定的客户群。

战术性物流市场营销除了产品、价格、渠道和促销，还可扩展到政治权力和公共关系，简称战术市场营销"4P+2P"。前者着力点在既有市场，后者着力点在开发新市场。

过程性物流市场营销涉及服务集合过程、实物依据和参与者，简称过程物流市场营销的 3P。过程物流市场营销剖析服务是一个过程，并且这一过程的大部分活动要素是可以在可视化物流

---

① 《中华人民共和国国家标准物流术语》给物流的定义。

② 董千里．高级物流学 [M]．3 版．北京：人民交通出版社，2015．

控制下展示给客户的。这 3P 将作为物流活动市场营销最重要的服务性特点贯穿始终。

⚠ 特别提示 1-2

怎样做好 "4P+6P+3P=13P" 物流营销这道题目

物流服务集成商做好 "4P+6P+3P=13P" 这道题目，才能很好地提供一体化集成物流服务。在落实这一物流营销公式的过程中，物流战略营销 4P（探索、细分、优选和定位）需要考虑 3C（客户、竞争和变化）；物流战术营销 4P（产品、价格、渠道和促销）、大市场营销 2P（政治权力和公共关系）需要与 4C（客户、成本、便利和沟通）、4V（差异化、功能化、附加价值和共鸣）和 4R（关联、反应、关系和回报）结合起来进行策划。此外，还需特别融入本书总结出来的做好物流服务过程的 3P（服务集合过程、实物依据和参与者）。

做好这一题目既明析了物流市场营销的一般性，又明确了物流市场营销的特殊性。

因此要搞好物流市场营销，就要熟悉这 13 个 P，预测并把握物流市场需求，熟悉和把握物流供给特点，熟悉并应用物流营销要素及物流服务业特点，宏观掌握政府职能机构发布的政策文件，从微观掌握物流市场营销要点，这样才能把握物流服务性质及其发展规律。

🌐 知识链接 1-1

物流市场营销各要素及其相关理念

特别提示 1-2 中的物流营销活动公式 "4P+6P+3P=13P" 是为了方便记忆和灵活运用而提出的，要深刻理解其内涵才能将其落实到物流营销实践中。其相关理念如表 1-1 所示。

表 1-1　物流市场营销要素及其相关理念

重点应用领域	基本要素	术语的中英文对照	备　注
物流服务营销 13P 要素　围绕物流服务过程的 3P 展开战略、战术营销和大市场营销	战略营销 4P	探索（Probing）	战略营销管理程序，详见 2.6 节
		细分（Partitioning-Segmentation）	
		优选（Prioritizing-Targeting）	
		定位（Positioning）	
	战术营销 4P	产品（Product）	制定营销策略，详见 2.6 节
		价格（Price）	
		渠道（Place）	
		促销（Promotion）	
	大市场营销 2P	政治权力（Power）	营销手段，详见 2.6 节
		公共关系（Public Relations）	
	物流服务过程 3P	服务集合过程（Process of Service Assembly）	基本特色及核心过程，详见 2.6 节
		实物依据（Physical Evidence）	
		参与者（Participants）	

续表

重点应用领域	基本要素	术语的中英文对照	备　注
融入物流服务营销过程应深化 3C 和 4C 组合理念	物流营销 3C	客户（Customer）	深化客户、竞争者和市场分析，详见 2.6 节
		竞争（Competence）	
		变化（Change）	
	物流营销 4C 组合理念	客户（Customer）	面向重点客户营销，详见 3.3 节
		成本（Cost）	
		便利（Convenience）	
		沟通（Communication）	
应用物流服务创新理念	物流营销 4V 组合理念	差异化（Variation）	面向服务方案设计，详见 3.4 节
		功能化（Versatility）	
		附加价值（Value）	
		共鸣（Vibration）	
应用物流服务长期关系	物流营销 4R 组合理念	关联（Relevance）	面向长期关系构建，详见 3.5 节
		反应（Reaction）	
		关系（Relationship）	
		回报（Reward）	

物流市场营销 13P 是一个主体思路，其中包括战略营销 4P、战术营销 4P、大市场营销 2P 和物流服务过程 3P，而在物流服务过程 3P 中体现物流市场营销服务的主要特色、内容和逻辑主线，是集成物流服务商主导的物流服务全过程。物流服务方案设计与实现是决定物流服务价值的最重要因素；物流节点的设施、设备是物流服务质量的重要支撑，并能通过企业的服务品牌和效率体现；设计、管理和运行整个过程的参与者，特别是一线业务人员，很大程度上直接影响物流服务质量。

物流服务过程不同环节的营销工作重点，需要与 3C、4C、4V 和 4R 等营销理念结合并进一步深化分析和应用。物流市场营销将在逻辑上沿着战略市场营销→战术市场营销→物流服务过程，将"7C+4V+4R"理念渗入 13P 要素中，并在物流系统设计、运营和管理中灵活运用，实现高质量发展。

在上述 13P 营销策略为代表的物流营销过程（战略营销 4P、战术营销 4P、大市场营销 2P 和物流服务过程 3P）与 3C、4C、4V 和 4R 构成了物流高级化发展过程，因此，物流市场营销必须抓好营销战略理论与实践的主线。物流市场营销要围绕战略营销→战术营销→物流服务过程，实现其中的 13P 要素在物流系统设计、运营和管理中的综合运用。

3. 掌握物流市场营销问题的必要性和特殊性

以"链"的思想整合资源、功能和系统，就是以物流链的方式提供服务并切入供应链，这是两业联动、产业联动以组织化、协同化的形式稳定下来，促进供应链集成、产业链形成的重要手段，也是参与国内国际市场竞争的必要条件。

（1）增强企业核心竞争力，将企业供应链流程重组是必要条件。其中一部分企业物流业务要外包，利用外部资源来完成，形成制造专家和物流行家的联合与协同，这是两业联动、产业联动的内在特殊性和机制。传统的运输、仓储等企业要适应这一形势，就必须延伸其业务服务内容，制定发展战略，寻求企业物流业务的发展空间。即使是能提供集成供应服务的物流企业，也要适应这一变化形势，并与客户企业建立长期合作关系。这些都需要制定物流企业营销战略规划、营销组合策略并全力实施才能够实现。

（2）物流企业在市场竞争中面临着多重竞争压力，如同行业企业的竞争、客户的讨价还价、供应商的竞价等。物流企业、客户和竞争者的关系，是最基本的战略三角形关系。物流链价值供应链中所体现的服务对象价值，分别作用在生产阶段的前后端，服务对象（客户）、物流企业和物流资源供应商代表的网链关系上，分别构成了以物流企业为集成体主导的一条物流链。其在市场的内涵体现了多层复合战略三角形的博弈关系，体现了物流链组织起来的价值，如图1-3所示。

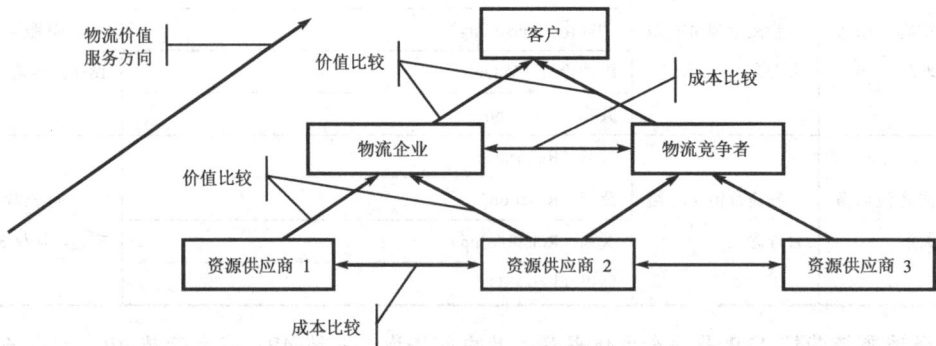

图1-3　"多层复合战略三角形"结构

（3）物流企业不仅要针对客户制定服务策略、价值增值计划，还要针对竞争者制定成本策略、竞争策略，这就不仅需要掌握物流营销的一般性，而且需要掌握物流市场营销的特殊性，增强自身专业化的竞争实力，来提升其所参与物流集成或两业联动的供应链集成中的整体竞争能力。

📁 **前沿话题 1-1**

全球价值链背景下物流服务价值链提升

全球价值链是经济全球化的新特征，反映了当前国际贸易与分工的新趋势。中国等新兴经济体在国际贸易格局和分工体系中地位提高的过程也是主动适应经济全球化趋势、不断融入全球价值链的过程。从生产组织分解规模来看，相比服务业，制造业在全球价值链发展格局中占据了主要部分，但服务业与制造业全球价值链紧密相关。在信息技术持续更新升级和"一带一路"倡议引导下，国内形成的物流链、供应链、供应链集成与关联产业联动并融为一体，形成了一个完整的产业升级发展过程。从制造业供应链全过程看，生产处于供应链中段、盈利的低端，全过程形成了"微笑曲线"，如图1-4所示，生产阶段在2010年所处的价值链区位比1970年更低。

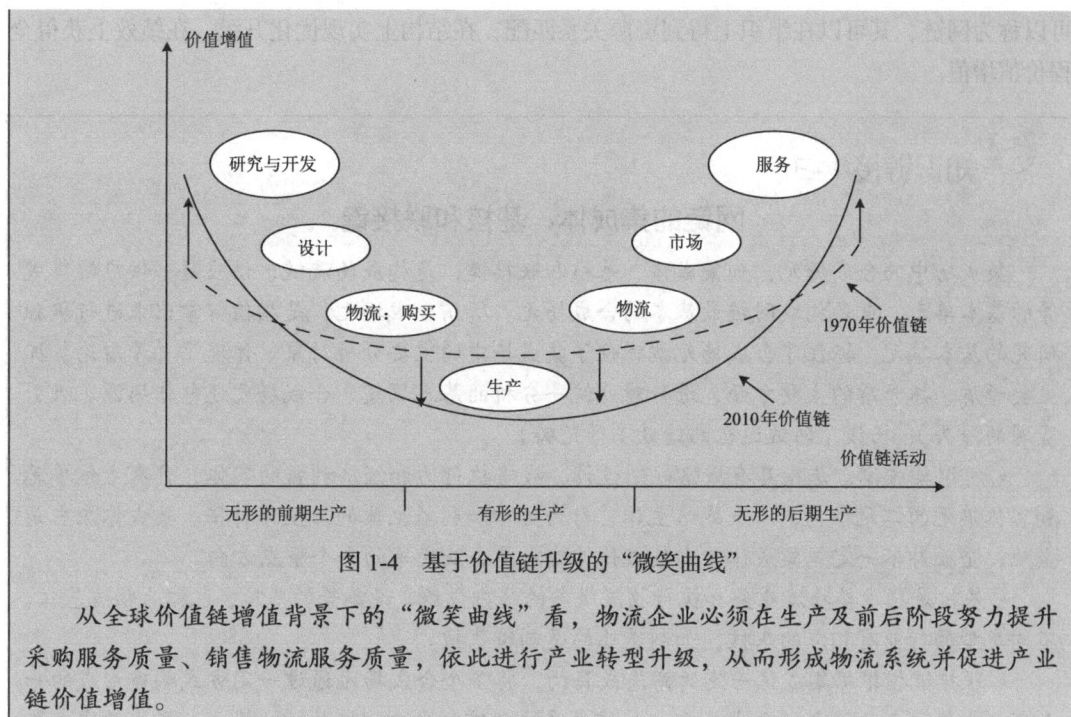

图 1-4　基于价值链升级的"微笑曲线"

从全球价值链增值背景下的"微笑曲线"看，物流企业必须在生产及前后阶段努力提升采购服务质量、销售物流服务质量，依此进行产业转型升级，从而形成物流系统并促进产业链价值增值。

1.2 物流企业及物流市场营销的目的、地位及任务

1.2.1　物流企业

1. 物流企业的含义

企业是经工商行政管理部门登记注册，实行独立核算、自负盈亏、独立承担民事责任，从事商品生产和交换的经济组织。作为物流企业，必须是从事运输（含运输代理、货物快递）或仓储中任一经营业务，并能够按照客户物流需求，对运输、储存、装卸、搬运、包装、流通加工、配送等基本功能进行组织管理，具有与自身业务相适应的信息管理系统，实行独立核算、独立承担民事责任的经济组织。处于龙头地位的物流企业应当是集成体。

> **知识链接 1-2**
> ### 用集成场的视角分析
> 集成场是合成场元集成运动的时空平台。所谓集成，是指多个方面资源整合为一个系统的主动整合优化的过程。所谓场，是指一切合成场元集成（主动整合优化）运动、变化、作用和发展的基本领域。集成场为物流业及相关产业提供了理论与实践的分析认识平台。

物流集成的组织形式是物流链、供应链、供应链集成、产业链等。它们以产业组织优化方式出现，进而从价值视角看，在物流链、供应链、供应链集成、产业链体现的价值链增值，都

可以称为网链，其可以在组织上得到资源关系匹配，在结构上实现优化升级，在绩效上获得全程价值增值。

知识链接 1-3

网链的集成体、基核和联接键

集成场中的合成场元，如集成体、基核和联接键，是构成物流链、供应链、供应链集成等的基本单元，也是构成网链最基本的合成场元。所谓合成场元，是指值得拿出来进行单独研究的基本单元，抓住了合成场元就抓住了集成场中的主要分析对象。体现了《矛盾论》抓主要矛盾、抓矛盾的主要方面，进行对立统一分析的基本思想。合成场元还包括场源（吸引资源的源头）、场线（网链运行的绩效）等范畴。

• 所谓集成体，是指具有战略规划设计、战略执行力和经济利益的实体，具有主体单元和客体单元的二元结构，以及战略主体、行为主体和利益主体的三主体特征。集成体应当是企业，企业却不一定是集成体，向集成体演变也是企业变革的一个重点方向。

• 基核是指承接物流业务和执行物流服务的基础设施、设备等的基地，也称为物流基核。不同类型的行业有相应的基核，如制造业的是制造基核。

• 联接键指根据集成体一定的意志或目的，将多个合成场元通过一定方式构建形成的一个新合成场元。通过新的合成场元，如信息系统、信息平台，使基核、场元、场线的内在机理形成或结成更紧密、更稳定的相互作用关系。

集成场基本范畴的应用，可用辩证唯物主义哲学概括[①]，便于我们更深刻地认识物流市场营销及其发展的本质，即用对立统一、量变质变、否定之否定规律及其对物流运作发展途径的认识，更方便、更深入地进行物流市场营销分析研究。

2. 物流企业的类型

物流业是融合运输业、仓储业、货代业、邮政业和信息业等的复合型服务产业，是国民经济的重要组成部分，了解物流业构成对认识物流企业有重要的作用。国家质检总局、国家标准化管理委员会公布的推荐性国家标准《物流企业分类与评估指标》规定了物流企业的3种类型，即运输型、仓储型和综合服务型，它们的区别主要体现在核心业务的范围上，即主营运输、仓储或综合性物流服务。每种类型又按一定的指标划分为5级，即5A、4A、3A、2A和A级，其中5A级物流企业综合实力最强，依次递减。不同级别的物流企业业务实力不同，所以物流营销策略制定的思路也不同。

根据《中华人民共和国国家标准物流术语》对第三方物流的定义，第三方物流（Third Part Logistics，TPL 或 3PL）是由供方与需方以外的物流企业提供物流服务的业务模式。这类企业能利用电子信息技术和应用服务商提供支持等手段，来实现客户需要的集成化、效率化、个性化的物流管理。第三方物流一般指专业化物流的典型业务模式，往往与企业自营物流相对应，其最具代表性的业务模式是运用自身专业物流功能或者通过一系列的代理服务，为客户提供优质高效的"一条龙"物流服务。国内的第三方物流企业既有中远物流、招商局物流等大企业，

---

① 这是物流市场营销课程思政的主要逻辑，把思政落实到具体的数学实践中。

也有新科安达、宝供物流、全方物流这样的中小企业。所以，在不易混淆的情况下，第三方物流可以指独立于供需双方之外，为客户提供一体化物流服务的业务模式。这一业务模式付诸实施时，首先就需要精准的物流服务项目设计。

3. 物流服务提供商的业务类型

国内第三方物流市场的产品是非实体性的，其市场营销活动与其他实体产品的市场营销活动有着显著差异。物流企业作为物流服务提供商，种类较多，根据其拥有的资产及服务内容一般可以划分为以下几种。

（1）物流资源提供商。这类企业主要提供诸如车辆、装卸设备、仓库、作业场所等物流资源的租用等服务，一般为客户提供单一或部分物流资源，诸如卡车和仓库等。

（2）物流功能提供商。这类企业提供部分物流功能服务，主要有运输、仓储、配送、信息及其他增值物流功能服务等，具体表现为提供部分线路的快件货物、冷藏货物、集装箱货物的干线运输、仓储业务等。目前，我国物流市场出现的一种新型物流业务——质押监管，也属于物流功能提供商提供的增值物流功能服务。企业通过掌握的运输网络组织、网络信息技术、物流据点网络和物流管理信息系统等资源，为客户提供网络化的物流功能服务、数据库与咨询服务、管理服务。物流功能网络服务市场进入壁垒相对较高，因此可利用自己的网络或联盟力量参与，竞争者相对少一些，受市场冲击相对较轻。

（3）物流集成提供商。这类企业拥有物流信息系统集成能力和一定的物流经营资产（如卡车、仓库等），能够为特定客户提供基于专业化、信息化、网络化、系统化的集成物流服务。这类服务提供商还可以进一步分为两类：①基于特定服务对象，提供量身定制一体化服务的物流服务商；②基于信息平台，提供集成物流服务方案并实施管理活动的集成物流服务商。集成物流服务商与客户的关系通过信息技术、信息共享等实现，甚至可以做到客户的业务发展到哪里，其物流服务就提供到哪里。集成物流提供商可以通过利用和整合局部物流服务商来提供一体化物流服务。

📂 **前沿话题 1-2**

物流集成提供商主导的物流链与客户（企业）对接

在服务制造业等大客户的过程中，物流集成提供商主导的物流链需要通过整合物流功能、资源等方式提供集成物流服务，实现高端的集成物流服务模式，如图 1-5 所示，物流集成提供商主导的物流链服务于制造企业。

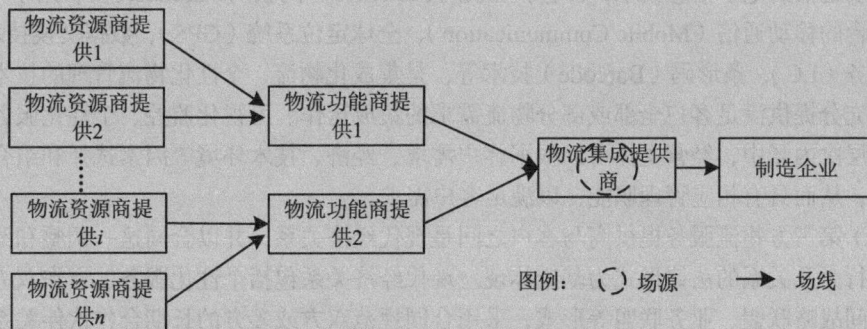

图 1-5 物流链与制造企业对接

在这一模式实现过程中，物流集成提供商往往需要与大客户具有更为密切且稳定的资源、信息、技术、功能和流程等的衔接方式，这通常称为联结键。

📖 **案例分析 1-1**

通汇物流与陕汽重卡的两业联动合作机制

陕西通汇汽车物流有限公司（以下简称通汇物流）是陕汽控股集团精益一体化物流的总集成物流服务商，全面承担陕汽控股集团的物流仓储配送、货物运输及各子公司的零部件集散运输，同时承担了以陕汽物资供应平台为依托的省际闭环式运输及其他营运业务。通汇物流作为汽车物流集成服务商，运用国际先进的物流技术与管理理念，利用 WMS/TMS/CMS 物流信息管理网络，采用标准包装仓储运作、JIT 拉动配送、闭环式运输等精益物流运作模式，为大客户搭建起了一体化的物流与供应链管理平台，使客户享受到了准时配送的物流服务，达到了个性化的高效率、低成本的物流运作要求。

可见，物流企业要把握机遇做好大市场营销，构建大物流网络，进行大集成优化，进而通过创造和传递需求来提升物流价值，提高服务质量，扩大市场份额，促进企业发展。

通汇物流与陕汽重卡的产业合作关系包括从导入、适应、共享阶段走向融合阶段的供应链集成，这也成为两业联动实践模式的典型。

1.2.2 第三方物流企业与客户企业的关系

第三方物流企业是伴随着客户企业（货主企业）将物流业务整体地外包给外部企业而发展起来的。第三方物流企业承接物流业务整体委托，并以第三方物流运作模式来实现客户企业物流需求目标。随着客户企业从部分外包物流业务发展到整体外包物流业务，第三方物流提供商需要提升规划设计和构筑一体化物流系统的能力。借鉴第三方物流研究成果，特别是结合中国的物流实践，理解第三方物流有 4 个层次，相关要点如下。

（1）第三方物流服务提供的主体是第三方，既非生产者自身或货主，也非最终用户，它所提供的产品并不是自己所有的，这是第三方物流最基本的内涵。若这一内涵不存在，则相关的现代经济关系的内涵也就不存在。例如，自营物流不属于第三方物流。

（2）第三方物流的服务是建立在现代技术基础之上的物流活动。信息技术特别是基于计算机和移动通信的电子信息技术，如基于互联网（Internet）、内联网（Intranet）、外联网（Extranet）技术平台的移动通信（Mobile Communication）、全球定位系统（GPS）、数据交换技术（EDI）、电子商务（EC）、条形码（Barcode）技术等，是集成化物流、个性化物流管理的技术依托。它们能够充分提供满足客户全部或部分物流需求的集成运作、可视化监控、个性化服务等技术。在这一层次内涵中，经营主体可以根据客户需求、经济、技术环境等因素选择和组合相应的信息技术，从而具有相应管理职能，以满足客户需求。

（3）第三方物流服务提供商与客户之间是现代经济关系，并以合同这一调整和约束现代经济活动行为及关系的法律形式为基础体现。现代经济关系包括个性化服务、合作双方或多方建立企业间战略联盟、业务联盟等形式，采用合同规范双方或多方的长期合作伙伴关系，一般可建立 3~5 年或更长时间。例如，莱德物流公司（Ryder Dedicated Logistics，RDL）和惠而浦

（Whirlpool）公司签订了一份为期 5 年的合同，该物流合同包括为惠而浦公司设计、管理和运营内部材料物流系统的内容。莱德物流公司和惠而浦公司达成一致的潜在利益包括在信息管理、物流活动及资金周转时间改善的同时使物流总成本减少。在国内的第三方物流方案实施中，相关双方或多方较为普遍地采取签订长期合作协议和每年续签合同的方式。

（4）第三方物流为客户提供系统化、个性化的物流服务。在物流运作过程中，企业可以根据客户要求提供量身定制服务。为了提高服务水平，第三方物流服务提供商要提升自身方案设计能力和物流运作的动态监控能力。

第三方物流经营要专业化、高级化、一体化，物流增值服务要系统化、个性化，物流业务运作要规模化、网络化。如果物流企业仅按照广义的第三方物流概念经营物流业务，很可能由于缺乏一体化物流方案规划设计能力而处于被动地位，因此还必须从狭义的第三方物流视角制定物流企业竞争策略。

狭义的第三方物流是指作为外部组织，企业利用现代技术和现代经济关系为客户提供全部或部分物流服务的模式。所谓利用现代技术，主要体现为经营主体在经营过程中，对基于电子信息技术的技术体系的应用；所谓现代经济关系，主要指第三方物流服务提供商与客户的关系是基于合同的长期合作关系。

例如，双方建立长期的合作关系，第三方物流服务提供商可以为客户企业提供量身定制的物流服务，甚至可以为了满足客户个性化物流服务要求，对物流设施、设备进行专业化改造。

⚠ **特别提示 1-3**

第三方物流特征与发展

第三方物流服务提供商通常指那些专业化的、能够提供系统的物流服务的物流企业。中国加入 WTO 以来，为了增强核心竞争力，一部分企业选择将物流业务外包，从而使提供专业化、集成化、个性化服务的第三方物流迅速形成和发展。从业内恐惧"狼来了"到"与狼共舞"，第三方物流企业积极参与市场竞争，逐渐成为物流市场中专业化经营的主体力量。第三方物流具有以下几个特征。

（1）物流经营主体是独立于供、需双方的第三方物流服务提供者，是专业化的物流服务提供者。

（2）第三方物流服务提供商提供的物流服务是建立在现代电子信息技术基础上的网络化物流服务。

（3）第三方物流服务提供商与客户的关系是以双方长期合同为导向的一系列个性化服务关系。

由于第三方物流利用现代技术并与客户通过长期合同进行合作，如 3～5 年甚至更长时间，所以能够提供客户所需个性化、专业化、系列化、网络化、集成化的物流服务。

1.2.3　物流市场营销的目的、地位及任务

1. 物流市场营销的目的

物流企业市场营销的目的，是通过综合性的活动手段，了解、掌握客户需求，并向客户介

绍能够满足客户需要的物流服务，使客户了解、认识并接受物流企业及相应的物流服务。根据物流企业宗旨和经营战略的需要，其具体目的可分为以下几个方面。

（1）使客户了解物流企业的服务项目，增强与客户的信息和业务联系，增强客户对物流企业的信任感，以获得提供物流服务项目的机会。

（2）促进客户了解和接受企业创造的新形式、新内容的物流服务项目，使物流企业与客户共享物流服务所创造的价值。

（3）扩大物流企业在物流市场的份额，提升物流企业的知名度、企业声誉和物流服务品牌，提高物流企业在市场上的竞争地位。

2. 物流市场营销的地位

物流企业能否获得足够的物流服务业务量是关系其生存发展的重大问题。一些物流业务背靠母公司产品业务量的自营物流经营组织能够很快发展起来，一些具有稳定客户物流业务的第三方物流企业也能很快发展起来。物流服务是需要客户反复购买、使用的服务，因此认识、维持和发展客户群体对物流企业的生存与发展十分重要，必须予以极大的关注。第三方物流企业通过市场营销可以获得并扩大市场份额，提升物流市场竞争力。鉴于物流活动是跨行业、跨部门、跨区域运作的业务，又是涉及规划、监控的一个管理过程，所以物流营销和管理是物流企业的重要经营问题，也是一个新的课题，是关系到物流企业能否获得使企业发展的必要业务量的关键所在。物流营销业绩直接关系到物流企业能否获得客户业务，以及能否与客户建立、维持长期合作关系，因此物流营销工作一直为第三方物流企业的中高层管理者所关注。

对于物流企业而言，物流营销既涉及战略问题，又涉及战术问题。典型的市场营销组合涉及战略性营销组合和战术性营销组合，其中战略性营销直接受到高层管理者关注，战术性营销受到中层和运作层管理者关注。虽然理论上提出的过程是战术性市场营销组合→战略性市场营销组合，但其应用过程是战略性市场营销组合→战术性市场营销组合，这使物流企业从以关注本企业为中心转移到以关注客户为中心。

3. 物流市场营销的任务

物流企业进行市场营销的一项基础和重要任务就是开发、维持和发展特定的客户群体。这一任务对于物流企业而言可以划分为战略性营销任务与战术性营销任务两部分。战略性营销任务的重点是开发新市场，获得新市场、新的重点客户。战术性营销任务是满足既定市场和客户的物流需求。

物流市场营销的中心任务是通过营销活动达成交易或交换，体现为物流服务作为产品来销售。物流服务因其服务业特色，需要与客户建立长期稳定的关系，所以物流营销活动要了解物流市场需求，因此，需要进行物流市场研究，对物流市场进行细分，并建立起长期合作的网链关系；根据物流企业资源、优势、劣势、机会和风险进行物流市场定位；精心设计能够满足客户需求的物流方案，提升企业在物流方案策划方面的实力；通过大市场营销等方式，开发新市场；宣传物流企业、物流服务，通过公共关系等手段，提升物流企业在公众中的形象。

物流企业要通过营销活动获取、扩大物流业务，维持和巩固物流市场占有率；了解其他企业不做的、本企业可以做的业务，其他企业没有的、本企业可以有的业务，其他企业做不到的、本企业可以做到的业务。

1.3　物流市场营销的发展

1.3.1　市场营销的发展阶段

1. 一般发展阶段的市场营销理念

市场营销理念是指指导企业开展经营销售活动的态度、观点和思想方法。就部分发达国家的企业而言，其营销理念的变化大体经历了生产导向、销售导向、市场导向和社会导向 4 个阶段，先后出现了生产观念、产品观念、推销观念、市场营销观念和社会市场营销观念等多种营销理念，并影响到物流服务领域。

（1）生产导向阶段（19 世纪末 20 世纪初）。这一时期的背景是企业生产能力低、产品供不应求，企业关注产品生产，以产定销。该时期持续了约 50 年，先后形成了"生产观念"和"产品观念"。"生产观念"认为：企业应该以生产为中心，生产什么卖什么，生产多少卖多少，只求产量高，根本无须考虑产品的花色、式样、品种及其他质量因素。当生产逐步发展、产品日渐丰富时，消费者会在相同价格下选择质量好的商品，迫使营销观念发生变化，企业出现了"产品观念"，即认为企业应当以产品为中心，在增加产量、降低成本的同时，还必须不断提高产品质量，而且企业管理的重点应放在后者。

（2）销售导向阶段（1930—1950 年）。西方发达国家经历了资本主义第一次经济危机，出现生产相对过剩现象。这一时期更关注产品销售尤其是产品的促销与推广。随着生产力的发展，进入了销售导向时期，形成了"推销观念"，认为只有大力开展宣传推销活动，才能把产品销售出去，实现企业的盈利目标。

（3）市场导向阶段（20 世纪 50 年代—70 年代中期）。科技进步推动了生产力的飞速发展，产品普遍供过于求，市场由卖方市场完全过渡到买方市场，营销理念也由销售导向进入了市场导向时期。企业开始以客户为中心，关注客户需求，企业寻求的目标是在满足客户需求的基础上，实现长期的合理利润。诸如，强调客户导向、整体营销和客户满意。企业形成的这种市场营销观念认为：企业必须以客户为中心，以满足客户需求和欲望为出发点，通过开展整体营销活动，在满足客户需求的过程中获利。这种满足客户需求的活动贯穿于市场调研、产品开发、渠道选择、定价、促销和提供全方位服务的过程，企业不断收集客户反馈的信息，改进企业经营策略。这是经营指导思想的一次大转折，它使营销理念发生了质的变化。诸如 1962 年美国公布消费者权利法案，宣称消费者应具有 4 项权利，包括安全权——人身安全；认知权——知情，如销往中国的产品必须具有中文说明；选择权——选择商品的权利；申诉权——上诉自身利益受到损害的权利。

（4）社会导向阶段（20 世纪 70 年代后期）。由于在企业大搞市场营销的同时，出现了浪费资源、污染环境，甚至损害消费者的健康和长远利益的情况，市场营销观念受到挑战，社会市场营销观念逐步形成。这种观念认为：企业为客户提供产品和服务，不仅要以客户为中心，以满足客户的需求和欲望为出发点，还要兼顾客户、社会和企业自身等各方面利益，在满足客户需求、增加社会福利中获利。这就要求物流企业承担社会责任，协调企业与社会的关系，求得企业的健康发展，如物流节点的规划设计，就要考虑到社会的利益。

2. 营销的变革

科特勒将营销的变革划分为 3 个阶段：第一个阶段是营销 1.0 时代，即"以产品为中心的时代"。这个时代的营销被认为是一种纯粹的销售，一种关于说服的艺术。第二个阶段是营销 2.0 时代，即"以消费者为中心的时代"。企业追求与客户建立紧密联系，不但继续提供产品使用功能，而且要为消费者提供情感价值。目前是第三个阶段，即营销 3.0 时代，"人文中心主义的时代"。在这个新的时代中，营销者不仅把客户视为消费的人，而且把他们看作具有独立思想、心灵和精神完整的人类个体，企业的盈利能力和企业责任感息息相关。

> **快速链接 1-1**
>
> ### 营销 4.0 新时代的营销理念拓展
>
> 营销 4.0 是对新时代的营销发展状况的高度概括，也是对营销价值链的全新定义。营销 4.0 包括大数据深度应用、营销的人工智能化、工业制造的深度融合、全新的内容交互模式、人与机器的互联、机器与机器的互联等方面。
>
> 企业的服务理念、价值观、使命是利益相关者沟通的中心内容。企业与每位员工要拥有共同的企业愿景，共同挑战不同的难题，解决各种问题，并承担责任。企业与相关合作伙伴也需要有共同的目标，成为共同呼吸的有机体，共同面对市场竞争。这就要求物流集成提供商与相关的合作伙伴合作，成为主导物流链的集成体，引导物流链与主要的客户供应链各环节合作，形成物流链、供应链、供应链集成共赢发展机制。

1.3.2 物流市场营销理念及发展

物流市场营销是通过市场交换满足现实或潜在物流需求的综合性经营销售活动。营销理念是企业进行营销活动时所遵从的理念。在市场营销发展的过程中，营销理念也在发展，一般可将其分为大规模营销、产品多样化营销和目标市场营销。

（1）大规模营销指销售者大规模生产、大规模分销和大规模促销单一产品，以求吸引所有消费者的营销理念。采用大规模营销的方法可使产品、服务成本及价格较低，因而能发掘最大的潜在市场需求。

（2）产品多样化营销指生产及销售两种或多种具有不同特色、式样、质量与尺寸的产品，在物流服务中体现为多样化服务项目和质量水准。产品多样化营销的理由在于消费者随时会改变消费需求，多样化物流营销应注重满足客户个性化需求。

（3）目标市场营销指销售者将整个市场划分成许多不同的部分，然后从中选择一个或几个小的细分市场作为目标市场，针对该目标市场拟定产品、服务及营销策略并组织实施，以规模化降低物流成本，以多样化满足个性化需求，进而确定目标市场。目标市场营销是当前物流营销的主流营销理念，因此确定企业的目标市场是营销工作的重要内容。

随着时代发展，形成了许多新的营销理念，本书针对中国物流业高级化发展实践，总结了如下市场营销理念发展过程。如图 1-6 所示。

传统的市场营销理念认为，市场环境是不可控制的，企业只能去适应环境、服从环境。新兴的市场营销理念认为，一家成功的现代企业必须使其内部的可控因素与外部的不可控因素紧密结合，并在一定程度上变不可控因素为可控因素。例如，从系统设计过程导入市场营销。新时代物流市场营销在新兴技术奠定的市场营销基础上，强调集成场视角分析即系统整体优化的思想，集成体主导物流主动优化的系统思想，强调物流网络优化的组织化的基核，强调在产业联动中的服务功能并贯穿国内外物流市场营销始终的联接键，并且形成一个完整的网链体系。

客户营销：品牌形象、市场细分、营销审计
　工业营销：4P 组合
　　社会营销：非营利、生态营销
　　　服务营销：社会营销、战略营销、全球营销、大市场营销
　　　　关系营销：绿色营销、内部营销、4C 理论、整合营销
　　　　　网络营销：体验营销、客户关系管理
　　　　　　电子商务：B2B、C2C、O2O
　　　　　　　电商物流：跨境物流、物流营销 4.0
　　　　　　　　集成场理论：主动优化、两业联动、产业联动、产能合作

1950s→1960s→1970s→1980s→1990s→2000s→2010s→ 2020s
　　　　　　　　　　（年）

图 1-6　不同时代物流市场营销重点的变化

1.4　物流市场营销学的性质、内容及发展

1.4.1　物流市场营销学的性质与特点

市场营销学是建立在经济科学、行为科学、现代管理原理基础上的应用科学。作为一门应用性学科，物流市场营销学建立在以满足客户企业、消费者需求为中心的企业营销活动过程及其规律的基础上，具有对象的服务性、内容的综合性（全程性）、学科的边缘性、理论的实践性（应用性）等特点。

（1）对象的服务性。物流具有服务业性质，高端物流服务还具有供给侧结构性改革特征，营销活动涉及方案设计、设施设备和一线人员等多种关键因素。

（2）内容的综合性（全程性）。物流是一个涉及运输、仓储、货代、联运、制造、贸易、信息等业务的复合型行业，具体业务内容比较复杂。相应的营销知识既涉及通用性原理，也涉及专业性知识，需要将营销内容与物流学、管理学、计算机技术与应用等学科知识融合起来，带有综合性的特点。

（3）学科的边缘性。物流市场营销的学科涉及管理学、经济学、心理学、物流学、物流工程学、计算机网络技术、国际贸易与物流实务等学科知识，有时还涉及信息平台的技术支持，因此具有学科的边缘性特点。

（4）理论的实践性（应用性）。物流营销是应用性学科，营销知识应用于集成物流系统规划设计、运营组织与管理、全程实时控制等。工作人员需要具有较强的系统规划设计、计算机网络技术应用、电子商务、市场营销策划和经营组织管理方面的能力，是高级复合型物流管理人才，因此突出了实践性的特点。

1.4.2　物流市场营销学的主要概念

"用户（买主）+欲望+支付能力=需求"。需求是买主（客户）为了满足需要，通过市场交换而获得满足的能力总和。一方面，由于不同时代有不同的消费特征，消费内容也有相应的变

化，相应的物流服务内容和模式有很大的不同；另一方面，企业生产、销售模式也发生了较大变化，企业建立了准时生产制（JIT）、计算机集成制造系统（CIMS）、敏捷制造系统（AMS）、柔性制造系统（FMS），销售企业形成了超市、连锁超市等经营模式，物流企业支持制造、生产、销售的物流营销策略也需要随之变化。物流企业要想对营销理念有新突破，至少需要注意以下几个方面。

（1）需要、欲望和需求。需要是没有得到基本满足时的缺乏状态（参见马克思的需要理论和马斯洛的需要层次理论）。欲望是人们想得到基本满足的愿望。需求是有货币支付能力的愿望。

（2）产品。产品是能够满足人们某种需要的东西，有实物、劳务、人、活动、场所、思想等多种形式。

（3）交换、交易与关系。交换是提供某种东西作为回报而获得所需之物的过程。交易是交换的单元，是具体的交换行为。关系是各方在交换过程中形成的各种联系。

（4）客户总价值、客户总成本与满意。客户总价值是客户从产品中获得的利益，包括产品价值、服务价值、人员价值和形象价值。客户总成本是客户获得产品所付出的代价，包括货币成本、时间成本、体力成本和精力成本。满意是一种心情愉悦的状态，当客户感到所购买的商品物有所值或物超所值时，就会感到满意。客户让渡价值是客户总价值与客户总成本的差额，客户让渡价值的大小决定着客户的满意程度。

（5）市场营销系统。企业的市场营销系统是指生产供应商、企业（产品生产者）、销售商（营销中介）、客户（商品消费者）这样一些参与整个市场营销过程的环节的有机组合。

（6）市场营销环境。市场营销环境是指影响、制约企业营销活动的最普遍的因素。

（7）市场营销组合。市场营销组合是指企业为了满足目标市场需要而加以组合的可控制变数，即战术性市场营销组合的4P——产品、定价、渠道和促销。

📂 **前沿话题 1-3**

高端物流服务在给社会创造和传递一种新的生产、生活标准

集成体从分散的"点、线"物流走向集成的"网、链"物流，体现了初级物流向高端物流发展的过程。市场营销与市场需求的关系极为密切，物流服务于生产与生活，因此，高端物流从本质上讲就是在"给社会创造和传递一种新的生产、生活服务标准"，所以高端物流就需要进行物流技术、物流服务创新，实现价值增值。

物流服务理念已从追求安全、及时、低成本发展到追求安全、快捷、准时（或实时）、价值等，物流市场营销活动也在悄悄地改变人们的消费习惯和生产方式。多样化的、非标准化的商品和服务，量身定制的生产与消费的物流服务已经出现，这就蕴含着集成创新。物流服务面对需求如何创新始终是物流营销的一项重要任务。

物流集成、两业联动、产业联动等联动发展模式创造了一种新的物流业与制造业的新型关系，由于政府政策势能的作用，中国物流业将拥有比西方物流业更快更好发展的社会环境。

1.4.3 物流市场营销学所关注的行业需求与发展问题

面对巨大的市场需求、广阔的发展空间、持续的高速增长，恰当地进行市场定位，是中国物流企业通过市场营销实现供给侧结构性改革的基本逻辑。

1．物流业所服务行业的关注焦点

不同行业从第三方物流获得不同的收益，不同行业对物流服务的关注点也有一定差异。关键绩效指标和行业平均改善情况可以作为国内第三方物流行业应用服务提升的依据，使其应用效益更加便于衡量，也形成一个良性的反馈，有利于促进 TPL 解决方案发展。

（1）汽车行业对物流服务的主要关注点是利用 TPL 减少库存水平。JIT 生产模式和与之配套的 TPL 策略成为汽车企业大批量定制化生产的重要支撑，如福特等公司利用 TPL 减少库存，可达到行业水平的 39%。汽车质量及外部质量成本也是一个关注点，因而 TPL 有较大的发展空间。

（2）服装织物行业对物流服务的主要关注点是缩短产品生命周期。在时尚产品领域，快速响应客户和对市场需求的把握是至关重要的，快速响应客户是赢得客户、战胜对手的法宝。企业通过 TPL 可以缩短产品上市时间，缩短产品生命周期，很多知名品牌因此提高效率 42%。

（3）消费电子行业对物流服务的主要关注点是降低物流成本。由于行业的价格竞争，边际利润在萎缩，而物流成本的降低就成为获得利润的一个重要途径。对企业来说，全部物流成本实际包含 3 个部分：采购物流成本、生产物流成本和非独立销售公司的销售物流成本。

（4）家电制造行业对物流服务的关注点涉及多方面。虽然中国家电制造企业在制造成本方面具有优势，但是交易成本很高。据统计，整个家电制造行业的现状是：原材料的制造成本只占总成本的 53%，而与流通、营销有关的成本占 46%。随着全国性、全球性家电品牌的形成，以及连锁家电企业的区域性和全国性销售网络的建立，物流外包、采用 TPL 企业的服务，是家电制造企业和销售企业提高自身经营效率和竞争能力的必由之路。家电制造行业的大企业通过 TPL 可以节约 39% 的物流成本。

（5）食品饮料行业对物流服务的主要关注点是绿色物流、冷链物流。食品饮料对保鲜度的要求和冰激凌、乳制品、肉制品等的特殊冷藏要求，对物流运输和仓储提出了特定的要求，要求在保障产品质量的前提下，缩短运输时间，降低运输和仓储成本。我国每年的蔬菜产量达 3 亿吨，水果产量超过 6 000 万吨，位居世界前列。但因无法实现冷链流通，加上储藏方式和消费方式原始，每年有 8 000 万吨的果蔬腐烂。食品冷链包括 4 个方面：冷冻加工、冷冻贮藏、冷藏运输、冷冻或冷藏销售。食品饮料行业应用现代物流，可降低 44% 物流成本。

2．客户企业物流需求个性化的要求

行业物流需求具有共性，具体到个别企业还具有物流需求的个性化特点。不同企业所需要解决的具体问题不同，衡量的尺度标准也有较大差异。一般而言，外资企业、合资企业提出物流外包要求的比例大，而国内企业，特别是有国有资本背景的企业，物流外包要求相对较少。有关调查显示，提出物流外包的企业主要有：IT 和电信行业的西门子、明基、宏基、惠普、华为、联想、朗讯、摩托罗拉、中兴等；消费电子行业的伊莱克斯、海尔、海信、康佳、美菱、飞利浦、夏普、惠而浦等；汽车制造行业的长安、福特、化工、碧辟（中国）投资有限公司、道化学（Dow Chemicals）、上海天元、中石化等；食品饮料行业的光明、可口可乐、健力宝、卡夫、青岛啤酒、联合利华等；服装织物行业的真维斯、雅戈尔等。跨国企业在物流外包方面的脚步最快，是目前中国第三方物流市场的重点，但这些跨国企业在物流外包方面仍比较谨慎。

物流市场客户一般都认可国际物流供应商在 IT 系统、行业及专业方面的经验，他们也认可中国物流供应商在成本、本地经验与国内网络方面的优势。但是目前中国企业，尤其是传统的中国国有企业使用第三方物流服务的比例较小。

📄 **物流窗口 1-1**

工商企业外包物流业务的原因及关注要点

工商企业通过将自己的非核心业务——物流外包给专业化的第三方物流企业，使工商企业和物流企业双方都集中于自己的核心业务，有利于形成企业间强强合作的战略联盟关系。这样做主要出于以下几个原因。

（1）企业可以集中于各自的核心业务，降低工商企业物流成本。

（2）强化工商企业和物流企业之间的联盟关系，形成强强合作的供应链竞争能力。

（3）便于物流企业提供定制化的物流服务，提高物流和客户服务水平与质量。

工商企业客户在选择第三方物流企业作为物流服务提供商时，主要关注以下几点。

（1）第三方物流企业的行业与运营经验即服务能力。

（2）第三方物流企业的品牌声誉。

（3）第三方物流企业网络覆盖率及其与企业市场的关系。

（4）服务及价格。

据调查，目前中国整个第三方物流市场还相当分散，第三方物流企业规模较小。拥有超过2%市场份额的物流企业几乎没有，而且物流市场的地域集中度很高，80%的收益都来自长江三角洲和珠江三角洲地区。第三方物流市场虽然企业数量繁多，但市场分布分散、集中度低，尤其是高水平、深层次的一体化物流服务供给仍然非常少。第三方物流的竞争处于一种无序混乱状态。国内客户更重视直接运输和仓储成本，管理和库存成本往往被排除在物流成本之外。库存量过大与流动资金周转慢成了物流成本大的主要原因。

物流企业在确定服务行业定位后，可以根据行业主要客户分析归纳行业需求特色并制订行业解决方案，发展个性化、定制化的物流外包服务。

3. 构建物流企业物流服务系统的要素

物流网络（Logistics Network）是指物流过程中相互联系的组织与设施的集合，具体内容包括信息网络、经营网络和设施网络。第三方物流服务系统的建立和运行，需要大量技术装备和手段构建物流网络，这些要素的有机联系对物流网络系统的运行有决定意义。这些要素主要有以下几种。

（1）物流设施。它是保证物流系统运行的基础物质条件，包括物流站、场，物流中心、仓库，物流线路，建筑、公路、铁路、港口等。

（2）物流装备。它是保证物流系统运行的重要条件，包括仓库货架、进出库设备、加工设备、运输设备、装卸机械等。

（3）物流工具。它是保证物流系统运行的物质条件，包括包装工具、维护保养工具、办公设备等。

（4）信息技术及网络。它是掌握和传递物流信息的手段，可根据企业所需信息水平，配置通信设备及线路、计算机及网络设备等。

（5）组织管理。它是物流网络的"软件"，起着连接、调运、运筹、协调、指挥其他各要素，保障物流系统目的实现的作用。

知识链接 1-4

物流营销的重点领域

根据物流集成体主导的物流链的构成，物流集成的物流链发展的模式如下，其中{ }内为可选择的合成场元间关系或类型，例如：{ }基核是指物流基核可在这些类型中选择装卸型、联运型、专业型和枢纽型中的一种作为合作优化的运作关系。

$$物流链发展模式 = 物流集成商 + \begin{cases} 装卸型 \\ 联运型 \\ 专业型 \\ 枢纽型 \end{cases} 基核 + \begin{cases} 综合类 \\ 功能类 \\ 资源类 \end{cases} 联接键$$

物流营销的重点领域有物流资源服务营销、物流功能服务营销和集成物流服务营销。

（1）物流资源服务营销主要涉及载运工具、装卸设备、承载器具、仓储能力等方面的业务营销活动。

（2）物流功能服务营销主要涉及运输、仓储、多式联运、装卸、增值服务等功能服务领域的业务营销活动。

（3）物流集成服务营销主要涉及根据客户需要的一体化功能服务和集成管理要求，整合相关物流功能和资源在服务领域进行的营销活动。

以上整合起来形成物流业的组织形式——物流链。物流链是服务链，要实现其价值就需要导入各类供应链，实现产业链、价值链目标。

4．物流业从初级阶段走向高级阶段的发展趋势

物流业从初级阶段走向高级阶段；物流内涵从分散走向集成，从实务运作走向集成管理，使物流业逐步成为一个新的复合型产业。物流高级化发展体现为物流业专业化、信息化、网络化和规模化的发展趋势。

尽管物流企业有多种类型，但作为代表物流发展方向的第三方物流企业，还必须具备专业化、信息化、网络化和规模化经营等方面的基本条件。

（1）专业化经营是指物流企业在海、陆、空、邮、集装箱、多式联运、储存、分拨、配送、信息处理等方面拥有大量经验丰富、业务娴熟的专业人才和高级管理人员，使整个物流市场运转规范、操作流畅。

（2）信息化经营是指物流企业能够依托互联网和内联网建立综合物流信息网络，进行物流业务运作，能够通过多种信息技术提供充分的信息服务，对内、对外信息及物流业务能够以计算机之间的联结网络为基础进行物流活动监控和管理。物流信息流动与处理的工作质量的高低，关系到物流及其服务质量的好坏和物流企业的形象及声誉。

（3）网络化经营是指物流企业在国内外各大城市、港口有自己的分支机构或可以信赖的相互代理的网点，进行业务运营。网络化经营可以支持客户的制造、销售网络体系。

（4）规模化经营体现出物流企业在人、财、物方面具有相当的实力，是可以集船代、货代、航运、铁运、空运、汽运、仓储于一身的综合型物流企业。规模化经营可以使企业获得规模经济效果。

1.5 学习物流市场营销的任务及方法

1.5.1 掌握物流市场营销基本知识

从事物流市场营销的人员，需要具备与物流服务过程有关的广博知识，如计算机网络技术、运筹学、管理学、高级物流学、供应链管理、物流工程学、经济学、法律、社会（公关、礼仪、心理等）；需要有宏伟的志向，很多高级管理者就是从营销员起步，逐步成为管理者的。营销知识与技能是管理者必须掌握的内容。

1.5.2 熟悉物流市场营销基本技能

物流市场营销人员要能够将基本专业知识融入综合技能中。所谓物流市场营销的基本技能，主要有以下几方面。

（1）设计调研实施方案的技能。这体现在能够设计科学合理的营销问卷、营销方案，并能够有效组织实施。

（2）语言表达与提炼技能。这体现在能够在与客户沟通中迅速把握客户关系的要点，并及时地提炼出来，及时应用到物流市场营销活动之中。

（3）灵活的待人处事技能。物流服务过程中客户不满意的事件时有发生，并可能影响物流市场开拓，物流市场营销人员要有很好的事务处理能力。

（4）良好的心理调节机能。物流市场营销人员要能够经得起挫折、失败，要能够进行心理调节，适应工作环境。

1.5.3 设计客户满意方案

物流市场营销人员要能够根据客户需要，设计令客户满意的物流服务及营销方案。涉及价格等一些重要因素的物流服务营销方案，需经部门负责经理同意方可进一步与客户接洽。

1.5.4 做好角色扮演演习

学生可以两人一小组，其中一人拿一份事先设计好的公司背景资料，另一人按照营销人员要求设计提问，在规定的要求下完成营销活动。一对一的角色扮演过程可以全程录音。活动结束后，师生可以分析每句提问，进而分析参与角色扮演者的营销风格、提问设计、交流存在的问题和可以进一步提升之处。教师还可以根据典型的交流录音进行点评，通过点评提高学生参与角色扮演的积极性，提高学习成效。

> ➤ **快速链接 1-2**
>
> **多项物流国家标准颁布与实施**
>
> 2013年12月31日，国家标准化管理委员会批准正式发布8项物流国家标准，标准于2014年7月1日开始实施。

这 8 项国家标准是：①《物流企业分类与评估指标》（GB/T 19680—2013）适用于物流企业的界定、分类与评估，也适用于物流企业的规范与管理，是中国物流与采购联合会 A 级物流企业综合评估和评判的重要依据；②《仓储绩效指标体系》（GB/T 30331—2013）适用于仓储经营活动的绩效评价；③《仓单要素与格式规范》（GB/T 30332—2013）适用于仓储活动中使用的普通仓单，质押融资业务、期货交易中的可流转仓单等；④《物流服务合同准则》（GB/T 30333—2013）适用于企业编写包括运输、储存、装卸、搬运、包装、流通加工、配送、信息处理、方案设计和规划等主要的物流服务的合同文件；⑤《物流园区服务规范及评估指标》（GB/T 30334—2013）、《物流园区分类与规划基本要求》（GB/T 21334—2017）与《物流园区统计指标体系》（GB/T 30337—2013）形成物流园区的系列标准，适用于物流园区的服务与管理；⑥《药品物流服务规范》（GB/T 30335—2013）适用于药品流通过程中的药品物流服务，药品生产过程中涉及的药品物流服务亦可参照执行；⑦《物流景气指数统计指标体系》（GB/T 30336—2013）；⑧《物流园区统计指标体系》（GB/T 30337—2013）。

2016 年 12 月 30 日，国家标准化管理委员会发布第 27 号公告，批准发布《物流单证基本要求》（GB/T 33449—2016）、《公路物流主要单证要素要求》（GB/T 33458—2016）、《仓储货架使用规范》（GB/T 33454—2016）、《家电物流服务通用要求》（GB/T 33446—2016）4 项物流国家标准。

1.5.5 物流营销案例及实训

可以将物流营销案例与实训方案相结合，如角色扮演、案例评析等教学方法，促使学生理解和掌握物流营销理论和技能，并在口头表达技能、写作技能、交往技能、自学能力、为人处世能力、社会适应能力、心理承受能力等方面得到锻炼。

本章小结

本章重点介绍了新时代的物流、物流市场营销、物流企业的基本含义，结合集成场视角分析了不同的物流经营主体类型和不同的物流服务类型，体现了新时代物流市场营销战略、战术和实现高端物流途径，为进一步针对不同物流经营主体设计和选择物流营销策略奠定了整体优化的系统观念基础。

巩固复习

回答下列问题（达到深刻理解给 5 分，部分理解给 3 分，不理解给 1 分）
1. 市场营销的含义是什么？
2. 物流服务的本质是什么？
3. 战略性物流市场营销组合要素包括哪些？
4. 战术性物流市场营销组合要素包括哪些？
5. 过程性物流市场营销组合要素包括哪些？
6. 物流企业的类型有哪些？

7. 物流市场营销学产生的动因是什么？
8. 物流市场营销经历了哪些发展阶段？
9. 物流市场营销与企业经营活动是什么关系？
10. 新时代物流市场营销的新概念有哪些？

请把各小题分数相加，如总分为42～50分，请继续下面的题目；如果总分为33～41分，请对不足之处进行有针对性的复习；如果总分在32分以下，请重新学习本章相关内容。建议在学习过程中多与老师和同学探讨不理解之处。

多项选择题

1. 制定物流市场营销策略，考虑的"3C"指的是（　　）。
   A. 战略　　　　　　　　B. 客户　　　　　　C. 竞争
   D. 变化　　　　　　　　E. 战术
2. 决定需求的要素主要有（　　）。
   A. 用户　　　　　　　　B. 资金　　　　　　C. 购买欲望
   D. 支付能力　　　　　　E. 存款
3. "多层复合战略三角形"结构中的"3C"要素指的是（　　）。
   A. 战略　　　　　　　　B. 客户企业　　　　C. 竞争者
   D. 本企业　　　　　　　E. 战术

思维提升

1. 物流市场营销的含义是什么？
2. 不同行业对物流服务的关注点有何不同？
3. 如何把握物流市场需求？
4. "多层复合战略三角形"结构的"3C"要素与供应链物流价值增值是什么关系？
5. 如何掌握市场营销基础理论和基本技能？

拓展阅读

1. 董千里. 集成场理论：两业联动发展模式及机制[M]. 北京：中国社会科学出版社，2020.
2. 董千里，等. 物流运作管理[M]. 3版. 北京：北京大学出版社，2022.

实例分析

跟着品牌客户走——新科安达物流服务的宗旨

拓领环球物流（中国）有限公司（以下简称新科安达）位于深圳市蛇口，是中国深圳招商局与新加坡合资的第三方物流企业，外方股份占51%，是中国第一家由外方控股管理的物流公司。该公司在北京、天津、上海、广州、武汉、成都建立了6个区域配送中心；在宁波、上海外高桥、北京怀柔、沈阳、乌鲁木齐建立了 16 个配送中心，送达城市达 273 个，在物流基核与客户基核之间建立基础设施网络关系。新科安达依托物流综合信息系统（ILIS）构筑物流运作网络，形成全国区域配送中心与客户网络之间的联接键资源、信息网络体系。公司拥有 145 000 平方米仓库，一部分仓库是利用社会资源进行改造的。新科安达利用合同确定合作运输车队，并能够提供整套的物流（后勤）服务，包括收货、存货、发货、订单处理、质量控制、盘点、增值服务等。所谓增值服务，主要包括支持捆绑销售的促销服务、贴标签、保存、回收服务（过期产品、退货、产品质量问题等）、代收货款、保险及其他咨询服务等。

该公司的综合物流系统原是在新加坡开发的，后结合中国经营实际情况进行了修改、完善。它包括仓库管理、运输调度、决策分析等 8 个模块，具有计算机辅助决策支持系统，可以利用计算机进行运输配载优化、物流流程优化。根据货物和客户要求，货物管理可精细到批号管理，包括某一个批号货物发往何处。公司还建立了计算机化的仓储管理系统，具有保质期管理和成熟的接泊作业管理功能，像药品物流管理等精细的要求都可以满足。

新科安达建立了自己的关键客户群，共 46 家客户，主要是三资企业，主要产品有快速消费品、日用品、食品、药品、石油化工产品等。关键客户具有业务量大、长期合作、对企业的生存与发展有重要影响等特点，配送范围达到全国 598 个城市。公司承接订单的方式是参与物流投标，中标后与客户签订 1～5 年长期合同。

新科安达城市配送服务水平如表 1-2 所示。

表 1-2　新科安达城市配送服务水平

送达时间（小时）	≤24	≤48	≤72	>72
城市数量（个）	163	171	168	45
所占比重（%）	29.8	31.28	30.71	8.23

新科安达配送准时率≥97%，关键客户达到 100%；订单完成率≥79.8%，关键客户达到99.9%；破损盗窃率<0.1%；库存准确率≥99.9%。

新科安达第三方物流经营中的一条重要思路是跟着品牌客户走，如大客户、长期合作伙伴，客户需要什么服务，就提供什么服务；同时，注重企业文化的一致性，因为文化上的差异往往导致客户在合约上的不满意。

此外，营销中不允许用对方的名称做推销活动；对客户的主要竞争者采取回避原则，即不能同时做客户主要竞争者的物流服务。

（根据董千里《供应链管理》改编）

案例探讨

1. 新科安达作为物流集成体主导物流网络，为什么要跟着品牌客户走？
2. 新科安达采用的企业文化、长期合作策略体现了什么营销思想？

第 2 章

物流营销的基础理论

本 章 学 习 重 点

- 物流业服务的本质特征
- 新时代物流服务营销、物流关系营销、物流网络营销、物流体验营销、物流绿色营销的内容和应用
- 物流营销 13P 的战略营销、大市场营销和物流服务过程

章首引例

- 陕西通汇汽车物流有限公司（以下简称通汇物流）由陕西重型汽车有限公司联合西安卓尔供应链企业管理咨询有限公司等共同组建，利用所开发的零部件物流管理信息系统切入陕西重型汽车公司，并利用零部件仓库与重卡总装过程的软件系统对接，全面承担重型汽车总装配线的物流配送任务，成为陕西重型汽车公司一体化物流的总承包商，为确保陕西重型汽车公司全力应对市场竞争、实现快速发展做出了巨大贡献。

- 通汇物流对重型汽车的业务及工作能力特别熟悉，通过一体化物流系统设计，将零部件仓库、信息系统与重型汽车制造过程对接，将重汽物流全过程融入重型汽车制造过程中，并为其提供全过程物流服务，两者业务过程中有很多交叉点，已经不能明显地将两者分开，资源上也存在交叉融合，已经成为一个供应链物流过程。通汇物流与重型汽车先后经过导入、适应、共享和融合四个两业联动发展阶段，形成典型的两业联动发展模式，有利于双方深入合作、利益共享、风险共担，使得供需双方真正成为利益共同体，形成"双赢"的产业合作理想模式。

（根据长安大学物流与供应链研究所梳理的案例整理）

2.1 物流服务营销理论

物流是一种需要一定设施、设备和技术等支持的服务。现代物流营销的观念基于服务营销、关系营销等理论，与网络营销等有密切的关系。按照第三方物流企业运作的特点，物流企业需要与客户建立长期关系，因此物流服务营销理论是物流营销的基础理论。

2.1.1 服务营销理论

1. 服务营销的含义及特征

服务营销的概念是针对服务营销与产品营销的差异提出来的。服务营销是指依靠服务质量来获得客户的良好评价，以口碑的方式吸引、维护和增进与客户的关系，从而达到营销的目的。服务与产品营销的区别如下。

（1）无形性。服务是非实体性的，无法触摸感知。

（2）同时性。不可分割性，服务的生产与消费同时进行。

（3）无存货性。服务不可大量生产并加以储存。

（4）差异性。对不同客户的服务会有很大差异。

（5）人为性。人员直接参与服务过程，对服务质量影响很大，人员的职业素质、服务态度和技能对服务效果影响很大。

物流服务除具有所有上述基本特点外，还有与自己生产过程相应的营销特点。产品与物流服务的比较如表 2-1 所示。

表 2-1 产品与物流服务的比较

比较对象	产 品	物流服务
实体性	有形	无形
同时性	可以储藏	易逝
储存性	能运输	不能运输
差异性	性质相同能大量销售	因对象不同而异
产权性	产权转移	不存在产权转移

构建物流链，服务于供应链，才能形成物质的、信息的稳定网链结构、功能和机制，稳定的网链结构有利于物流服务的市场化、信息化、网络化、集成化，有利于形成高端化物流和物流高质量发展的稳定趋势。

2. 对物流服务的再认识

在营销对象中，纯产品和纯服务是两个极端。例如，交通运输、物流服务等的营销对象实际上是实体产品与服务的结合，在理论研究和实际运作过程中，往往存在许多误区。有时人们会将物流与货运业务相联系，而抛开客运过程。实际上，在很多情况下两者是不可分的。因此，需要从服务营销理念的角度对交通运输、物流服务业务重新认识。显然，交通运输、物流服务都涉及专用车辆、设备与通用车辆，硬件对服务系统都有深刻的影响，因此有关硬件可以看作部分产品，物流服务则属于纯产品和纯服务之间的过渡（见表 2-2），需要用唯物辩证的观点进行分析认识。

表 2-2　从产品到服务的过渡

营销对象	纯产品	附带服务的有形产品	附带部分产品的服务	纯服务
典型实例	香皂、牙膏、盐等	计算机、空调等	空中旅行、高速客运、轿车专运、集成物流等	心理服务、教育等

2.1.2　物流服务营销理论的启示

物流企业以服务营销作为生存与发展的基础，因此必须在物流服务营销中重视以下几方面。

（1）识别物流服务的本质。物流服务主要体现为非实体性、非独立性，从而在物流服务介入制造供应链管理过程时，在许多方面都显示出渗透融合的基本特征。

（2）物流配送生产组织与制造供应链用户的连接关系。要搞清楚建立什么样的连接关系对成功经营第三方物流最为重要。

（3）建立完善的物流服务规范。建立识别、评判物流服务质量的详细标准，增加物流服务规范的约束度，能够很好地配合装配线上的物流服务。

（4）明确物流服务的供求特点。明确运输、仓储、配送等物流节点上的物流服务能力定义，一般物流服务不能存储，在多数情况下，物流生产服务与制造消费服务是同一过程。同时性是物流介入生产服务的主要供求特点之一。

（5）服务的传递方式。人员的素质在生产服务传递的方式中起着十分重要的作用，设施、设备性能对高质量完成生产服务也是至关重要的。因此，在交通运输、物流服务营销中要特别重视人的因素，要将人的因素列为物流服务营销的重要因素。企业既要重视人员素质培养、技能训练，也要重视基础设施、设备的性能及配套使用。随着人工智能的发展，物流客服机器人的出现加速了服务的标准化，实现了技术与人工服务的结合。但目前技术还不够成熟，物流客服机器人只能处理常规的问题，复杂的问题仍需要高素质的服务人员解决。

2.2　物流关系营销理论

2.2.1　关系营销的含义

1. 关系营销的概念

关系营销是在大市场营销背景下针对交易营销提出来的。它把营销活动看成一个企业与消费者、供应商、分销商、竞争者、政府机构及其他公众发生互动作用的过程，其核心是建立和发展与这些公众的良好关系。关系营销在对待客户上主要表现为：关注如何留住客户，高度重视客户服务，并借客户服务提高客户满意度，培育客户的忠诚；有充分的客户承诺；强调所有部门都应关心质量问题；发展与客户长期、稳定的关系。关系营销不仅将注意力集中于发展和维持与客户的关系，而且扩大了营销的视野，它涉及的关系包含了物流企业与其所有利益相关者间发生的所有关系。关系营销与交易营销的比较如表 2-3 所示。

表 2-3 关系营销与交易营销的比较

比较项目	交易营销	关系营销
关注重点	专注一次销售	专注于留住客户
产品特征指向	达成交易	效益
过程资源	过程时间短	过程时间长
客户承诺	有限客户承诺	有很多客户承诺，重视服务
客户接触程度	一般性接触客户	高度接触客户
对质量的认识	对生产质量优先关注	专注所有质量

物流关系营销是通过多种服务机构吸引、维护和增进与客户的关系，关注重点从注重交易转移到注重保住长期客户。第三方物流企业应意识到质量、客户服务和营销活动是相辅相成的。关系营销体现了这种将营销重点整合在一起的理念。

2. 物流关系营销的特点

物流关系营销可以通过以下几个方面体现其特点。

（1）双向沟通。可以通过信息系统等途径实现双向沟通而非单向沟通。

（2）合作关系。物流关系有两种基本状态，即对立和合作。只有通过合作关系才能获得协同效益。

（3）双赢机制。关系营销旨在通过合作增加关系各方的利益，而不是通过损害其中一方或多方的利益来增加其他各方的利益。

（4）情感满足。关系营销不只要实现物质利益的互惠，还必须让参与各方都能在关系中获得情感需求的满足。

（5）过程控制。关系营销要求建立专门的部门，用于跟踪客户、分销商、供应商及营销系统中其他参与者，关注他们的态度，由此了解关系的动态变化，及时采取措施消除关系中的不稳定因素和不利于关系各方利益共同增长的因素。

此外，有效的信息反馈也有利于企业及时改进产品和服务，可以更好地满足市场的需求。信息交流和信息共享是使物流企业赢得各个利益相关者的支持与合作的基础，而合作是双赢的关系基础，情感因素有时也起着重要作用，这些对于与客户的关系能否稳定和发展十分重要。

2.2.2 关系营销的市场模型

关系营销的市场模型概括了物流商开展关系营销的市场活动范围。一个物流企业必须处理好以下 6 个子市场的关系。

（1）供应商市场。任何一个企业都不可能独自解决自己生产所需的所有资源问题。在现实的资源交换过程中，资源的构成是多方面的，至少包含人、财、物、技术、信息等方面。与供应商的关系决定了企业所能获得的资源数量、质量及获得的速度。企业与供应商必须结成紧密的战略联盟，进行必要的资源交换。

（2）内部市场。内部营销起源于这样一个观念，即把员工看作企业的内部市场。任何一家企业，要想让外部客户满意，首先得让内部员工满意。只有员工满意，他们才可能以更高的效率和效益为外部客户提供更加优质的服务，并最终让外部客户满意。内部市场不只包括企业营销部门的营销人员和直接为外部客户提供服务的服务人员，还包括企业的所有员工。因为在为客户创造价值的生产过程中，任何一个环节的低效率或低质量都会影响最终的客户价值。

（3）竞争者市场。在竞争者市场上，企业营销活动的主要目的是争取与那些拥有与自己具有互补性资源的竞争者的协作，实现知识的转移、资源的共享和更有效的利用。种种迹象表明，现代竞争已发展为协作竞争，在竞争中实现双赢才是最理想的战略选择。

（4）分销商市场。在分销商市场上，零售商和批发商的支持对于产品的成功至关重要。

（5）客户市场。客户是企业存在和发展的基础，市场竞争的实质是对客户的争夺。最新的研究表明，企业在争取新客户的同时，还必须重视留住老客户，培育和发展客户忠诚度。据分析，企业争取一位新客户所需的费用往往是留住一位老客户所需费用的6倍。企业可以通过历史数据营销、开发会员制度等多种形式，更好地满足客户需求，增加客户信任，密切双方关系。

（6）影响者市场。金融机构、新闻媒体、政府、社区，以及消费者权益保护组织、环保组织等各种各样的社会团体，对企业的生存和发展都会产生重要的影响。因此，企业有必要把它们作为一个市场来对待，并制定以公共关系为主要手段的营销策略。

📁 **前沿话题2-1**

两业联动中的关系营销分析

两业联动的物流链与供应链形成的供应链集成，其集成体、基核、联接键分别根据物流链、供应链的目的，由集成体将多类合成场元通过基核、联接键构建成联动网链关系的集成创新结构，这是通过集成方式形成协同运作过程。基核分别是制造业与物流业具有独特性、差异性的生产基地，即制造基地（布置流水线、工序工作地等）、物流基地（仓储、配送中心等），也反映了两业联动中各自的产业特色；既是规划投资的领域，也是合作协同的领域，具体涉及生产基地与物流基地对接、管理制度对接等。联接键的设计与选择是两业联动两链集成主要的创新渠道，具体涉及云计算、大数据、物联网、人工智能等数字技术衔接基核的应用，可形成高效智能的供应链网络，促进物流新模式新业态集成创新。混改机制可以通过资产股权稳定，加深两业、产业间在业务功能、效率和质量方面的协同，在投资、收益和经营权等方面达到协同。当两业联动在导入期、适应期、共享期和融合期都合作协同到位时，双方才可能获得满意的结果。在两业联动的两链导入、适应期就要注意可持续地提升用户体验，增加相互适应性。为了在两链导入、适应、共享和融合过程中形成稳定、密切的两链集成体关系，还可通过所有制混改来促进集成体达到预期目的。如图2-1所示。

由此可见，两业联动的物流链与供应链的两链耦合，在互联网技术集成作用下，推动了物流业自动化、信息化、数字化和网络化发展，在满足用户需求的同时，能及时便捷地进行查询、跟踪和监控管理。两业联动使得物流营销范围、深度有更大的拓展空间，合同签约范畴更为稳定。

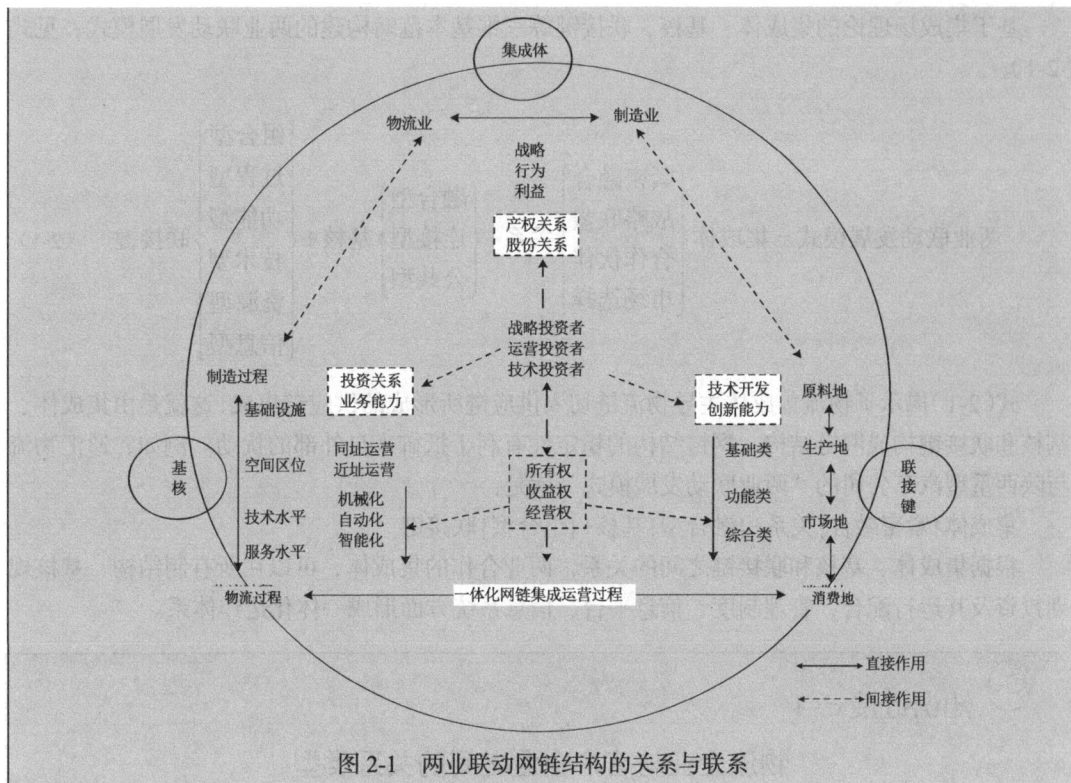

图 2-1　两业联动网链结构的关系与联系

2.2.3　物流关系营销推进的 3 个层次

物流关系营销可以从 3 个创造客户价值的关系营销层次推进，即一级关系营销、二级关系营销和三级关系营销，通过关系营销建立长期稳定的关系。

（1）一级关系营销。一级关系营销在客户市场中经常被称作频繁市场营销或频率市场营销。其维持客户关系的主要手段是利用价格刺激增加目标市场客户的财务利益。例如，希望与客户建立长期的关系，推出智能卡（Smart-Card）的持有者能享受免费停车、送货服务、抽奖活动等一系列优惠，具体形式取决于客户用智能卡购买商品的累积金额。一级关系营销的另一种常用形式是对不满意的客户承诺给予合理的财务补偿。例如，如果客户购买汽车一年后不满意，可以按原价退款。

（2）二级关系营销。关系营销的第二种途径是既增加目标客户的财务利益，也增加他们的社会利益。通过物流营销建立社会联系的效果优于价格刺激，物流企业可以通过了解客户的需要和愿望，并使物流服务个性化和制度化，增加企业与客户的社会联系。二级关系营销的特点是把人与人之间的营销和企业与人之间的营销结合起来。二级关系营销的主要表现形式是建立会员制客户组织，以某种方式将客户纳入企业的特定组织中，使企业与客户保持更为紧密的联系，实现对客户的有效掌握。

（3）三级关系营销。关系营销的第三种途径是增加物流技术结构纽带，同时附加经济利益和社会利益。在物流服务商参与设计的一体化物流系统中，与客户的物流技术性结构联系包括物流信息技术、设备技术、设施技术及其他方面的联系，这就要求物流服务商提供对关系客户有价值但其不能通过其他来源得到的服务。

基于集成场理论的集成体、基核、联接键等三维基本范畴构建的两业联动发展模式，见式（2-1）。

$$两业联动发展模式=集成体 \begin{Bmatrix} 紧密融合 \\ 战略联盟 \\ 合作伙伴 \\ 市场选择 \end{Bmatrix} 关系 + \begin{Bmatrix} 融合型 \\ 连接型 \\ 公共型 \end{Bmatrix} 基核 + \begin{Bmatrix} 组合型 \\ 过程型 \\ 功能型 \\ 技术型 \\ 资源型 \\ 信息型 \end{Bmatrix} 联接键 \qquad (2-1)$$

式（2-1）揭示了物流集成体主导物流链切入供应链所形成的供应链集成，这就是由集成体、基核和联接键构成网链结构，网链结构的稳定性有利于抵御来自外部的扰动。例如，通汇物流与陕西重型汽车公司的"两业联动发展模式"就是：

集成体{紧密融合}关系+{融合型}基核+{组合型}联接键

根据集成体、基核和联接键之间的关系，两业合作的集成体，可以在所有制结构、基核规划投资及其运行配合，管理制度、信息平台、信息系统方面形成一体化运作体系。

知识链接2-1

物流企业与客户企业之间的关系类型

根据物流企业与客户企业之间关系的深度和稳定程度，两者之间的关系往往可以用表2-4表示，其中关系的稳定程度是从市场选择型、合作伙伴型、战略联盟型到紧密融合型。

表2-4 物流企业与客户企业之间的关系

集成体间的关系	基本特征	典型实例
紧密融合型	有资产股权形成的长期合作关系；资源、业务相互交叉融合；供应链与物流链衔接；包括产权关系	陕重汽—通汇物流、西飞国际—中航国际
战略联盟型	1年以上的长期合作关系；有较清晰的业务边界	宝鸡石油—伟鑫物流、美的—安得物流、上汽—安吉物流
合作伙伴型	1年以内的中短期合作关系；有清晰的业务内容和边界	比亚迪—华秦物流、西核—陕大件
市场选择型	根据市场选择形成短期的合作	一次性、短时间的合作，在汽车货运站、物流园区选择客户

业务规模大且比较稳定的企业往往寻求相对稳定的合作关系，方式包括签订合同、建立战略联盟、控股和参股等。

根据我国两业联动、产业联动的实践总结，物流链与供应链的一般耦合过程可以划分为精准对接、相互适应、共享绩效和融合发展4个阶段过程。在不同集成体之间，其中的前3个阶段，国外咨询公司也有将联动的不同类型企业间的关系称为交易（Transactional）型、偏爱（Preferred）型和战略伙伴（Strategic Partner）型关系，融合发展阶段主要涉及集成体的资产型关系，在融合发展中属于深度融合关系。物流业是服务业，没有稳定的联动发展对象，也就没有稳定的物流服务过程。

2.3 物流网络营销理论

2.3.1 网络营销的含义

1. 网络营销的概念

与网络营销相关的英文术语有多种，如 Internet Marketing、Network Marketing、E-Marketing 等，不同术语的内涵有一定的差异。

- Internet Marketing 是指在互联网上开展的营销活动。网络营销就是企业在互联网上进行的市场营销活动。
- Network Marketing 是指在网络上开展的营销活动。这里所指的网络不仅仅是互联网，还可以是一些其他类型网络，如增值网络（VAN）等。
- E-Marketing 中的 E 表示电子化、信息化、网络化，这种表达方式简洁、直观、明了，反映了网络营销与电子商务（E-Business）、电子虚拟市场（E-Market）等的对应关系。

2. 网络营销的内涵

网络营销是以互联网等作为基础的一种新营销方式和营销手段，与传统营销方式相比其内容要丰富得多。网络营销的主要工作内容如下。

（1）网上需求调查。网络问卷具有有效回收率高、方便传播的特点，运用网络问卷可以快速调研消费者需求信息，对调查结果进行统计，即可得到对网上调查的问题的判断。

（2）网上消费行为分析。移动互联网、物联网等技术所带来的"消费革命"，使得大量的消费者行为、轨迹都留有痕迹，产生了大量的行为数据，企业通过分析消费者行为数据，可以挖掘消费者行为偏好，实施精准营销。

（3）网络营销策略制定。"网红"经济、"直播"营销成为当下热门的网络营销途径，但也并非万能的渠道。针对不同的商品选择适合的网络营销方式是网络营销策略的关键。

（4）网上产品、服务策略。

（5）网上价格营销策略。每年一度的"双 11"电商大战是网络价格营销策略的重要途径之一，通过大量低价策略刺激客户需求。

（6）网上渠道选择与直销。网络营销渠道主要以平台为主，平台分为自营与第三方两种。

（7）网上促销与网络广告。

电子信息技术的发展，特别是移动通信技术的发展，促使互联网成为一个辐射面更广、交互性更强的新型媒体，它不再局限于传统的广播电视等媒体的单向性传播，而是可以与媒体的接收者进行实时的交互式沟通。

2.3.2 物流网络营销的应用

物流网络营销的主要对象有两大类：一类是企业（生产者市场），另一类是个体（消费者市场）。物流企业可以利用网络进行网上宣传、网上交流、网上销售、网上（售前、售中和售后）服务。网络营销作为新的营销理念和策略，凭借互联网特性对传统经营方式产生了巨大的冲击。

但是，网络营销与传统营销是相互促进和补充的，二者在不断整合。因此，企业可以将物流网络营销与传统营销方式结合起来。

（1）企业在进行营销时应根据企业的经营目标和细分市场，整合网络营销和传统营销策略，以最低成本达到最佳的营销目标。

（2）利用整合营销策略实现以消费者为中心的统一传播、双向沟通，实现企业的营销目标。传播的统一性是指企业向消费者传达统一的传播信息，即用一个声音来说话（Speak with One Voice），消费者无论从哪种媒体获得信息，都是统一的、一致的。其目的是运用和协调各种不同的传播手段，使其发挥出最佳、最集中统一的作用，最终使得企业与消费者建立长期的、双向的、维系不散的关系。在与消费者的双向沟通中，消费者可与公司展开富有意义的交流，可以迅速、准确、个性化地获得信息与反馈。

（3）将市场营销过程与物流运作过程结合起来，结合北斗系统（BDS）定位技术，可将物流服务过程直接反映在企业与客户的网络终端，对物流服务实现实时监控。

2.3.3　物流网络营销与电子商务

电子商务是企业从全局角度出发，根据市场需求对企业业务进行系统规范的重新设计和构造，以满足网络知识经济时代数字化管理和数字化经营的需要。

电子商务是企业利用电子化手段从事的商业活动，基于电子处理和信息技术进行如文本、声音和图像等数据传输，主要是遵循 TCP/IP 协议、通信传输标准、Web 信息交换标准。所以说，电子商务是指企业系统化地利用电子工具，高效率、低成本地从事以商品交换为中心的各种活动的全过程。

物流网络营销与电子商务结合起来，可以实现网上交流、网上交易、网上监控、网上支付。

物流网络营销作为促成商品交换实现的企业经营管理手段，是企业电子商务活动中最基本的、重要的互联网商业活动。

电子商务的应用可以分为面向市场和面向企业两个层面，面向市场层面是以市场交易为中心的活动；面向企业层面是利用互联网来重组企业内部经营管理活动，使其与企业开展的电子商务活动协调一致。具体类型有企业与企业的电子商务，即 B to B 电子商务模式；企业对消费者的电子商务，即 B to C 电子商务模式。

2.4　物流体验营销理论

2.4.1　体验营销的含义

体验营销从消费者的感官、情感、思考、行动、关联 5 个方面，重新定义、设计营销理念，认为消费者消费时是理性与感性兼具的，消费者在消费前、消费时和消费后的体验，是研究消费者行为与企业品牌经营的关键。在物流服务开始时的与结束时的最后一公里、最后一米的上门服务、配送服务中，体验营销有更强的实践意义。利用营销体验的理念，物流服务提供商可以对其特定的客户进行量身定制服务，从而为客户提供一体化服务，更好地为客户设计物流服务供应链，满足客户要求。

物流服务过程由 4 个要素构成：参与者、实物依据、服务集合过程、接受物流服务的客户。

对于物流服务体验，客户可以从前 3 个要素及其过程感受，它们称为物流服务过程的 3P。

2.4.2　体验营销的应用

许多企业已开始推出体验营销活动。如微软公司的"Windows XP""Office XP"系列软件产品，XP 来自"Experience"，中文意思就是体验。比尔·盖茨宣称"Windows XP"操作系统为人们重新定义了人、软件和网络之间的体验关系。开展体验营销有利于企业摆脱价格战，用更具感染力的营销方式，找到新的生存空间和盈利机会。提供有价值的客户体验，可以留住客户，提高客户的忠诚度。顾客体验路径则是实施体验营销的重要依据，早期的顾客体验路径为 4A，即认知（Aware）、态度（Attitude）、行动（Act）、再次行动（Act Again）。菲利普·科特勒根据网络时代新的变化，把客户体验路径从 4A 升级到 5A，即认知（Aware）、诉求（Appeal）、询问（Ask）、行动（Act）、倡导（Advocate）。同时他在"营销 4.0"中，列举了 4 种常见的客户体验路径：门把手型、金鱼型、喇叭型、漏斗型。其中门把手型和金鱼型的 A3 差异最大（见图 2-2）。

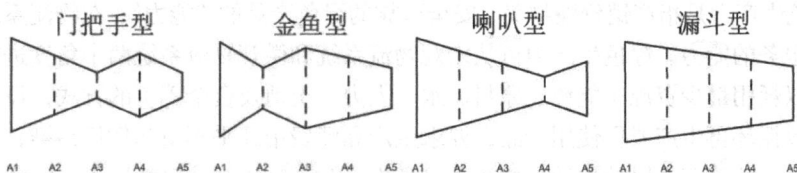

图 2-2　4 种常见的顾客体验路径

（1）门把手型的 A3 很小，说明这一类型的消费者比较容易被说服，购买冲动（A4）比较大。但缺点是，A5 很小，说明不太在乎品牌，推荐值低。

（2）金鱼型的客户比较理性，注重品牌口碑（A3）。如果审核通过，则交易达成。推荐值（A5）也很正常。

（3）喇叭型最大的特点是行动值（A4）偏小，但推荐值（A5）反弹。这表明该类产品购买者较少，购买目的多以展示或提升身份为主。

（4）漏斗型相比其他类型是最完整的客户体验路径。比如，门把手型可能直接跨过 A3 实施购买行为；金鱼型可能先经过 A3 再经历 A2；漏斗型要经历每个触点，而且每个触点都会产生影响，都有可能使客户放弃购买。漏斗型的定位必须要以客户的真实体验作为基础。

2.4.3　物流体验营销的特点

物流服务直接联系着客户，因此在物流服务中体验营销有着重要的地位和作用。

（1）重在物流客户体验。体验为客户提供知觉的、情感的、认知的、行为的和关系的价值。物流服务为客户定制物流的时间、体力、精力的价值体验，产品和物流服务则成为客户体验的直接对象。

（2）关注物流消费情景。物流体验营销人员要考虑的问题是：什么物流服务产品符合客户物流消费情景，如准时配送、隔日达、次日达等多种物流服务方案。

（3）物流消费者在消费物流时既有成本的选择，也受感情、时间、精神和精力的驱动。例如，"最后一公里"的物流服务质量直接影响全过程的服务质量。

（4）在市场研究中采用灵活的综合的方法。物流体验营销使"物流品牌=识别"发展到"物流品牌=物流服务体验"，因此物流品牌的内涵成为物流服务声望、承诺、体验的组合，使物流服务品牌的内容进一步深入和丰富。

2.5 绿色物流营销

2.5.1 绿色营销与绿色物流

1. 绿色营销的含义

绿色营销是绿色战略的组成部分。20世纪90年代提出的绿色战略包括3个层次的含义：绿色产品、绿色生产力和绿色营销。

（1）绿色产品是指符合可回收、低污染、省资源要求的产品。逆向物流过程必然涉及这一领域。

（2）绿色生产力是指产销价廉物美、安全可靠的绿色产品的"能力"，在物流系统中是指提供绿色物流服务的能力。绿色生产力可从宏观物流系统和微观物流系统两个角度进行考查。宏观物流系统以耗用最少资源（能源、原料、水、人力、土地及资金等）的方式，设计、制造与消费可以回收循环再生产或再使用产品，要求生产和消费中几乎不引起任何污染，而且产品价廉物美、安全，能改善人民的生活品质和环境条件；微观物流系统以耗用最小资源的方式，设计、制造可以回收循环再生产和再使用的产品。

（3）绿色营销是指企业在保护环境、满足消费者需求的过程中取得自身利益的营销。以物流服务及其对环境的影响为中心，在物流系统规划设计、运作监控过程中，强调并协助解决环保问题。

绿色营销理念对物流系统的规划设计和运营监控有重要的指导作用，如煤炭物流的绿色化及其手段在该理念指导下进行了升级。

2. 绿色物流的含义

绿色物流是指与节约资源及保护环境相联系的物流活动，所以绿色物流又称环境物流（Environmental Logistics）或环保物流。它意味着在物流过程中抑制物流对环境造成危害的同时，实现对物流环境的净化，使物流和生产资源得到最充分合理的利用，体现了物流与环境科学交叉融合的特点。绿色物流除具备一般商品流通的功能外，还要实现支持绿色生产、经营绿色产品、促进绿色消费、回收废弃物等以环境保护为目的的特殊物流功能。一般称这种废旧物质的回流为逆向物流（Reverse Logistics）。在原材料的取得和产品分销中，运输作为主要的物流活动，对环境可能产生一系列影响。根据绿色物流理念，在进行社会物流与企业物流活动时必须考虑环境问题，如交通三大公害、包装材料回收、废弃物处理等。减少物流资源对环境的污染或最大可能地再利用资源，也是物流营销管理所需考虑的内容。现代绿色物流营销强调物流系统与环境的全局和长远的利益，强调对环境全方位的关注，体现了一种全新的物流服务理念。

2.5.2 绿色物流与绿色营销战略的实施

绿色营销战略的内容包括：实施绿色营销的条件，客户要有绿色消费的意识，企业有从事绿色营销的手段。它强调的对象包括目标客户和整个社会，不仅关注当前利益，还关注长远利益，并从环境的角度对物流体系进行改进，从而形成环境共生型的物流系统。这种物流系统建立在保护地球环境和可持续发展的基础上，改变原来经济发展与物流、消费生活与物流的单向作用关系，采取与环境和谐相处的态度和全新理念，设计和建立一个循环的物流系统，使到达传统物流末段的废旧物质能回流到正常的物流过程中来。

绿色物流营销战略的实施，需要物流法规、政府政策、物流企业经营战略 3 方面的共同努力，如执行物流环境保护法，改进卡车设计，采用电动卡车，鼓励联合运输等。企业的绿色物流战略包括企业的绿色营销与绿色物流，它体现在绿色营销及其对绿色物流的要求、绿色物流在绿色营销中肩负的使命，以及物流与营销的绿色整合上。

📂 前沿话题 2-2

绿色物流：包装的"4R1D"原则

绿色物流越来越受到人们重视。对于物品包装，按"4R1D"原则设计的绿色物流包装内涵包括 Reduce：减量化；Reuse：能重复使用；Recycle：能回收再利用；Refill：能再填充使用；Degradable：能降解腐化，不对环境形成污染。2017 年 7 月 8 日—12 日，在被誉为"史上最大规模青年创意展"的淘宝造物节上，由"菜鸟绿色行动计划"联合淘宝共同打造的"绿色包裹涂鸦专区"，展出了淘宝平台上使用的"绿色包裹"，主要包括两种环保包装：可完全降解的快递袋和无须使用封箱胶带的拉链式快递纸箱，如图 2-3 所示。

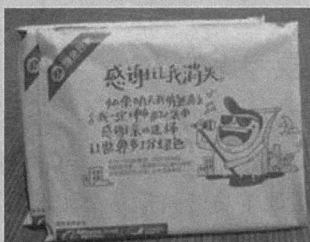

可完全降解的快递袋　　　无须使用封箱胶带的拉链式快递纸箱

图 2-3　两种环保包装

这些包装都体现了绿色营销及其对绿色物流的要求，实现了物流与营销的绿色整合。

2.6 物流 13P 营销要素理论

物流市场营销包括战略性物流市场营销（在规划过程中也称市场营销战略规划）和战术性物流市场营销（也称市场营销战术规划），针对特定市场开发大市场营销过程。无论何种市场营销过程，对物流市场营销而言，人都是一个重要因素，并在各个市场营销中发挥作用。

2.6.1　战略性物流市场营销要素及过程

战略性物流市场营销（简称战略营销）要素主要包括探索（Probing）、细分（Partitioning-Segmentation）、优选（Prioritizing-Targeting）和定位（Positioning），简称战略营销 4P 组合，并按照探索→细分→优选→定位这一逻辑进行。

（1）探索。市场调研是企业从事营销活动的前提。只有通过调研，企业才能掌握消费者对产品、客户对物流的需求及市场上其他厂商所生产的同类产品的竞争程度，从而使企业在制定营销策略时能有一个合理的定位。通过市场调研，企业不仅能掌握市场环境的现状，还能对市场发展的趋势进行预测，从而有利于企业制订长远的生产计划和营销规划。

（2）细分。由于国际市场上商品供应的多元化和消费者需求的差异化，企业必须在市场调研的基础上进行市场细分，即按一定标准、标志将一个整体市场分为若干细小市场，并从中选择营销对象。物流市场细分的实质，是把有不同需求的客户分离开来，归入不同的分市场中，以便企业充分利用自身资源，采用个性化营销策略，有的放矢地打入并占领这些细分市场，最后达到扩大销售额的目的。

（3）优选。在市场细分的基础上，企业还要注意选择目标市场的策略。企业不管规模有多大，其资源总是有限的，加上客户需求各异，同行竞争激烈，企业就必须扬长避短，优先选择经营对象，实现有效的目标营销。目标市场一般应具有以下几个条件：有足够大的销售量，能实现企业的目标销售额和利润；企业有足够的资源满足其特定需求；竞争者尚未进入或未完全进入，企业具有相对经营优势。

（4）定位。企业在细分市场和确定目标市场的时候，还要为自己选择合适的市场定位，根据目标市场上的竞争情况和企业自身条件，为企业和产品在目标市场上确定某种竞争地位，以满足消费者需求和应付同行竞争。

⚠ 特别提示 2-1

物流战略营销必须要考虑的 3C

物流企业在制定市场营销策略时，还必须重视影响现代企业生存与发展的三股力量——客户（Customer）、竞争（Competence）和变化（Change），通常也称 3C 策略。

（1）客户是企业生存的基础，物流企业可以通过市场营销策略稳定既有客户，发展和争取新客户。

（2）竞争是为了获得有利条件和地位，物流竞争具有国际化趋势，物流市场竞争制胜的关键是制定策略，形成战略优势，同时提高（服务）质量、降低价格（成本）、确保时间（效率）。

（3）变化是市场的基本特征，物流市场的环境始终处于变化之中。物流企业要获得生存和未来成长的保障，就必须适应客户需求和外界环境的变化，调整自己的策略，不能以不变应万变。

2.6.2 战术性物流市场营销要素及过程

1. 传统战术性物流市场营销的 4P 组合

战术性物流市场营销要素主要包括产品（Product）、价格（Prive）、渠道（Place）和促销（Promotion），简称战术营销 4P 组合。一般市场营销组合策略主要是按这 4 个要素组合进行的。

（1）产品。企业需要决定新产品的功能、品质、商标、包装、服务等，向客户提供包括产品实体、产品核心和产品延伸 3 个层面的整体产品，物流服务也包括核心服务和延伸服务。根据产品生命周期的不同阶段，企业选择能适当发挥企业比较优势的阶段进行生产并不断创新。

此外，企业还应通过市场调查、市场细分、市场定位等渠道来提高供应链物流服务的竞争力。

（2）价格。在现代市场营销中，价格在很大程度上决定着企业的盈亏和产品竞争力的强弱，也决定着产品的交易能否达成。当今国际市场总的趋势是优质高价、劣质低价，要合理定价，除要考虑成本外，更要密切注意目标市场的供求变化和竞争情况，做到以成本为基础，在目标市场上优质优价、同质同价。

（3）渠道。企业有适销对路、竞争力强的产品，还必须选择有利的销售渠道，使产品能以最短的时间、最少的费用和最合理的途径从生产者手中转移到最终消费者手中，并使其满意，这一过程也是配送过程。但是，物流营销渠道包括更广泛的内容，如产权渠道、谈判渠道、融资渠道、促销渠道、物流渠道等，有一些属于战略营销的领域。销售渠道的选择包括对产品线长度和宽度的选择和组合策略。

（4）促销。有了好的产品和畅通的销售渠道，企业还必须采用恰当的促销手段向客户传递有关企业和产品的信息。在当今的国际市场上，宣传促销是引导消费、诱导市场的重要营销手段。

2．大市场营销

大市场营销要素除了一般市场营销的产品（Product）、价格（Price）、渠道（Place）、促销（Prornotion），还包括政治权力（Power）和公共关系（Public Relations），将其总称为大市场营销 6P。大市场营销在物流营销开拓新市场中具有举足轻重的作用。

（1）政治权力。企业、政府机关、社会团体、公职人员、社会名人等对公众的影响力、控制权和支配权也会在一定程度上影响企业营销活动的开展，主要是跨国、跨区域市场的开发。当地客户、消费者的态度、意见和偏好，在相当程度上也受这些权力的影响。企业可以采用政治权力、公共关系策略和技巧，从目标市场所在地的政府、立法机构和当地企业那里取得进入这个目标市场的特权，也可利用政府公职人员或社会名流在社会公众中的威望开展权力营销，往往可以获得意想不到的成功。

（2）公共关系。公共关系包括企业与之打交道的方方面面，如客户、供应商、经销商、代理商、银行、竞争者、政府机构、社会团体、股东、员工及一般社会公众等。企业为了适应环境，争取公众的了解、信任和支持，树立良好的企业形象，必须采取一系列与之相关的计划、决策和行动。公共关系是一种内求团结、外求发展的经营管理艺术。

从事国际市场营销的企业，不仅要有好的产品，树立好的企业形象，还要面对复杂的市场结构和激烈的竞争。尤其是企业在面对一些无形壁垒保护森严的封闭性市场时，政治权力和公共关系往往是两块有力的敲门砖。

3．网络时代战术营销的 4C 组合

4P（产品、价格、渠道、促销）是一个把消费者影响力排除在外的结构。在网络时代，营销组合已经进化得让更多客户得以参与。菲利普·科特勒认为，在网络时代，4P 应该重新定义为 4C：共同创造（Co-Creation）、浮动定价（Currency）、共同启动（Communal Activation）、对话（Conversation）。4C 可以理解为网络时代的 4P。区别是从"产品"变成"共同创造"，从"价格"变成"浮动定价"，从"渠道"变成"共同启动"，从单向的"促销"变成双向的"对话"。

在菲利普·科特勒提出的营销 4.0 时代中，解决营销难题的唯一办法是营销产品化，把营销变成一个产品、一个阵地，然后运营这个阵地，而不是一味地强调文案、内容和渠道。

运营的核心可以用"一个中心"和"三个基本点"概括。"一个中心"是一定要以用户为中心，"三个基本点"是流程化、精细化和模块化。

2.6.3　物流服务过程的 3P 要素

在物流服务过程中，服务集合过程（Process of Service Assembly）、实物依据（Physical Evidence）和参与者（Participants）是最基本的，即物流服务过程的 3P。

1. 服务集合过程

服务集合过程是指由物流服务项目设计决定的物流服务过程。这一过程集合了物流服务过程的服务项目设计思路到服务的传递和实现方式等一系列的活动过程及所涉及的人员的业务素质，它与管理者进行的一体化物流服务方案的设计质量、全过程监控及运作水平有关。

2. 实物依据

实物依据主要指设施、设备、工具及其他有形层面的物质，它们直接参与物流服务过程，并对物流服务质量有着至关重要的影响。例如，冷链物流过程中必须有相应的冷链设施、载运工具等。

3. 参与者

人即参与者，涉及物流服务过程的客户、作业员工和其他相关人员。人是物流市场营销中最重要的因素，在各个市场营销环节中发挥作用。物流服务过程的参与者主要指企业内部的员工和企业外部的目标公众。其含义是理解人和为人提供服务，它贯穿企业市场营销及物流服务活动的全过程。在企业内部表现为掌握员工需求的动向和规律，在企业内部形成强大的凝聚力；在企业外部表现为通过提供完整的产品去满足消费者的需求，及时收集反馈意见，不断调整营销策略。在物流服务过程中，如果人员作业不到位，可能会毁掉全过程服务成果和信誉，甚至还会造成更大的影响。

> ⚠ **特别提示 2-2**
> **物流服务过程的 3P 是物流服务质量传递及实现的关键因素**
>
> 物流是服务，是能够实现产品或系统价值增值的服务。
> 物流服务的传递方式体现在物流过程中；物流是附带一定设施设备的服务，在这一服务过程中，设施设备一直处在有形展示之中。所以，物流服务过程的人员、设施设备均融于服务过程中，这 3 个因素相互之间的关系决定了物流服务质量，传递了客户的直接感受。所以，可以将物流服务过程质量公式表示为：
> 物流服务过程质量=服务项目（过程）设计+服务设施设备+服务人员
> 要牢记并积极运用这一公式，关注原理并努力实现这一过程！

2.7　物流 13P 营销要素的作用

综上所述，在市场营销的 13P 中，将传统营销组合的产品、价格、渠道、促销，简称 4P，加上"政治权力"和"公共关系"这 2P，为"战术营销 6P"；探索、细分、优选、定位称为"战略营销 4P"。"战术营销 6P"合理与否，取决于"战略营销 4P"。企业必须对"战术营销 6P"中的政治权力和公共关系加以运用，以便排除通往目标市场的各种障碍。企业提供物流服务过程、人员和实物应用，其有效整合影响着物流服务质量。在市场营销新理念的冲击下，如何应对营销理念的新突破，如何将营销因素组合高效地作用于目标市场，使之成为应付激烈竞争的有力手段，是每个企业都需要认真考虑的问题。

> **➜ 快速链接 2-1**
>
> ### 利用联接键进行集成创新
>
> 　　联接键作为物流企业与客户企业之间、集成体与基核之间、资源与能力之间等的衔接方式，利用电子信息技术等形成了更稳定的系统结构，根据其内容主要有以下几种基本类型：信息型、技术型、资源型、功能型、过程型和组合型。在实际衔接过程中，通常是两种或两种以上类型合成在一起发挥集成创新作用。不同类型的联接键在联动中的表现形式、实现途径和关键因素，如表 2-5 所示。
>
> **表 2-5　物流企业与客户企业间联接键的类型**
>
> | 类型 | 表现形式 | 实现途径（实例） | 关键因素 |
> | --- | --- | --- | --- |
> | 信息型 | 简单和全面信息 | 电话信息方式、文件传输方式、信息系统方式 | 实效性、精确性 |
> | 技术型 | 冷藏仓库+冷藏车辆+车辆跟踪等技术，各种制冷技术的衔接 | 仓库制冷、货台、出入库门设计与车辆参数的对接 | 标准化、兼容性 |
> | 资源型 | 采购、配送、仓储、装卸搬运、土地资源 | 配送工具、仓储设备、装卸设备、运作流程的集成设计和操作 | 资源种类与数量稀有性 |
> | 功能型 | 采购+配送+加工，仓储托盘化+运输托盘化 | 各生产流程的衔接、硬件的配合+软件（制度等）的支持 | 无缝对接 |
> | 过程型 | 陆—海港间"五定"班列，属地报关、异地通关政策等 | 多阶段运作过程通过联接键再合成设计与实现 | 基核的连接；一体化运作 |
> | 组合型 | 由两个或多个类型联接键组成 | 综合性的联结关系 | 符合系统性要求 |
>
> 　　从制造业与物流业合作的联接键构建和类型来看，占比大的依次是信息型、功能型和资源型联接键，技术型和过程型比重相对较低，也是建立产业间服务关系需要进一步发展的内容。信息化、数字化、智慧化是使计算机运用更为通用化的联接键手段。

✒ 本章小结

　　本章介绍了物流服务营销、关系营销、体验营销、绿色营销等理念，说明了第三方物流企业生存与发展的业务需要，阐述了客户关系管理在物流企业的运用方式。在学习时，需要重点把握 13P 营销要素的内容和组合结构，特别是物流战略营销内容，必须要考虑"3C"与"多层复合战略三角形"结构的"3C"要素的差异与联系，以更好地理解"4P+6P+3P=13P"的含义。本章还阐述了，通过集成体、基核和联接键形成一个稳定的物流链，企业既能切入供应链提供优质服务，又有利于在市场竞争中获得更多、更稳定的业务。

巩固复习

回答下列问题（达到深刻理解给5分，部分理解给3分，不理解给1分）

1. 物流服务与实体产品有何区别？
2. 物流关系营销市场模型包含哪些子市场？
3. 物流关系营销推进的3个层次的特点有哪些？
4. 物流网络营销包含哪些工作？
5. 物流体验营销中4种常见的客户体验路径的特点有哪些？
6. 物流绿色营销的意义是什么？
7. 物流13P营销要素包括哪些内容？
8. 网络时代物流战术营销的4C组合具有哪些特点？
9. 物流市场营销与企业经营活动是什么关系？
10. 为什么要进行客户关系管理？

请把各小题分数相加，如总分为42~50分，请继续下面的题目；如果总分为33~41分，请对不足之处进行有针对性的复习；如果总分在32分以下，请重新学习本章相关内容。建议你在学习过程中多与老师和同学探讨不理解之处。

多项选择题

1. 物流战略营销的4P包括（　　）。
   A. 探索　　　　　B. 产品　　　　　C. 细分
   D. 优选　　　　　E. 定位
2. 网络时代物流战术营销的4C包括（　　）。
   A. 产品　　　　　B. 共同创造　　　C. 浮动定价
   D. 共同启动　　　E. 对话
3. 物流服务过程的"3P"包括（　　）。
   A. 服务集合过程　B. 产品　　　　　C. 实物依据
   D. 渠道　　　　　E. 参与者
4. 绿色物流的"4R1D"包括（　　）。
   A. 减量化　　　　B. 能重复使用　　C. 能回收再利用
   D. 能再填充使用　E. 能降解腐化　　F. 可盈利
5. 企业制定战略要考虑的"3C"格局，即构成战略三角形的要素是（　　）。
   A. 价格　　　　　B. 客户　　　　　C. 竞争
   D. 变化　　　　　E. 政治权力

思维提升

1. 物流服务营销与产品营销的本质区别体现在哪些方面？
2. 物流关系营销的重点和方式是什么？

3. 物流体验营销中 4 种常见的客户体验路径都适合哪类产品？

4. 物流战略营销必须要考虑的 3C 与"多层复合战略三角形"结构的 3C 要素有何差异？

5. 绿色物流对企业带来的价值体现在哪些方面？

拓展阅读

1. 董千里. 高级物流学 [M]. 3 版. 北京：人民交通出版社，2015.

2. 董千里. 集成场理论：两业联动发展模式及机制[M]. 北京：中国社会科学出版社，2018：24-74.

实例分析

通过为客户设计物流服务项目建立长期合作关系
——施多特公司战略营销过程的启示

作为集成物流服务商，即集成体，施多特公司如何获得稳定的合作伙伴呢？根据集成场理论，以物流链的基核为中心，为客户设计物流项目，并将其资源融入该项目之中，是该公司作为集成体的一项重要的物流业务营销与发展战略。

在欧盟成立前，根据奥宝公司凯泽斯劳滕分厂的生产特点，施多特公司投入 1 300 万马克设计建造了一座面积达 9 000 平方米的仓储中心。以此仓储中心为基核负责汽车分厂零配件集散，主要任务是对协作厂运到的零配件进行验收、存储等。该分厂的协作厂、供应商达 300 余家，与交货有关的服务都由仓储中心负责。仓储中心收货后，将零配件重新包装并装入特制的箱内，通过运载工具送到工位，由工人组装车辆。奥宝公司生产分厂的仓储中心对供货有严格的要求。两个单位的生产和业务运作都通过计算机网络进行控制作业，形成高效、稳定的联接链，所以当奥宝公司分厂的电子计算机系统发出指令后，仓储中心 2 小时左右就会供货到工位，衔接非常紧密，从未出现差错。

这就是汽车零部件物流的 JIT 服务系统。生产厂家享用这样的物流服务系统，可以致力于组装式生产，而不需要自己建立耗资巨大的仓库，仓储及配送业务均由物流企业提供。供需双方各自进行专业化经营，在相互依存中，彼此都得到益处。

（根据董千里在德国物流考察的资料进行整理）

案例探讨

1. 试分析营销理念在施多特公司设计物流方案中的集成体、基核和联接键的作用及其应用。

2. 施多特公司与奥宝公司的战略合作方式，对你在营销理论方面的理解与学习有何启发？

第3章

物流营销创新及发展

章首引例

本章学习重点

- 物流服务价值链理论
- 物流营销4C、4V、4R 组合理念
- 物流营销4P 与 4C、4V、4R 的关系

中国物流业改革开放 40 余年来所经历的组织化实践过程，可以提炼为：物流集成、物流网链、两业联动、产业联动、国际物流、产能合作，如图 3-1 所示。其理论提炼和物流实践在全球都有积极意义。

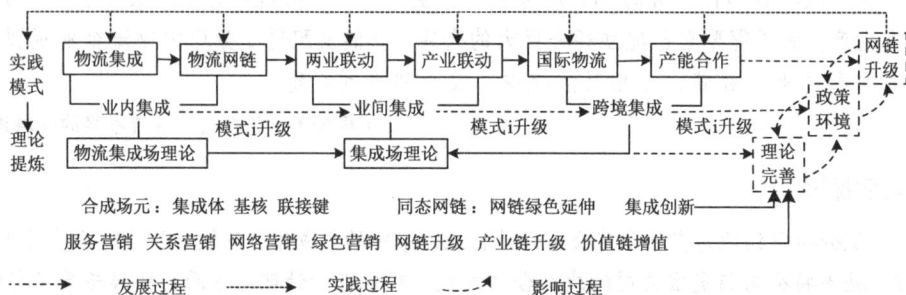

图 3-1　改革开放 40 余年来物流业发展理论与实践的过程

物流业发展客观过程具有继承性、可持续、高质量发展等特点。以快递业为例，经过 40 余年的发展，我国的快递产业已经逐渐成熟，快递市场已形成较大规模，约有 1500 家快递公司，主要分为 3 类：①传统国有快递公司，以中国邮政快递（EMS）为代表，有民航快递、中铁快运等；②国内综合实力相对较强的民营快递公司，以顺丰、京东等

为代表；③跨国快递公司，以中外运敦豪（DHL）、联邦快递（FedEx）、联合包裹（UPS）及荷兰天地快运（TNT）为代表。

（根据董千里《集成场："一带一路"产能合作网链研究》等资料整理）

3.1 物流营销创新的含义

所谓营销创新（Marketing Innovation），就是企业根据营销环境的变化情况，并结合自身的资源条件和经营实力，寻求营销要素在某一方面或某一系列的突破或变革的过程。

3.1.1 物流市场营销创新理论

物流市场营销创新要结合物流的服务业性质。其市场营销应当包括制定创新战略、树立正确的营销创新观念、培养营销思维。要有坚韧不拔的精神，要有严格的制度保障。

3.1.2 物流市场营销创新实践

如前所述，中国改革开放以来的物流集成、两业联动、产业联动、产能合作等在境内、境外的产业实践就是物流市场营销创新实践的体现。

3.2 服务价值链理论

3.2.1 服务价值链的含义

服务价值链是表明利润、客户、员工、企业 4 者之间关系并由若干链环组成的链，是 1994年由詹姆斯·赫斯克特等 5 位哈佛商学院教授组成的服务管理课题组提出的。物流提供的是服务，物流集成商提供的物流服务形式是物流（服务）链，可以用服务价值链理论指导物流营销活动全过程。

服务价值链理论认为，在员工满意、忠诚、能力和服务效率中，客户价值、客户满意、客户忠诚，以及企业利润、成长能力之间存在着直接相关的关系。服务价值链的核心是客户价值方程式。服务价值链的基本逻辑是：企业获利能力的强弱主要是由客户忠诚度的大小决定的；客户忠诚度的大小是由客户满意度决定的；客户满意度是由客户认为所获得的价值大小决定的；价值最终要由员工来创造，员工工作富有效率，对公司忠诚创造的价值就高，反之亦然。员工对公司是否忠诚取决于其对公司是否满意；满意与否主要取决于公司内部是否给予了高质量的内在服务。

3.2.2 物流客户价值方程式

物流客户价值方程式反映了物流链关联各要素所影响的价值，其概念可以表示为：

$$客户价值 = \frac{为客户创造的服务效用 + 服务过程质量}{服务的价格 + 服务的附加成本} \tag{3-1}$$

式（3-1）中，服务的附加成本包括在客户承受的服务价格以外的成本，如精神成本、体力成本、时间成本等。

可见，客户价值与物流链内部员工及外部客户都有关系。物流客户价值方程式从客户的角度来看产品与服务的价值，此二者直接影响客户的购买决策。同时，以客户价值方程式来定义的价值与客户满意之间有着直接的关系。

⚠ **特别提示 3-1**

如何使物流链成为"物流服务价值链"

物流是由物流服务功能及实现物流功能的设施、设备、技术、人员等要素构成的价值传递过程。物流链要成为物流服务价值链，需要在物流服务过程中突破传统市场营销4P，即产品（Product）、价格（Price）、渠道（Place）和促销（Promotion）的局限，在此基础上增加参与者（Participants）、实物依据（Physical Evidence）和服务集合过程（Process of Service Assembly）3个P后，即可得到：

物流服务过程质量=服务项目（过程）设计+服务设施设备+服务人员

可见，构建包括客户、物流服务过程在内的物流链，是认识和提升物流链价值增值能力的重要途径。

3.2.3 服务价值链理论对物流营销的启示

对于提高服务企业的营销效率和效益，增强企业的市场竞争优势，服务价值链理论能起到较大的推动作用。这些推动作用主要体现在以下几个方面。

（1）服务价值链理论明确指出了客户忠诚与企业盈利能力间的关系。这一认识有助于营销者将营销管理的重点从追求市场份额的规模转移到追求市场份额的质量上来，在物流服务过程中建立优质服务理念。

（2）客户价值方程式为营销者指出了实现客户满意、培育客户忠诚的思路和途径。服务企业、提高客户满意度可以从两方面入手：一方面是通过改进服务、提升企业形象来提高服务的总价值；另一方面是通过降低生产与销售成本，减少客户购买服务的时间、精力与体力消耗，降低客户的货币与非货币成本。

（3）服务价值链理论要求"物流服务过程质量"保障客户所需服务质量。它表明物流企业若要更好地为外部客户服务，首先必须构建高质量的物流服务过程，体现公司所有内部员工服务的重要性。为此，物流企业必须设计有效的物流服务项目及员工的报酬和激励制度，并为员工创造良好的工作环境，尽可能地满足员工的内、外在需求。

根据服务价值链理论，提高物流企业的物流链效率和效益，突出企业的市场竞争优势，对提升企业的整体服务能力能起到较大的推动作用，因此需要通过物流过程提供服务价值给客户，通过满意服务建立客户的忠诚；要实现这一过程，企业内部员工的需求首先要能够得到满足。这一物流服务价值链结构如图3-2所示。

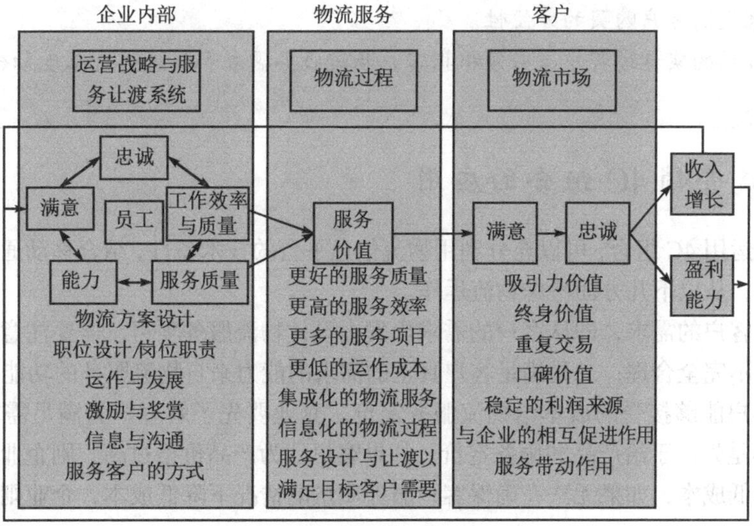

图 3-2　物流服务价值链结构

3.3 物流营销 4C 组合

3.3.1 4C 组合的构成

罗伯特·劳特朋于 1990 年提出了 4C 理论，即以客户（Customer）为中心进行营销，关注并满足客户在成本（Cost）、便利（Convenience）方面的需求，加强与客户的沟通（Communication）。创建 4C 的基本点是：营销时持有的理念应是"请注意消费者"，而不是传统的"消费者请注意"。物流 4P 组合与 4C 间的相互补充和提升，使物流服务更加客户化、人性化。

3.3.2 从物流营销 4P 组合到 4C 组合

产品、价格、渠道、促销——4P 是以企业为中心思考问题的；客户、成本、便利、沟通——4C 是以消费者为中心思考问题的。

物流营销 4P 组合到 4C 组合，体现在以下几方面的过渡上：营销策略设计思考基点的变化，例如，产品（服务项目设计）要充分考虑客户需求与欲望，考虑给客户提供量身定制的物流服务；价格要考虑客户成本组成，而不仅是货币成本；渠道要便于客户节约体力成本、精力成本和时间成本；促销要能实现双向交流沟通。

⚠ **特别提示 3-2**

利用 4C 组合建立大规模定制服务方式

大规模定制是多样化、个性化产品满足客户多样化需求的极限，把个性化产品准确、低成本、快速地按照客户的要求送到客户手中是一件非常困难的事情。在客户定制阶段，为了帮助客户熟悉定制的流程，制造商需要建立一个面向最终客户的个性化定制平台。目前，世界上知名企业都建立了自己的网站，与客户进行零距离交流，企业还可以建立"面广量大"

的营销网点来提高客户购买的方便性。

在这一方式的实施过程中，必须根据客户物流服务需求和特点进行深度融合，而不是简单照搬。

3.3.3 物流营销 4C 组合的应用

物流服务运用 4C 组合，可以充分利用物流信息平台的技术条件，结合移动通信技术手段，以客户为中心，从以下几方面考虑物流运作。

（1）满足客户的需求，即从客户的需求出发去设计物流服务项目。需要注意两点：一是客户需求有时并不完全合理；二是满足客户真正的需求的能力来自物流服务的功能和品质。

（2）以客户能够接受的成本给物流服务定价。企业要先了解客户为满足需求愿意付出多少成本，而不是先忙于给产品和服务定价。如果客户认为产品价格过高，则企业可以通过调整服务方案来降低成本，如果无法在确保客户服务质量的情况下降低成本，企业则需要另寻其他市场。

（3）本着方便客户购买的原则进行物流服务过程和渠道规划。从客户的角度反向设计物流服务过程和渠道，首先，要考虑在客户物品交付要求上和过程中如何给客户方便，企业主动提供物流服务监控条件，其目的是方便客户掌握物流服务品质，缩短销售时间。

（4）变单向促销为双向沟通。就是把单一的促销行为变为整合传播推广，其本质在于寻找客户更易接受的服务和促销方式。通过互动、沟通等方式，将企业内外营销不断进行整合，把客户和企业双方的利益无形地结合在一起。

物流企业可以利用公用或共用物流信息平台，为不同客户提供物流服务洽谈、沟通、监控和管理的渠道，利用互联网和移动通信技术，更好地实现 4P 与 4C 的融合，这也是物流高级化、高质量发展的需要。

3.4 物流营销 4V 组合

3.4.1 物流营销 4V 组合的含义

随着高科技产业的迅速崛起，高科技企业、高技术产品与服务不断涌现，营销新组合随之出现，即 4V 组合。所谓 4V，是指差异化（Variation）、功能化（Versatility）、附加价值（Value）、共鸣（Vibration）。它强调的是客户需求的差异化和企业提供商品的功能的多样化，使客户和企业形成共鸣，实现共赢。

3.4.2 物流营销 4V 组合的应用

物流营销 4V 组合可以体现在满足客户需求的物流方案设计、运作与监控的全过程中。

（1）差异化体现在针对客户的不同需求的集成物流服务、运作和监控方案设计中。物流服务差异化主要体现在为客户提供量身定制的服务上。

（2）功能化体现在客户服务的有效性上。要确保物流过程所提供的功能是能够满足客户需求的。

（3）附加价值体现在服务客户的指导思想中。采用多种途径为客户提供价值和价值增值是物流服务的核心。

（4）共鸣体现在与客户的共识上。达成协调一致的合作认识，是实现供需双方共赢的基础。

物流不是纯服务，是具有一定设施设备和技术条件的服务，既具有服务的一般特点，又具有依托设施、设备和新技术的特点。就物流服务的传递性特点而言，它会因为具体的设施、设备、技术和作业人员不同产生差异，而使客户产生服务差异性的感受。物流营销 4V 组合理论强调客户需求的差异化和企业提供商品的功能的多样化匹配，这是物流服务方案设计的关键，企业可以从设计理念开始，与客户达成共识，通过有效协作、合作达到共赢目的。

3.5 物流营销 4R 组合

3.5.1 物流营销 4R 组合的含义

美国学者唐·舒尔茨在 4C 营销理论的基础上提出了 4R 营销理论。4R 指关联（Relevance）、反应（Reaction）、关系（Relationship）和回报（Reward）。4R 营销理论认为，随着市场的发展，企业需要从更高层次上以更有效的方式在企业与客户之间建立起有别于传统的、新型的主动型关系。

4R 组合的最大特点是以竞争为导向，在新的层次上概括了营销的新框架。它基于市场不断成熟和竞争日趋激烈的态势，着眼于企业与客户的互动与双赢。

3.5.2 物流营销 4R 组合的应用

（1）关联：与客户建立关联关系。在竞争性市场中，客户在供应链中是流动的。对物流企业而言，具有稳定的客户群是十分重要的，这就涉及客户的忠诚度，而忠诚度取决于他们所获得的价值和利益。企业要提高客户的忠诚度、赢得长期而稳定的客户群，重要的营销策略是通过某些有效的方式在业务、需求等方面与客户建立关系。例如，利用综合信息平台形成一种互信、互求、互助的关系；通过财务、社会和技术关系，把客户与物流商的物流链、价值链联系在一起，这样就大大减少了客户流失的可能性。

（2）反应：提高客户需求响应速度。制订物流方案和实施计划已经通过基于电子信息技术的物流服务过程监控逐步透明化，企业需要站在客户的角度及时地倾听客户的希望、渴望和需求，并及时答复、迅速做出反应，满足客户的需求。目前，多数公司倾向于说给客户听，而不是听客户说，响应速度慢，这是不利于市场发展的。

（3）关系：建立和运用关系营销体系。在企业与客户的关系发生了本质性变化的市场环境中，抢占市场的关键已转变为与客户建立长期而稳固的关系，从交易关系变成责任关系，从财务联系到技术联系，从营销组合变成与以客户互动关系为基础的方案设计、运作、监控和管理关系组合。

（4）回报：营销运作的动力源泉。物流市场营销的真正价值在于其为企业带来短期或长期的收入和利润的能力。一方面，追求价值回报是物流营销发展的动力；另一方面，回报是维持市场关系的必要条件。企业要满足客户需求，为客户提供价值，必须注重产出，注重企业在营销活动中的回报。一切营销活动都必须以为客户及股东创造价值为目的。

企业通过建立互信、互求、互助的关系，把客户与企业联系在一起，从而减少不必要的客户流失，以此来提高客户的忠诚度，赢得长期而稳定的市场。

📁 **前沿话题 3-1**

基于智能芯片的智慧营销服务

物流集成商正在全力开辟智慧物流市场，以提升物流服务的附加价值。该物流集成商构建了大数据技术下的"商流合一"智慧营销模式，即实现销售与物流云端一体化。其中一个典型的实例如下。

该物流集成商在客户家用冰箱中植入了智能芯片，实时收集客户冰箱中各种食品的存储数量信息，当食品存储量降低到规定的警戒线后，该物流集成商数据平台就会产生食品订购信息单，信息单上详细地描述了客户所需商品的品牌、类型、价格、数量。物流集成商再按照信息单来采购客户需要的食品并配送到家。这样，客户只需要与物流集成商签订一份供需协议，就可以把烦琐的居家购物交给物流公司完成。

（根据《中国流通经济》等资料整理）

物流企业在垂直营销过程中，可以利用 4C、4R、4V 形成有效的客户群，即忠诚的客户、能够产生共鸣的物流合作伙伴，构建起规模化的物流网络，这是利用信息技术取得物流效率和效益的基础和前提。

3.6 交叉营销及其应用

3.6.1 交叉营销的含义

交叉营销指通过把资源、功能、时间、金钱、构想等因素进行整合，为各类企业（含特许经营店等）提供一个低成本的渠道，去接触更多的潜在客户的一种营销方法。在两业联动发展模式中，交叉营销不仅在企业销售自己产品的同时提供相关产品的销售，而且它更多地体现出一种综合型销售指导思想。在这种指导思想下，企业可以对自己所拥有的一切资源进行交叉、融合，最终为客户提供一整套解决方案，满足客户整体需求，从而巩固客户关系，最大化客户供应链物流价值。物流交叉营销体现了以物流链、供应链、供应链集成服务的思路对物流资源、功能等进行整合的业务特点，也是建立在交叉营销基础上的物流链形成的营销思想和方法。

物流交叉营销考虑的主要因素包括以下几点。

（1）客户供应链物流价值的影响因素。不同物流资源、功能和相关服务的作用。

（2）客户盈利能力。

（3）如何处理好价值与盈利能力之间的矛盾。

3.6.2 交叉营销在物流链、供应链及其集成中的应用

物流交叉营销的闪光点在于可以通过增加客户对不同物流资源、功能和服务的购买量，提高客户市场份额，为企业带来客户供应链物流管理上的方便，从而提高客户对物流企业的忠诚度；提高客户对交叉后价值的感知和认同，增加客户满意度；发掘现有客户物流潜力，提高客户供应链整体的盈利能力。

实现交叉营销的最根本方法就是"交叉"，物流服务过程中常见的交叉（交融）实现途径有以下几个。

（1）基于不同物流资源的交叉。例如，两业联动的仓库设施、装载机械、传输设备、载运工具等物流资源的整合运用。

（2）基于不同物流功能的交叉。例如，采购与运输、运输与仓储、仓储与配送、仓储与金融等物流功能的整合运用及营销活动。

（3）基于物流资源、功能和过程及其相关服务价格的交叉。例如，按照物流链、供应链、供应链集成过程形成不同交叉整合阶段的价格。

（4）基于销售渠道的交叉。例如，传统渠道与网络渠道的整合运用。

（5）基于不同服务类型的交叉。例如，集成管理服务、物流金融服务等的交叉。

3.7　基于物流水平营销的创新

垂直营销（Vertical Marketing）思维是指随着战略营销过程进行的纵向营销的逻辑思维，即在市场探索、市场细分、目标市场选择和市场定位等过程结束后，在这一逻辑思维基础上，企业运用 4P 营销组合来制定营销战略。从 4P 到 4C、4R 乃至 4V，从品牌营销、服务营销、关系营销、整合营销到网络营销，这些概念都是基于上述垂直营销思维过程中的营销理论提出的，而水平营销开拓了市场营销思路。

3.7.1　水平营销的含义

水平营销（Lateral Marketing）体现了水平思维与纵向思维的区别。水平思维，是一种横向思维的创造性思维方法。水平思维是指考虑研究事物多种选择的可能性，而不是过多地考虑失误的确定性；是研究如何提出新观点，而不是修补旧观点；是追求丰富性，而不是一味地追求正确性。菲利普·科特勒受思维学的启发，总结了 300 多个思维训练技巧，将水平思维应用于日渐僵化的市场营销领域，提炼出了水平营销的核心思想。

（1）水平营销首先是创造性的思考，菲利普·科特勒称为"跳出盒子的思考"。这种思维的基本步骤是，首先选择一个焦点，其次进行横向置换以产生刺激，最后建立一种联结。水平营销理论的核心思想是将本来无关的概念同现有商品相结合，以探索这种结合能否创造出新的产品类别。

（2）水平营销思维是对垂直营销思维的一种补充，它通过对产品做适当改动来产生新用途、新情境、新目标市场，以开创新类别，从而重组市场。理解这一概念就如同理解"蓝海战略"和"红海战略"。传统的垂直营销只是基于产品和服务的改进，而前提是市场固定不变，就仿佛"红海"这一充满血腥竞争的已知市场空间；水平营销策略如同"蓝海战略"，即在尚未开发的新的市场空间获得价值创新。水平营销把视线从市场的供给一方移向需求一方；从和对手竞争转向为买方提供价值飞跃；通过跨越现有竞争边界看市场，以及将不同市场的买方价值元素筛选与重新排序，摆脱"红海"竞争，开创"蓝海"市场。

3.7.2　水平营销的应用

进行水平营销思考对于企业无疑是重要的，那么企业进行水平营销思考，需要做到的关键点是什么呢？

（1）选用、鼓励有创意的人员。首先，创意是基于个人的，企业的营销部门乃至整个组织是否拥有一批充满创意、富有想象力的人员，直接影响企业的创造力。其次，这些有创造力的员工是否得到了足够的水平思维训练，对员工进行水平思维的培训是企业创造力的放大器。实际上，除了让有创造性的员工加入，企业还要特别注意培养员工的创造性思维，如在内部设立奖项，对勤于思考、富有创意的员工给予特别的奖励，这是培育组织创造性土壤的一个举措。

（2）组织文化促进创新。个人是基于组织的个体，组织要有容纳个人创造性的文化氛围。对于创意开发，组织要能够提供有利于激发创造性的环境。现在许多企业耗费大量的时间、金钱着力于提高员工的独创性，希望借此赢得竞争优势，但只有管理层本身也具有创造性，并善于提炼出组织中其他员工的创新且付诸实施，企业才可能获得真实而持久的竞争优势。企业在建立鼓励创新的组织文化时，应当着重强调打破权力，尤其是水平链条的限制。现在产品的研发已经不单单局限于单个部门，只有开发、工程、制造、采购、营销和财务都参与，创意开发才能最有效地进行。

总之，水平营销并不是要取代垂直营销，它只是一种补充的营销方式。为了产生新颖的产品构思，水平营销将市场视为一个非固定的模型，带着获取新市场的目的对市场进行重组，通过利用新的需求、目标、用途、情境或属性，重新界定业务，进而拓展公司的战略目标。因此企业应当根据多样化的消费需求寻找更多产品或服务对客户的价值进行驱动，探寻基于水平营销的价值创新策略。

📂 **前沿话题 3-2**

交叉营销的提升版：抓好物流链切入供应链的切入点和时机

对于离散型（也称组合型）企业生产过程（如汽车制造等生产过程），集成物流商的切入点如图 3-3 所示。连续型生产过程一般没有工位环节的切入点。物流营销人员要善于运用交叉营销思维，集成物流商可选择供应链与制造供应链，在交集环节的业务衔接以联接链对接的形式，来充分提高供应链集成流程的质量、效率，并降低成本。

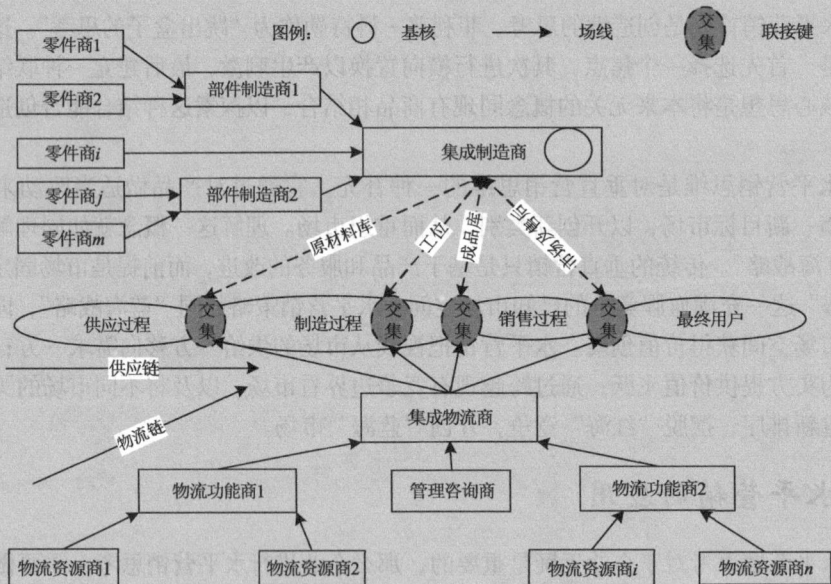

图 3-3　物流链切入离散型生产流程的交集点

本章小结

本章介绍了物流营销创新的理论、理念、技术和实践；介绍了物流服务价值链理论、物流营销 4C 组合理念、物流营销 4V 组合理念；结合第 1 章提到的基于客户、物流企业、竞争者的"多层复合战略三角形"结构和由客户、竞争和变化构成的 3C 策略，以及第 2 章提到的物流战术性营销的 4P 组合，阐述了物流 4P 与 4C、4V、4R 的关系，进而说明如何使物流链成为传递物流服务的价值链，把握物流链与价值链的含义、关键因素和存在问题。

阐述了交叉营销在物流服务中的指导思想和作用。从分散的物流资源、功能服务到整合的资源、功能的物流服务转换，在转换中提升集成物流与供应链价值。水平营销提供了一种更广阔的思路和途径。新的营销理念和组合策略的提出，并不是简单地对原营销理念和策略组合的否定，而是在更广阔领域中的一种融合和提升，企业可以在营销实践中进行灵活选择、运用和创新。

巩固复习

回答下列问题（达到深刻理解给 5 分，部分理解给 3 分，不理解给 1 分）

1. 物流营销的 4C 组合的含义是什么？
2. 物流营销的 4R 组合的含义是什么？
3. 物流营销的 4V 组合的含义是什么？
4. 物流水平营销的含义是什么？
5. 简述物流营销 4P 组合与 4C 组合在物流服务过程中的应用。
6. 如何使物流链成为"物流服务价值链"？
7. 简述物流营销 4P 与 4C 的关系。
8. 简述物流营销 4P 与 4R 的关系。
9. 简述物流营销 4P 与 4V 的关系。
10. 为什么要实施 4P 组合与其他组合策略？

请把各小题分数相加，如总分为 42～50 分，请继续下面的题目；如果总分为 33～41 分，请对不足之处进行有针对性的复习；如果总分在 32 分以下，请重新学习本章相关内容。建议你在学习过程中多与老师和同学探讨不理解之处。

多项选择题

1. 物流营销的 4C 是（　　）因素的组合。
   A. 客户　　　　B. 需求　　　　C. 成本
   D. 便利　　　　E. 沟通
2. 物流营销的 4V 是（　　）因素的组合。
   A. 差异化　　　B. 变化　　　　C. 功能化
   D. 附加价值　　E. 共鸣

3. 物流营销的 4R 是（　　　）因素的组合。

A. 差异　　　　　B. 关联　　　　　C. 反应

D. 关系　　　　　E. 回报

逻辑辨析

阅读下面的表述，判断正误

1. 物流营销 4C、4V、4R 组合策略是独立于 4P 组合的。（　　　）
2. 物流营销 4C、4V、4R 三个组合之间应是相互融合的。（　　　）

思维提升

1. 物流营销新理念的发展对你有何启示？如何将其应用于物流服务过程中？
2. 思考物流服务价值链在物流营销过程中的应用。
3. 思考物流营销 4P 组合与 4C、4V、4R 组合在物流营销过程中的应用。

拓展阅读

1. 董千里. 集成场理论：两业联动发展模式及机制[M]. 北京：中国社会科学出版社，2018：77-109.

2. 董千里. 基于集成场理论的制造业与物流业网链融合发展机理研究[J]. 物流技术，2013（3）：1-3，8.

实例分析

基于大数据平台的物流集成服务

"一达通"是一家基于大数据平台的物流集成服务商。"一达通"可以通过互联网和大数据技术，为涉外贸易企业提供通关、运输、保险、到港、外汇、退税、融资等一站式物流集成服务，即通过"物流集成"实现"集成物流"服务。

因此，涉外贸易企业可以把报关、物流、涉外财务、保险、融资等业务从内包转为外包，即将相关业务打成一个包，外包给"一达通"去做。按照这个实例，可节省 65% 的企业管理成本，降低企业 30% 的物流费用及 40% 的金融开支。同时，"一达通"的大数据平台还汇集了大量的物流、报关、金融、保险等资源，构建了进行市场开发、服务创新、业务优化的资源池，为进一步实现物流业服务转型升级奠定了良好的基础。

[根据梁红波《大数据技术引领物流业智慧营销》和董千里《高级物流学》（第3版）等资料整理]

案例探讨

1. 在大数据背景下，结合上述实例，谈谈你对营销创新发展的看法。
2. 结合实例，谈谈如何将基于大数据平台的智慧营销应用于物流集成服务过程中。

第4章

物流营销环境分析

本章学习重点

- 物流营销宏观环境分析要点
- 物流营销微观环境分析要点
- 不同物流市场环境的主要分析方法

章首引例

　　物流业微观环境与宏观环境是物流市场营销的基础。从物流业微观经济实体看，以集成场视角可以概括为如图 4-1 所示的集成体、基核和联接键发展演变的轨迹。改革开放 40 多年的变化体现了宏观市场环境影响、微观经济实体动能的关系。

　　图 4-1 对我们进一步认识物流市场营销具有十分重要的意义。

- 集成体发展轨迹：物流外包→物流链→（服务对象）供应链→（两业联动）供应链集成→（产业集群、产业升级）产业链→全球价值链；服务模式在逐步升级。
- 基核发展轨迹：高速公路网→高速铁路网→战略装车点→物流基核（仓库、物流中心、国际陆港、国际空港、国际海港）→国际物流主通道→网链绿色延伸境外→产能合作→全球价值链；全球物流的基础设施在不断优化。
- 联接键发展轨迹：一般是基础类→服务类→综合类联接键。例如，高速路网→高效能载运工具（重型卡车、高速机车、全货机等）→车辆信息化（GPS/BDS）→基核[车货信息平台（FRID/EPC）→综合信息平台]→集成体全程监控管理→大数据、云计算综合平台→全球价值链；在此过程中，产业组织过程在不断创新中完善。

　　物流市场营销理论与实践的需要与供给，正是在物流业高级化发展这一基础上展开的，3 条合成场元主导的发展轨迹，最终集中在价值链上，市场营销能支持地方产业链形成国家产业链、全球产业链及全球价值链。

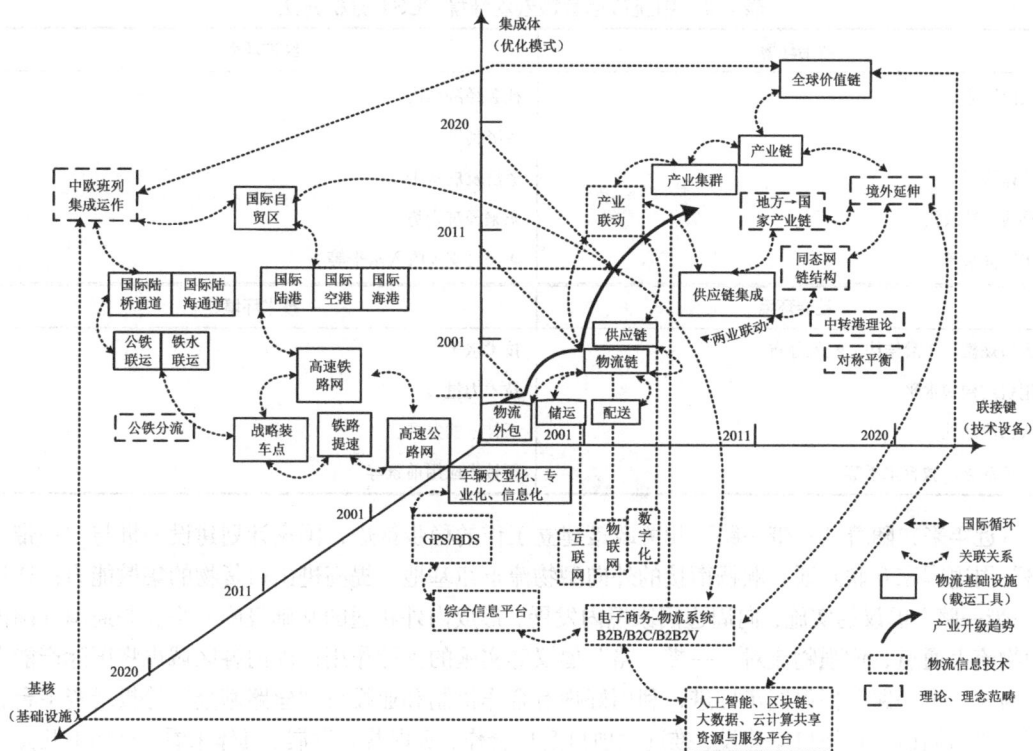

图 4-1　改革开放 40 多年来物流业及其相关环境的发展变化

（长安大学物流与供应链研究所提供）

4.1　物流营销宏观环境分析

物流营销宏观环境是企业营销的间接环境，可以对物流企业营销、产业联动创造一种新的市场活动机会，为进一步开发国际产能合作市场，或者针对国际政治环境等威胁，可以形成以产业联动为基础的一种应对市场突变的主要合成力量，这些多是要依赖政府宏观政策势能所覆盖的范围，给予企业宏观政策势能支持。对物流企业外部环境和内部条件的分析，是企业制定物流企业市场营销应变策略及预测未来发展变化的重要依据。

4.1.1　社会宏观物流环境分析方法

宏观物流环境分析主要包括政治法律环境分析、自然科技环境分析、社会文化环境分析、人口经济环境分析。常用分析方法有 PEST 分析方法，即分析政治（Political）、经济（Economic）、社会（Social）、技术（Technological）等宏观层面因素，具体如表 4-1 所示。

表 4-1　物流市场营销宏观环境 PEST 分析方法

政治环境	经济环境
政治局势	社会经济结构
政治行为	经济制度
法律法规	经济发展水平
路线方针政策	未来经济走势
国际关系等	居民可支配收入水平等
社会环境	**技术环境**
人口规模、年龄结构、收入分布	技术水平
消费结构和水平	技术力量
人口流动性	新技术的发展
价值观念、教育水平等	新技术应用前景等

　　近年来，随着"一带一路"相关政策建立工作的稳步推进，国家计划建设一批与"一带一路"周边国家互联互通、顺畅衔接的外向型物流枢纽基地，提高进出口货物的集散能力；通过"一带一路"倡议的实施，向周边国家境内发展，形成内外相通的基础设施网络和联通国际国内的物流大通道，增强物流对"一带一路"倡议等实施的支撑作用；国内各区域也将国际产能合作与"一带一路"倡议同步推进，利用好现有合作机制和亚投行"丝路基金"等投融资平台，深入参与周边的经济口岸建设，推进大项目互信合作，实现共同发展。具体来看，有如下几点。

　　（1）政策方面。国务院办公厅先后印发《国务院办公厅关于加快发展冷链物流保障食品安全促进消费升级的意见》（国办发〔2017〕29 号）、《国务院办公厅关于进一步推进物流降本增效促进实体经济发展的意见》（国办发〔2017〕73 号）、《国务院办公厅关于积极推进供应链创新与应用的指导意见》（国办发〔2017〕84 号），国家发展改革委等印发《关于推动物流高质量发展促进形成强大国内市场的意见》（发改经贸〔2019〕352 号）等。在政策的引导、推动下，物流业的宏观发展环境不断得到改善。

　　（2）经济方面。近年来，虽然我国社会物流总额的增速减缓，但经济仍保持稳定增长，也拉动着物流行业的刚性需求。2016 年，全国社会物流总额为 229.7 万亿元，按可比价格计算，比上年增长 6.1%，增幅比上年提高 0.3 个百分点。全年社会物流总额呈现稳中趋缓，增速小幅回升的发展态势。

　　（3）科技方面。物流科技多点渗透，覆盖运输、仓储、配送等全面作业流程。运输环节中，运用车货匹配平台、新能源车、无人驾驶技术等；仓储环节运用配备自动货架、AGV 机器人的无人仓；配送环节运用送货机器人、无人机、智能快递柜等。现阶段，车货匹配，新能源车、无人仓、无人机、智能快递柜等技术发展已经相对成熟，并进入商业化阶段。

　　（4）社会方面。宏观上，中国的人口红利不断消失，未来依靠人力要素投入促进物流发展的模式不再可行。现代物流产业的发展往往需要具备综合能力的专业人才提供知识和技术上的指导，因此，企业更应该注重对物流专业人才的培养。

4.1.2　物流业主要影响因素分析

1. 社会环境中物流业的地位分析

分析的主要内容包括：物流业的产值、利税额及吸收劳动力的数量；物流业在全国工业产值、财政收入中的比重；物流业的现状和未来对整个社会经济及其他行业发展的影响程度；物流业在国际市场上竞争创汇的能力。

2. 社会环境中物流业的特性分析

分析的角度及主要内容包括：从行业分工角度来确定物流业的特性；从物流业在社会生产过程中的位置来寻找物流业的特点；从物流业使用的设备和技术来分析；从物流业所需资源的可靠性和及时性进行分析；从物流业技术发展趋势及前景、技术进步状况进行分析。

3. 社会环境中物流业规模结构分析

分析的主要内容包括：物流企业规模大小；不同规模比例；高低端物流服务情况等。

4. 社会环境中物流业数量结构分析

分析的主要内容包括：分析范围内物流企业的数量、设施设备保有量；提供高端物流服务的物流企业比例；传统物流企业所占的比重等。

5. 社会环境中物流业组织结构分析

分析的主要内容包括：物流业内企业联合的状况；联合与竞争的形势等。

6. 社会环境中物流业市场结构分析

分析的主要内容包括：供不应求、供求平衡、供大于求等情况。物流市场营销分析必须考虑各方面因素。经典的战略分析方法包括 PEST 分析、波特五力分析等。物流市场营销需要战略分析的支持,因此经典的战略管理分析工具包括 SWOT 分析方法、战略地位和行动评估矩阵、波士顿矩阵、通用矩阵等,都能够在物流市场营销环境分析中得到应用。利用这些方法和工具,企业可以很好地对企业所处的物流市场环境进行观察定位,对营销定位等做出科学的判断。

> **➤ 快速链接 4-1**
>
> 　　国际通行以全社会的物流总费用占 GDP 的比例来衡量整个经济体的物流效率。社会物流总费用占 GDP 的比例越低,表示该经济体物流效率越高、物流越发达。近年来,我国物流总费用占 GDP 的比例总体呈缓慢下降的趋势,从 2010 年的 17.8%逐渐下降至 2016 年的 14.9%,表明我国物流效率逐渐提高。2015 年 8 月 13 日,国家发展改革委发布《关于加快实施现代物流重大工程的通知》(以下简称《通知》),《通知》指出,到 2020 年,全社会物流总费用占国内生产总值的比例在目前 16.6%的基础上再下降 1 个百分点,物流业对国民经济的保障和支撑作用将进一步增强。
>
> 　　2022 年发布的《中共中央 国务院关于加快建设全国统一大市场的意见》从全局和战略高度提出了当前全国统一大市场建设的要求和举措,将 "促进现代流通体系建设,降低全社

会流通成本"作为"降低市场交易成本"这一重要目标的重要内容。

（根据《中国物流市场深度调查及投资前景预测报告》整理）

知识链接 4-1

场线所代表的绩效

场线是多种合成场元协同运作的过程轨迹及绩效，它是反映集成体作业绩效的一种合成场元。一般情况下，由货流（流体、流量、流向、流距、流程）、载体（载运工具）构成，不同运输方式涉及通道、基地以及制度等场元联结而合成的关系如表4-2所示。

表4-2　物流市场营销要素及其相关理念

要素	内涵要点	举例说明
流体	货物品种、性质	件货、散货、集装箱等；过境、转运、通运货物等
流量	货物数量、重量	件（件货）、吨（散货）、标箱（TEU）、FEU（40英尺集装箱）等
流向	货运方向	射线、回路的方向等
流距	运输距离	运输线路长度（公里）等
流速	运输速度	技术速度、运送速度等
流效	物流效率	一定时期物流通道的物流强度
载体	载运工具、承载器具	汽车、机车、飞机、集装箱船、散货船等
通道	物流线路	公路、铁路、航线、航道、管道等
基地	基核作用	陆港、海港、空港、物流园区等
制度	运行管理制度	大通关；属地报关、异地通关等

4.1.3　波特竞争模型分析方法

波特竞争模型由迈克尔·波特于20世纪80年代初提出，简称"五力"模型。该模型可用于物流市场营销中观环境分析，其主要内容如下。

1．供应商的讨价还价能力

物流企业的供应商主要包括提供开展物流业务所需的物流设备，如运输车辆、装卸搬运工具等的生产商、经销商，还包括开展一体化物流业务必需的物流通道的提供者，如公路、铁路等相关政府部门和直接经营者。供应商的讨价还价能力决定因素主要有：运输工具等物流设备生产商所在行业的集中化程度，产品的标准化程度，供应商所提供的产品在物流企业所提供的物流服务中的成本比例，供应商提供的产品对物流企业运作流程的重要性，供应商提供的产品对物流企业服务质量的影响，企业采购的转换成本，供应商前向一体化的战略意图，等等。

2．购买者的讨价还价能力

物流企业的购买者一般可归为企业客户和个人客户，其讨价还价能力受以下因素影响：购买者规模与服务合约的周期，物流服务的质量水平，购买者对物流服务质量的敏感性，现代物流服务对提供传统物流服务的企业的威胁，物流服务在客户成本中所占的比例，购买者对物流的战略意图，等等。

3. 新进入者的威胁

新进入者进入壁垒的高低主要取决于以下因素：规模经济、经营特色、投资额度、资源供应、物流网络、现有企业的反应等。目前，我国物流行业进入者主要有大型制造企业、传统储运企业、商贸流通企业、跨国物流企业等。

4. 替代服务的威胁

对于物流服务而言，以运输型为主的物流服务、以仓储型为主的物流服务及综合物流服务之间存在重叠的服务项目，可替代性显而易见。物流从内容上存在多种可实现方式，如运输，就有公路、铁路、水路、航空等多种运输方式。

5. 现有企业之间的竞争

现有企业之间的主要竞争领域包括：规模及力量、市场增长率、固定费用和变动费用、物流服务特色与客户的转变费用、物流服务效率、退出壁垒等。从利润获得与企业所面临的经营风险角度分析行业的进入和退出壁垒的矩阵如表 4-3 所示。

表 4-3　行业进入壁垒和退出壁垒的矩阵表

进入壁垒	退出壁垒	
	低	高
低	稳定的低利润	低利润高风险
高	稳定的高利润	高利润高风险

物流企业应重视自身与上游、下游行业的关系，现代物流行业的上游主要有基础设施建设产业、交通运输工具产业、房地产业、教育产业、信息技术产业；下游主要有商贸产业、制造业及电子商务等行业。物流企业主要为商贸行业和制造业提供货物运输和仓储服务；电子商务是目前商品贸易的新型业态。未来，随着行业竞争的加剧，我国现代物流行业的整合会进一步加快，市场竞争将由单一价格竞争转向技术、服务、品牌、营业网络和市场推广能力等综合实力的竞争，优势物流企业将会在竞争中获胜，其利润水平有望进一步提升。

> **快速链接 4-2**
>
> ### 专业化分工需求给物流行业带来的机遇
>
> 随着经济全球化进程的加快，企业为提高市场竞争力，往往需要将主要资源投入核心的业务，以寻求社会化分工协作带来的效果和效率的最大化。专业化分工导致许多非核心业务从企业生产经营中分离出来。其中，物流受经济规模的影响巨大，往往需要通过投入高额的资本、人力、物力等才能达到一定的规模，这对于企业来说是巨大的负担。因此，在专业化分工的情况下，企业往往选择最先将物流外包。近年来，随着市场竞争越发激烈，越来越多的制造业企业尤其是有全球采购和销售需求的制造业企业将其物流业务外包给专业的物流企

业，给跨境物流行业带来了更大的发展空间。

（根据《中国物流行业发展现状及发展趋势分析》整理）

4.1.4 SWOT分析方法与应用

1. SWOT分析方法

SWOT由优势（Strength）、劣势（Weakness）、机会（Opportunity）和威胁（Threat）的英文单词首字母缩写而成。物流企业在市场营销策略制定过程中，对物流企业的优势、劣势、机会、威胁等进行深入剖析，可使企业的市场营销策略建立在其优势的基础上，最大限度地消除劣势，并通过调整，变威胁为机会、变机会为优势。企业在分析时，应针对实际情况展开。根据SWOT分析内容，对其进行分解，对SO（优势与机会）、WO（劣势与机会）、ST（优势与威胁）、WT（劣势与威胁）等条件因素进行细致分析，据此可形成相应的可供选择的市场营销策略。

2. 外部因素评价矩阵

外部因素评价矩阵（External Factor Evaluation Matrix，EFE）适用于对企业外部环境因素进行综合评价。建立外部因素评价矩阵的步骤如下。

（1）列出影响企业的主要外部环境因素，包括主要机会和威胁。

（2）给每个因素确定一个权重 $X(0 \leqslant X \leqslant 1)$，反映其在行业中对企业成功的重要性。

（3）按4分制给每个因素打分，以表示这个因素对企业的影响程度，分数1~4分分别代表企业的重大威胁、轻度威胁、一般机会、重大机会。

（4）求每个因素的加权得分。

（5）求总加权分。

根据外部因素评价矩阵的数据，结合定性与定量分析进行评价。

内部因素评价矩阵是对企业内部因素进行分析的工具。最后将外部和内部评价结果相结合进行分析，找出企业的战略选择。

3. SWOT分析方法的应用

物流窗口4-1说明了企业在规划营销战略时如何进行SWOT分析及内、外部因素评价。

📄 物流窗口 4-1

JY医药物流港SWOT分析

（1）背景概述。现代医药物流应实现供应链管理，把医药供应链上的各节点单位看成一个整体，建立一种面向市场的供应系统，提高医药的分销效率，并形成相对稳定的产销联盟网络。在这个联盟网络内，制药企业、医药流通企业及医院等根据自身的资源条件进行合理分工，面对最终市场的需求状况，在生产品种、供货数量、供货时间、供货方式等方面相互协作，从而形成一种新型的流通体制。JY医药物流港所处供应链的组织结构如图4-2所示。

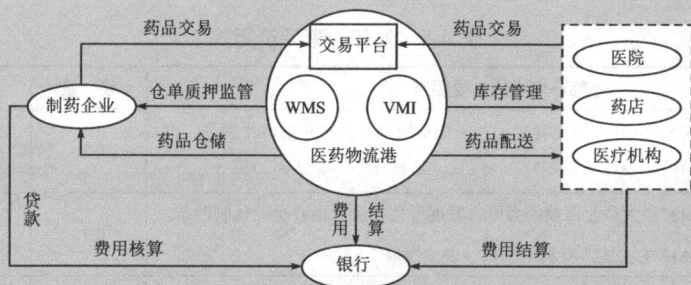

图 4-2 JY 医药物流港所处供应链的组织结构

（2）SWOT 分析。由图 4-2 可以看出，随着医药物流的快速发展，JY 医药物流港在供应链中的地位越来越重要，随着业务的稳定，上下游客户逐渐对 JY 医药物流港产生依赖。JY 医药物流港逐渐占据供应链的主导地位，通过整合上下游客户资源、聚拢资金，产生积聚效应，带动周边产业发展，慢慢形成市场控制力，占据市场份额。其医药物流的优劣分析与对策如表 4-4 所示。

表 4-4　JY 医药物流港 SWOT 分析

S（优势）	W（劣势）
（1）省会城市区位优势 （2）民营企业，产权清晰 （3）信息平台，功能强大 （4）精良的人力资源，专业的服务体系 （5）药品展示交易平台	（1）医药物流港资金力量薄弱，资金来源渠道少，前期资金回笼慢，容易造成资金链断裂 （2）缺乏完善的渠道
O（机会）	T（威胁）
（1）该省医药产业发达，流通企业发展相对滞后 （2）经济稳定发展，健康意识提升 （3）医疗保险制度的实施 （4）医药流通体制的改革 （5）社会老龄化	（1）国有医药流通企业的整合扩张 （2）周边同行的竞争 （3）国家药品招标采购及对药品价格的控制 （4）医药分家政策的实行 （5）医药市场的不规范竞争

（3）外部与内部环境因素评价。通过对宏观和行业环境进行分析，明确 JY 医药物流港的发展机会，发现威胁因素，采用外部因素评价矩阵对 JY 医药物流港的外部环境因素进行综合评价，根据专家组的意见确定各项指标的权重及分值，最后得到评价矩阵，如表 4-5 所示。

外部环境的影响可归结为企业面临的机会和威胁。

通过以上对 JY 医药物流港环境的分析可以看出：在目前及未来的一段时间内，可以确定 JY 医药物流港外部环境中的机会大于威胁。因此，JY 医药物流港应抓住现在有利的外部环境，发展医药物流，抢占先机。

结合企业内部因素进行评价。采用内部因素评价矩阵（Internal Factor Evaluation Matrix）对 JY 医药物流港内部环境因素进行综合评价，其评价结果如表 4-6 所示。

表4-5 外部因素评价矩阵

外部环境中的主要因素		权 重	评 分	加权分
环境中的机会	（1）未来20年，国家稳定，经济快速发展，人民生活水平提高，健康意识提升	0.10	4.00	0.40
	（2）国家加大产业调整的力度，发展现代物流；国有企业体制改革，GSP和GMP的实施，有利于医药业健康发展	0.15	4.00	0.60
	（3）相对于竞争者的竞争优势	0.05	3.00	0.15
	（4）加入WTO，有利于医药业与国际接轨，促进产业快速发展	0.05	3.00	0.15
	（5）基本医疗保险制度的实施，使参保范围不断扩大	0.10	3.00	0.30
	（6）人口的自然增长，使社会趋于老龄化	0.10	4.00	0.40
环境中的威胁	（1）国家对药品价格的调控，药品集中招标制度的实施	0.10	1.00	0.10
	（2）入世后，国际大公司的竞争	0.05	2.00	0.10
	（3）医药分家政策的实行	0.10	2.00	0.20
	（4）现有的竞争企业之间的差距在缩小	0.10	1.00	0.10
	（5）医药市场的不规范、不正当竞争	0.10	1.00	0.10
综合加权评分		1.00		2.60

表4-6 内部因素评价矩阵

企业内部的关键因素		权 重	评 分	加权分
优势	（1）省会城市区位优势	0.20	4.00	0.80
	（2）民营企业，产权清晰	0.10	3.00	0.30
	（3）信息平台，功能强大	0.15	3.00	0.45
	（4）精良的人力资源，专业的服务体系	0.15	4.00	0.60
	（5）药品展示交易平台	0.15	3.00	0.45
劣势	（1）资金力量薄弱	0.15	1.00	0.15
	（2）缺乏完善的渠道	0.10	2.00	0.20
综合加权评分		1.00		2.95
综合加权平均分		1.00		2.95

内部因素分析可以明确企业拥有的优势和存在的劣势。

从以上JY医药物流港内部因素评价矩阵来看，该企业内部资源在很多方面具有明显优势，故JY医药物流港应充分发挥企业的优势，凸显自我竞争力，规避劣势，赢得市场的主动权。

4.1.5 物流营销宏观环境的新趋势

1. 电商物流环境

在全球经济低迷、国内经济平稳回升的情况下，电子商务一枝独秀地保持着高速增长。随着网络零售的发展，物流行业几乎脱离传统的交通运输行业，逐渐成为电子商务生态圈中的核心产业。目前，信息基础建设、通信技术正快速推进，手机入网用户和 PC 端网民数量激增。电子商务的快速崛起为物流行业发展提供了巨大的空间，而物流行业的成长反过来又促进了电子商务更为快速地发展。同时，电子商务、物流企业凭借信息优势、技术优势和渠道优势，依托自身强大的电子商务交易平台和物流配送平台，与商业银行开展越来越紧密的合作，共同为客户提供全流程、一体化的服务。

2. 供应链金融环境

目前，物流企业在行业利润普遍走低、竞争日趋激烈的情况下，转战利润率远超行业平均水平的供应链金融业务领域，这是物流企业探索新利润源业务，增强自身竞争力，谋求更大发展的契机。物流业供应链金融服务是物流衍生服务的重要组成部分，是物流与资金流结合的产物。近年来，物流业供应链金融在中国快速发展，已成为物流企业和金融企业拓展发展空间、增强竞争力的重要领域，也使"物流、资金流和信息流结合"从概念变成了现实。

供应链金融模式在很大程度上同时解决了物流企业盈利、中小企业融资及银行业务低风险拓展的难题，实现了多方共赢。全球物流业和金融业巨头们早已开始深入挖掘供应链金融业务。在中国，部分大型物流企业和商业银行也对此予以关注。放眼未来，重塑供应链智能化模式势在必行，物流和商流紧密联系，物流科技的创新同样推动商业模式的升级和变革，企业可以更灵活地调整物流结构，将部分商品前置，进一步增加个性化商品，使库存配置更加精准，成本结构得以改善。供应链金融有巨大的发展空间，物流渠道也将作为重要的资源被竞相争夺。

物流窗口 4-2
淘宝的"铁三角"战略环境分析

在当今"互联网+"新形式的大背景下，庞大的网民数量及较高的互联网普及率推动网络购物快速发展，更多的消费者从传统的实体商店转向网络商店进行购物。2017 年"双 11"期间，全网总销售额达 2 539.7 亿元，产生包裹 13.8 亿个。随着电子商务的大力发展，淘宝的规模扩大，用户数量不断增加，淘宝也从单一的 C2C 网络集市变成了包括 B2C、团购、分销、拍卖等多种电子商务模式在内的综合性零售商圈。

1. 淘宝+物流

从淘宝的运营模式来看，电子商务的核心组成部分是物流企业。目前，淘宝主要的电商物流为外包型物流和正在努力开发的自营物流。

淘宝每年的"双 11"促销活动，很容易导致第三方物流出现"爆仓"现象。巨大的物流量考验的是电商企业第三方物流合作方或自营物流的货物分拨和配送能力，故各电商企业都在寻找适合自己的电商物流模式。中国目前的快递行业已经明显落后于国内电子商务，这一客观实际情况也逼迫淘宝、京东、当当等大型电商开始筹建自己的物流系统。淘宝目前的物流模式主要是淘宝店主和第三方物流企业如"四通一达"进行紧密合作，将后期的货物传递外包给专业的物流公司，这样便于淘宝专攻主业，让社会物流形成规模效应。目前，淘宝的自营物流业务在整个淘宝平台的物流量中所占比例很小，其对手京东却在大力发展自营物流。

2. 淘宝+供应链金融

淘宝和天猫的卖家，面对阿里集团电商的快速增加，靠本身累积的资金根本应付不了电商界越来越繁多的促销和价格战活动，也解决不了升级投资所需的资金问题。但是为满足长期客户的需求，促进自身进一步发展，卖家需要短期的金融服务去缓和每次备货带来的现金流紧张，这便催生了供应链金融。

供应链金融的运行流程是：银行向"链主"，也就是阿里集团提供融资和其他结算、理财服务，同时向核心企业的供应商提供及时收货款的便利，向分销商提供预付款代付及存货融资服务，物流企业则为质押物和抵押物提供托管服务。同时，由阿里集团建立的互联网金融工具支付宝、余额宝等都为淘宝、天猫交易平台上发生的资金结算、划拨、利润分配等业务做出了巨大贡献。

三角形具有稳定性。马云在接受采访时提到重要的"铁三角"，就是电商（商品源头）、物流、金融（资金联接键），三者互相支持，缺一不可。搭建合作平台、打造生态圈是电商、物流、金融三者共同打造核心竞争力的一致选择。信息化为供应链提供了强大的技术基础和效率空间，供应链管理为信息化创造了坚实的实体经济内核。电商、物流和金融必然是其中重要的角色，它们既是供应链管理的重要环节，也是供应链管理的重要切入口，三者的融合，是大势所趋。

（根据淘宝案例和马云讲话实录等资料编写）

4.2 物流营销微观环境分析

微观环境分析主要是从企业内部进行相关分析。

4.2.1 物流企业内部条件分析

物流企业内部条件是构成物流企业各要素水平及其与产业相互作用的外在表现特征，主要包括3个方面：物流企业的物质条件、物流企业的组织结构、物流企业的人力资源。

物流窗口 4-3

顺丰速递营销策略分析

顺丰速递有限公司成立于1993年，目前在中国设立了25个大区、2个分拨中心和300多个营业网点。2009年，建立自己的航空公司，是中国第一家拥有飞机的民营快递企业。2013年，公司销售额已经达到200亿元。经过20多年的发展，直盈模式、高端定位及航空运输成为顺丰的网链结构。顺丰在对中国物流业进行环境分析的基础上，有针对性地提出如下几个方面的营销策略。

- 自建庞大的服务网络，覆盖全国各地，服务质量稳定。[1]
- 采用标准定价、标准操作流程，为客户提供多样化物流服务。[2]
- 提供快捷的时效服务。自有专机，400余条航线资源，实现今收明到的高效服务。[3]
- 特设增值服务。提供代收货款、保价、代收出/入仓费、MSG短信通知、免费纸箱供应、夜晚收件等多项增值服务。[4]
- 多元化产业链发展。2014年5月18日，顺丰518家O2O便利店"嘿客"正式营业，定位为网购服务社区店+生活管家+社区生活物流中心，实现了顺丰速运+顺丰优选+顺丰移动端+金融+社区O2O服务平台+农村物流的全线整合。[5]

注：[1]该策略有效地解决了加盟造成的服务质量差、关键环节难以控制、时效性无法精准控制等难题，一举奠定了其快递优质服务的基础。

②该策略的制定，避免了操作标准不统一导致的货损率较高等情况，有助于实现物流链全程标准一致和可控。

③该策略抓住了快递本质，在时效性上提供了资源保障。

④物流服务的一个重要内容就是增值服务，提供多项增值服务，照顾到了客户的细节关注点，使服务更贴心。

⑤该策略体现了顺丰的战略大局和对未来发展的准确判断，实现了物流与电商的整合发展，是一种创新，也是一种必然。

（根据顺丰速递官方网站相关资料编写）

4.2.2　物流企业营销能力分析

物流企业的营销能力是指物流企业适应市场变化，积极引导物流用户，争取竞争优势以实现企业总体经营目标的能力。物流企业市场营销能力分析体系如图 4-3 所示。

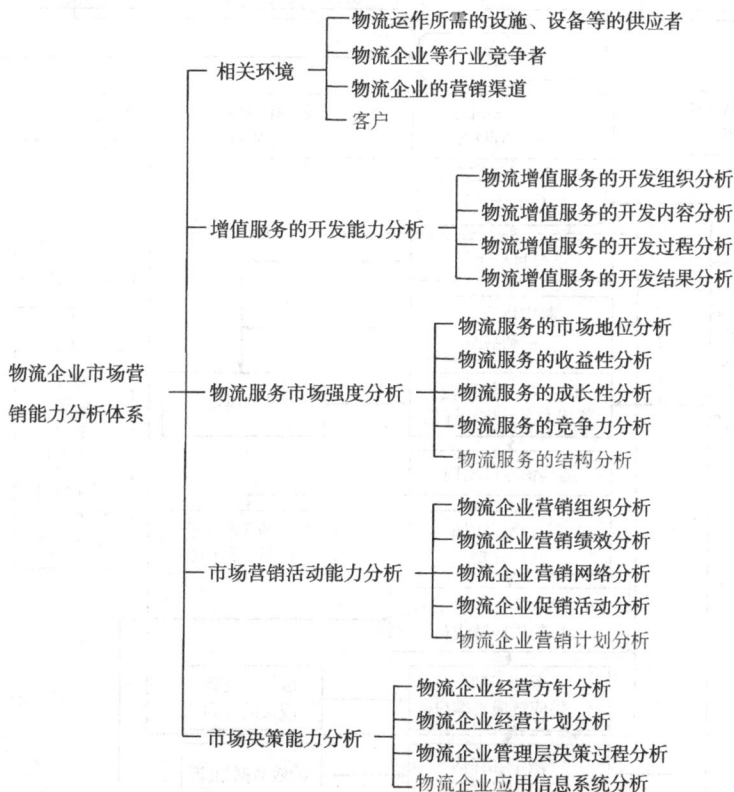

图 4-3　物流企业市场营销能力分析体系

4.2.3　物流企业资源分析

在高级物流理论指导下，物流企业可以在不拥有物流设施、设备的情况下进行物流业务的经营，但应有相应的资源获得途径。一般而言，物流企业的资源主要有 5 类：财力资源、物质资源、人力资源、技术资源、隐性资源。由于无形资产，如组织资源、管理资源等是比较难以把握的一类资源，所以在具体分析物流企业资源时要特别注意。

4.3 物流营销业务环境分析

物流营销业务环境分析是决定企业营销成败的关键。对物流企业市场营销的总体环境进行分析，结合物流企业营销微观层面的营销总目标、收入目标、利润目标、市场占有率、大客户营销目标和客户满意度等具体业务环境，有助于有针对性地确定适宜特定微观营销业务环境的营销内容。

4.3.1 物流营销宏观-微观环境分析

图 4-4 是根据物流市场营销宏观与微观环境，设计出的物流市场营销、供应链和营销环境互相影响的模型。

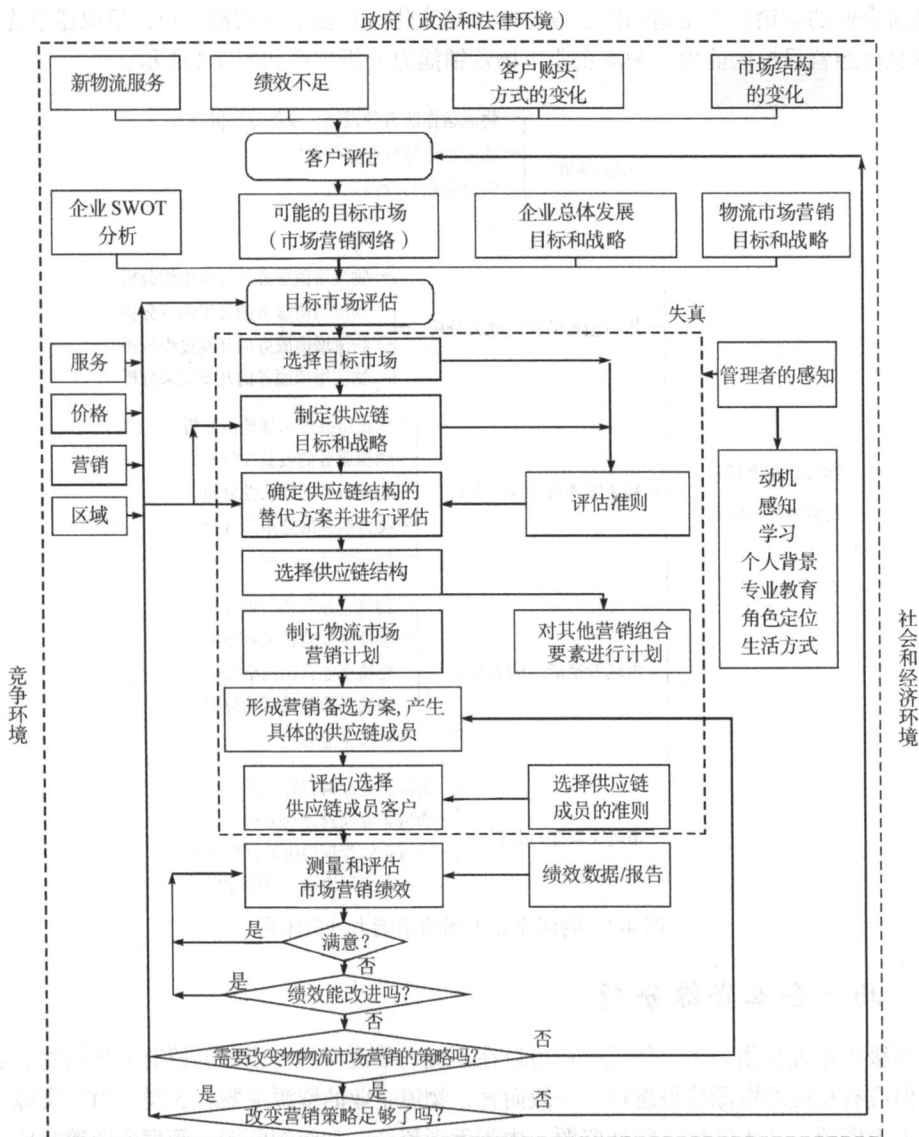

图 4-4　物流市场营销、供应链和营销环境相互影响的模型

4.3.2　物流营销业务环境分析实践

通过对一些典型的物流企业，如中外运敦豪、摩托罗拉公司、冷链物流公司、医药物流企业等的物流营销环境进行分析，了解物流企业专业化服务分析方法在实践中的应用。

📑 物流窗口 4-4

中外运敦豪根据客户要求定制的业务环境分析

中外运敦豪根据摩托罗拉公司对物流服务的实际需要，定制了自己的物流服务营销业务环境，具体如表 4-7 所示。

表 4-7　摩托罗拉公司物流外包的服务要求及中外运敦豪的相应对策

摩托罗拉公司对物流外包的服务要求	中外运敦豪的物流业务环境分析
提供 24 小时全天候准时物流服务。包括保证其中外业务人员，天津机场、北京机场两个办事处及双方负责人通信 24 小时畅通，保证车辆 24 小时运转及天津与北京机场办事处 24 小时提货、交货等	公司实行全天候工作制，双休日（包括节假日）均视为正常工作日，可以随时出货，有专人、专车提货。在通信方面，相关人员从总经理到业务员 24 小时通信畅通，保证能对各种突发性事件进行迅速处理
服务速度快。公司对提货、操作、航班、派送都有明确的规定，时间以小时计	公司对所有业务操作都设定了标准程序，先后制定了出口、进口、空运、陆运、仓储、运输、信息查询、反馈等工作程序
服务安全系数高及对运输全过程负全责，保证物流各环节完好。一旦出问题（质量、时间等），将由服务商承担责任并赔偿损失，而且当达到一定程度时（另行规定）取消业务资格	公司对物流活动的每个环节负全责，即对货物由工厂提货到海、陆、空运输及国内外配送等的异地配送等各个环节负全责。对于出现的问题，积极主动地协助客户解决，并承担责任和赔偿损失，确保客户的利益
信息反馈快。外包公司的计算机网络必须与摩托罗拉公司联网，确保摩托罗拉公司实现对货物的动态跟踪，能够掌握物流运作的全过程	公司通过全国网络，在国内可为摩托罗拉公司提供 98 个城市的物流服务，并实现提货、发运、对方派送全过程的定点定人、信息跟踪反馈等
服务项目多样。根据摩托罗拉公司的物流要求，第三方物流公司要能够提供包括出口运输、进口运输、国内空运、国内陆运、国际快递、国际海运和国内提货的派送等在内的全方位一体化的物流服务	提供门到门的延伸服务。公司对摩托罗拉公司的普通货物按一般标准收费，但提供门到门、库到库的快件服务，以保证及时性与安全性，满足了摩托罗拉公司的安全系数要高、服务要快的要求

📑 物流窗口 4-5

医药流通市场发展模式市场环境的调研分析

通过实地走访、现场调查、电话访问、网络资源分析等多种调查方法了解到，现在医药流通市场上的商业发展模式主要有 4 种：控制供应链两头的大型交易中心模式，代表企业为湖南九州通；医药流通平台模式，代表企业为全洲医药食品物流港；与外资结合控制新药供药渠道的发展模式，代表企业为国药物流、永裕新兴；基于电子商务平台的经营模式，代表企业为海虹药网。我国现有医药流通行业的商业发展模式的比较分析如表4-8所示。

表4-8　我国现有医药流通行业的商业发展模式的比较分析

商业模式名称	商业模式描述	核心竞争能力	所需要的核心资源	利润主要来源	进一步发展重点及要注意的问题
控制供应链两头的大型交易中心模式	快进快出、大进大出	低成本，低价格	廉价劳动力和完善的销售网络	药品的购销差	目标市场以其他药批和药店为核心，丧失了占主要市场的医院客户
医药流通平台模式	纯粹医药第三方物流，为客户提供相关物流服务	专业物流服务，低成本的配送渠道	园区客户资源	收取地租及相关物流服务费用	要能够长期保持与园区企业的共赢关系，并且能够继续开发盈利点(但整体运作效果不好，甚至还未正式营业)
以自身药品为依托（自营）	由医药工业向下游拓展，建立销售网络和现代化物流中心是其两大手段	完善的销售渠道和品牌优势	工业制造品牌、资源销售网络	出售药品所赚取的利润	只服务于自身企业，物流运作成本较高
产业集团经营模式	利用传统的流通中心优势，借助政府力量整合本地商业	地方商业垄断能力	政府支持已形成的市场	药品的购销差	如何走出所在区域，辐射全国
与外资结合控制新药供药渠道的发展模式	代理分销外国新特药	独一无二的新特药品代理销售权	成熟的药品分销网络，相关产品资源	代理佣金及部分药品的高额利润	面对越来越多的行业竞争者，如何持久掌握核心资源
基于电子商务平台的经营模式	以招投标为基础，以网上交易为核心的药品商流物流体系	适应医疗机构招标采购	政府支持，技术支持	交易管理费用，平台广告费用	网上交易实施后实物流通渠道该如何建立

通过表4-8可以看出，在高集中度的医药市场流通体制向完全市场化方向转变的过程中，不同的资本构成有着不同的优势资源，这决定了企业的经营理念和方法不同，同时孕育出了不同的核心竞争力，当然它们也各自面临着不同的风险。正是这些经营成功的企业主宰了当前我国医药流通市场。作为一个新加盟者，必须对竞争市场上的各类势力有一个通盘的了解，借鉴他人经验，取长补短，这样才能逐步在市场中获得优势。

（长安大学物流与供应链研究所提供）

📖 本章小结

本章重点探讨了物流市场营销环境分析中，宏观环境与微观环境的主要分析内容与要点，着重对PEST分析方法、SWOT分析方法、波特竞争模型分析方法等进行了介绍与应用解析，最后讨论了企业自身内部条件与市场营销环境分析的结合方法。对于企业实践常用的方法，本章结合具体的企业实例给出了较为详细的应用分析。

巩固复习

回答下列问题（达到深刻理解给 5 分，部分理解给 3 分，不理解给 1 分）

1. 何谓物流市场营销环境分析？
2. 社会宏观物流环境分析主要从哪几个方面来考虑？
3. 应用波特竞争模型对物流企业所处环境进行分析时，5 种力量是指哪 5 种？
4. SWOT 分析方法中的各要素是什么？
5. 进行 SWOT 组合分析时的要点是什么？
6. 物流企业内部条件分析的 3 个主要方面是什么？
7. 物流企业市场营销能力分析主要有哪 5 项？
8. 物流企业 5 种资源分析的基本内容你能说出 3 种以上吗？
9. 国际通行的衡量整个经济体的物流效率的方法是什么？
10. 谈谈你对专业化分工给物流市场带来机遇的认识。

请把各小题分数相加，如总分为 42～50 分，请继续下面的题目；如果总分为 33～41 分，请对不足之处进行有针对性的复习；如果总分在 32 分以下，请重新学习本章相关内容。建议你在学习过程中多与老师和同学探讨不理解之处。

多项选择题

1. 物流市场营销微观环境分析一般包括（　　）。
   A. 客户分析　　　　B. 供应商分析　　　　C. 竞争者分析
   D. 同盟者分析　　　E. 产业环境分析
2. PEST 分析方法中 PE 指的是（　　）。
   A. 政治环境　　　　B. 经济环境　　　　　C. 社会环境
   D. 文化环境　　　　E. 自然环境
3. 下列属于 SWOT 分析方法中 W 要素的是（　　）。
   A. 优势　　　　　　B. 威胁　　　　　　　C. 机会
   D. 劣势　　　　　　E. 挑战
4. 物流企业条件主要包括（　　）。
   A. 技术条件　　　　B. 管理条件　　　　　C. 人员条件
   D. 经济条件　　　　E. 设备条件
5. 下列属于物流企业技术资源的是（　　）。
   A. 设施、设备
   B. 经营管理人员
   C. 正在应用中的物流技术
   D. 已经出现但尚未应用到本企业的物流技术
   E. 尚未被开发出来的潜在物流技术

网上冲浪

1. 访问"长安大学物流论坛精品案例"模块，参与相关案例讨论并参考省级资源课程"高级物流学"。

2. 利用百度、360 等搜索引擎，查找以顺丰、"四通一达"为代表的快递企业与电商融合发展的动态，思考其中的原因。

3. 参考本章章首引例的思路，对收集的资料进行整理与归类，并根据所学知识，提出自己的看法，进行课堂讨论或在线交流。

实践调研

1. 选择一家你所在地的生产或商贸流通企业的物流服务提供商，调查分析该物流企业是如何对其客户开展营销与物流服务的。

2. 选择你所在地区当地的和外地入驻本地的物流企业各一家，应用 SWOT 和波特竞争模型等分析方法，分别从本地和外地入驻物流企业的角度，撰写其物流市场竞争环境调研报告。

拓展阅读

1. 董千里. 集成场理论：两业联动发展模式及机制[M]. 北京：中国社会科学出版社，2018：77-109.

2. 董千里，等. 物流运作管理[M]. 3 版. 北京：北京大学出版社，2015.

实例分析

华菱重卡物流需求与 C 公司物流营销业务环境分析

安徽华菱汽车集团有限公司是安徽星马汽车集团有限公司控股的子公司，以生产重型卡车为主，拥有建筑面积达 8 万平方米的冲压、焊装、涂装、总装 4 大工艺厂房，拥有先进的汽车检测设备。C 公司是一家非常注重现代物流实践的传统国企的改制企业，它与美国一家企业成立了一家储运类合资公司，在华菱所在地拥有一定的物流运作优势，其非常希望获得华菱的汽车物流业务以提升自己设计和运作物流整体解决方案的实力。

（1）华菱重卡生产物流系统业务环境分析。

- 生产物流管理人才问题，如如何改变传统物流观念等；
- 生产计划与生产能力平衡问题，如销售计划变更、小批量订单、紧急订单等；
- 生产现场零部件存取与输送问题，如缓冲区配置、工位器具配置、现场管理等；
- 零部件库存与资金占用问题，如零库存如何实现、资金占用如何达到最少等。

（2）C 公司物流市场营销业务环境分析。

- C 公司在本地物流服务商中具有理念、服务等优势；

- C公司高层领导具有现代物流理念，拥有从事运输与仓储业务的子公司；
- C公司已从事相关物流业务，有合作经验，能快速融入其供应链物流系统中；
- C公司能提供全部的零部件仓储、配送等业务；
- C公司拥有充分的仓储和车辆资源，设施设备能够满足华菱重卡物流的需要；
- C公司可购置或调配适型新车辆进行物流作业。

（3）C公司关于华菱重卡物流系统解决方案的思路。

- 生产物流首选自营模式；
- 再造物流流程，总经理直接负责，涉及部门必须配合；
- 更换原物流管理人员，专门聘请经验丰富的物流管理人员；
- 重新租用仓储设施，生产或购置标准工位器具等；
- 实行零库存策略，最大限度地节约资金成本。

（4）华菱重卡与C公司未成功合作的主要原因分析与案例启发。

- 对潜在客户的业务环境调查分析能力与有针对性的物流方案设计能力不强，以及华菱重卡物流自营的战略决策是本次合作失利的主要原因；
- 物流企业要想获得客户，就要加强市场调查与业务环境分析，摸清企业客户是重视经济效益，还是竞争力的提升，或者两者兼有，或者更多；
- 随着现代物流的普及和物流业的发展，企业物流理念均在提高，尽管外包是现代物流发展的一个方向，但物流企业如果不能在服务模式、营销理念等方面不断创新，其获得企业级客户资源的难度不会因外包理念的存在而降低。

（长安大学物流与供应链研究所提供）

案例探讨

1. 试说明，如何能够避免失利的结果？还有哪些方法可在分析中使用？

2. 在本次合作未能达成的情况下，华菱重卡物流自营模式如何实现其期望的其他服务内容？具体改进措施有哪些？

3. 如果你是本案例中C公司的项目经理，你将如何在本次合作中体现C公司的物流专业优势？

4. 如果你是C公司管理人员，请你列举至少5项可行的具体措施，以提高本公司的物流市场营销与业务运作能力。

第5章

物流市场调查与预测

章首引例

中商产业研究院发布的《"十四五"中国现代物流行业市场前景预测及投资研究报告》预计，2027 年全国社会物流总额将突破 400 万亿元。此外，有关数据显示，2022 年一季度国内生产总值为 270 178 亿元，按不变价格计算，同比增长 4.8%。其中，第一产业增加值为 10 954 亿元，同比增长 6.0%；第二产业增加值为 106 187 亿元，增长 5.8%；第三产业增加值为 153 037 亿元，增长 4.0%。

"知己知彼，百战不殆。"物流行业要想快速健康发展，就需要整个行业、广大物流企业、千千万万的物流从业人员对自身有一个客观认识和准确定位，把握物流市场运行的规律，分析竞争者的优势与劣势，寻求自身发展的突破口。而这一切，都离不开科学的物流调查与预测。

这一引例说明，对物流市场的调查、预测，乃至决策是相互衔接的过程，预测在决策中起着至关重要的作用。

（根据《"十四五"中国现代物流行业市场前景预测及投资研究报告》整理）

5.1　物流市场的类型

按照不同的标准，物流市场可有不同的分类，如图 5-1 所示。

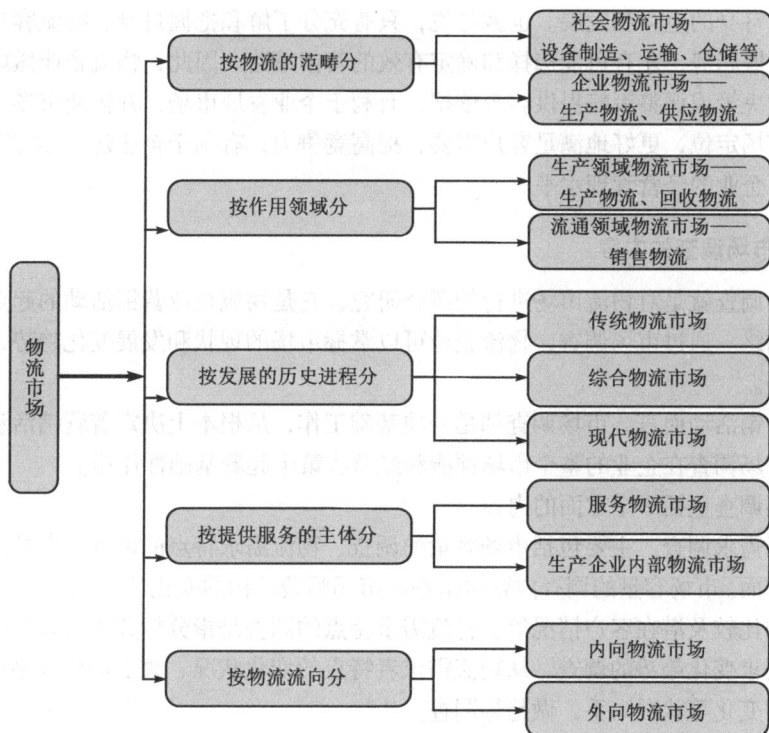

图 5-1　物流市场分类

5.2　物流市场调查

5.2.1　物流市场调查的意义和内容

1. 物流市场调查内涵的发展

市场调查又称市场研究、市场调研、市场营销调查和营销调研等。市场调查是指个人和组织为了给市场营销决策提供依据，针对某一特定的市场，运用科学的方法和手段，系统地判断、收集、整理和分析有关市场的各种资料，反映市场的客观状况和发展趋势。随着市场的不断发展，市场调查的内涵也在发生变化。第二次世界大战之后，单一性的社会化大生产和卖方市场决定了当时的市场调查工作基本上是围绕本企业的产品和服务进行的。然而随着市场竞争日趋激烈，现在的市场调查已经不再局限于"与产品和服务营销有关的问题"。市场调查不仅要调查"与产品和服务营销有关的问题"，还要发现相关的市场机会。

综上所述，我们可以对物流市场调查做出这样的定义，即物流市场调查是物流企业为了提高决策质量，发现营销中的机遇，解决营销中的问题，系统、客观地识别、收集、分析和传播信息而进行的工作。例如，通过调查获悉一个区域的物流业饱和程度，了解客户对已有物流的服务是否满意，了解物流的成本等。

2．物流市场调查的意义

在市场经济环境下，作为微观经济活动的主体，物流企业必须以市场为导向，通过满足市场需求来谋求自身的生存和发展。也就是说，只有充分了解和把握自身、物流客户和同行竞争者的现状及发展趋势，才有可能选择和确定有效的营销策略。因此，物流企业做好市场调查有利于为企业做决策或调整策略提供客观依据；有利于企业发展市场，开拓新市场；有利于企业准确地进行市场定位，更好地满足客户需要，提高竞争力；有利于企业建立和完善市场营销信息系统，提高企业的经营管理水平。

3．物流市场调查的内容

物流市场调查就是对物流市场进行的调查研究，它是物流企业营销活动的起点，贯穿整个营销活动的始终。通过市场调查，物流企业可以掌握市场的现状和发展变化趋势，为市场预测提供科学依据。

对任何营销活动而言，市场调查都是一项基础工作，从根本上决定着营销活动的质量和水平。因此，市场调查在企业的整个市场预测和经营决策中起着基础性作用。

物流市场调查包括 5 个方面的内容。

（1）市场需求调查。主要包括市场容量的调查、物流需求特点的调查、市场需求变化趋势的调查 3 个方面。市场容量的调查内容包括物流市场消费结构的变化情况、分布情况、消费量、与竞争企业的比较及潜在客户情况等。物流需求特点的调查是指分析并了解客户的购买偏好和差异。市场需求变化趋势的调查，从物流需求者特点的变化状况、改变销售战略可能引起的变化、竞争者的变化等状况入手，做趋势调查。

（2）客户资源调查。内容包括主要客户数量、主要客户的行业分布及区域分布、主要客户的稳定性和亲和度、主要客户的物流发展计划、主要客户的未来物流需求、物流服务购买者市场的基本结构和特征。这些信息能够帮助物流营销人员进行状况分析和制定目标市场战略。

（3）服务产品和价格调查。具体调查内容包括市场上同类物流服务的数量、性能、价格，以及物流客户对服务的认识和建议，物流服务成本及其变动情况，影响市场价格变化的因素，同类服务供求变化情况，替代服务价格的高低及不同服务方案的定价方法。还会涉及促销方面的调查，包括物流购买者习惯于通过哪些渠道了解物流信息，竞争企业的促销费用、广告费用，广告、宣传、推广的效果等。

（4）物流流量及流向调查。具体内容包括库存商品的出入库情况及主要的仓储方式、所承运商品的运量及主要的运输方式、商品资源的离散程度、商品的流向及商品流通所覆盖的区域。

（5）竞争情报的调查和收集。具体内容包括竞争者现有物流资源与现有用户资源和竞争者物流营销计划。

5.2.2 物流市场调查的程序

物流市场调查一般来说包括以下 5 个步骤：确定问题和调查目标、制订市场调查计划、收集信息、分析数据、解释和汇报调查结果。

1. 确定问题和调查目标

确定问题和调查目标往往是整个调查阶段难度最大的步骤。在这一阶段，物流企业应根据自身的内外部条件、环境变化及经营目标，确定企业在营销活动中存在的问题。然后，根据这些问题，确定相应的调查目标。一个营销调查计划通常不外乎下列 3 种目标：探索性调查的目标，收集初步信息以帮助确定要调查的问题和提出的假设；描述性调查的目标，对诸如某一产品的市场潜力人口与态度等问题进行详细描述；因果性调查的目标，检验假设的因果关系。营销者常以探索性调查为开端，而后会做描述性或因果性调查。

2. 制订市场调查计划

明确问题和调查目标后，我们还需要制订一套完备的市场调查计划，用于确保整个调查活动顺利开展。通常采用调查计划表的形式来确定整个调查计划。

调查计划表主要包括信息来源、调查方法、调查工具、调查方式、调查对象等几方面的内容（见表 5-1）。

表 5-1　调查计划表包括的内容

项　　目	调查内容
信息来源	第一手资料、第二手资料
调查方法	询问法、观察法、实验法、问卷调查法
调查工具	调查表、机械设备
调查方式	全面调查、典型调查、重点调查、个别调查、抽样调查
调查对象	物流市场环境、行业竞争、宏观政策
经费预算	财务平衡
人员培训	调查组织者、调查员

3. 收集信息

获取第一手资料的方法有询问法、观察法、实验法和问卷调查法等；第二手资料主要来源于内部资料和外部资料。

第一手资料也称为原始资料。它是调查人员通过对现场进行实地调查收集到的资料，如通过询问法、观察法、实验法了解到的竞争者的状况，物流客户的感受、想法和意向。这些资料是直接接触和感受调查对象的产物，也是进行市场调查的直接结果。

第二手资料也称为现有资料。它是经过其他人收集、记录或整理的资料，反映了已经出现的客观现象和存在的问题，可以直接或间接地为市场调查提供必要的依据。第二手资料包括内部资料和外部资料。

📃 **物流窗口 5-1**

建设物流大数据平台

随着大数据时代的到来，大数据技术可以通过构建数据中心，挖掘出隐藏在数据背后的信息价值，为企业提供有益的帮助，为企业带来利润。自 2012 年起，国家陆续出台了相关的产业规划和政策，从不同侧面推动大数据产业的发展。

何为物流大数据？所谓物流大数据，即运输、仓储、搬运装卸、包装及流通加工等物流环节中涉及的数据、信息等。通过大数据分析可以提高运输与配送效率，减少物流成本，更有效地满足客户服务要求。物流大数据将所有货物流通的数据、物流快递公司、供求双方有效结合，形成一个巨大的即时信息平台，从而使物流更加快速、高效、经济。信息平台不是简单地为企业客户的物流活动提供管理服务，而是通过对企业客户所处供应链的整个系统或行业物流的整个系统进行详细分析，提出具有中观指导意义的解决方案。许多专业管理物流数据信息平台的企业形成了物流大数据行业。物流大数据交易采用利益交换的模式——用服务去换取管理，即一方将信息的管理权交给另一方，另一方将信息整合起来后形成服务给一方，以消费者、商家、物流企业的数据为依托，为商家、快递企业提供预警预测分析，帮助快递企业提前获取这些信息，从而提前对物流资源进行一定的配置和整合。

物流大数据的优势主要体现在哪里？第一，物流大数据可以根据市场进行数据分析，提高运营管理效率，合理规划分配资源，调整业务结构，确保每个业务均可盈利；第二，物流大数据的预测技术可根据消费者的消费偏好及习惯，预测消费者需求，使物流服务能力与客户需求能够同步甚至超前进行匹配或得到提升，利用大数据及信息技术，预计运输路线和配送路线，缓解运输高峰期的物流压力，提高客户的满意度，提高客户黏度。

4. 分析数据

分析数据是物流市场调查程序中的重要步骤，需要采用相应的数据分析方法，从前期获得的数据中挖掘出与调查目标有关的，并且确保能够得出调查结果。显然，数据分析一定要围绕调查目标来进行。选择的分析方法要能有效地满足调查目标，并非使用的方法越多越好，或者越难越好。

5. 解释和汇报调查结果

这是物流市场调查的最后一个步骤，即把调查的结果形成书面报告，并送交有关部门。报告书的类型通常有两种：一种是专门性报告书，主要包括研究结果纲要、研究目的、研究方法、资料分析、结论与建议、附录（附表、统计方式、测量方法说明等）；另一种是通俗性报告，主要包括研究发现与结果、行动建议、研究目的、研究方法、研究结果及附录等。报告书的书写没有统一的格式，但一般应当由引言、正文、结论、附件4部分组成。

5.2.3 物流市场调查的方式与方法

1. 市场调查的基本方式

（1）市场普查，也称为市场全面调查或市场整体调查，是对市场调查对象无一例外地逐个进行调查。

（2）市场典型调查，是在对市场现象进行总体分析的基础上，从市场调查对象中选择具有代表性的部分作为典型，进行深入、系统的调查，并通过对典型单位的调查结果来认识同类市场现象的本质及其规律。

（3）市场重点调查，是从市场调查对象总体中选择少数重点单位进行调查，并用对重点单位的调查结果反映市场总体的基本情况。

（4）个案调查，也称为个别调查，是从总体中选取一个或几个单位对其进行深入调查。其主要作用在于深入细致地反映某个或某几个单位的具体情况，而不是通过个案调查来推断总体。

2．常见的几种市场调查方法

进行市场调查可采用的方法很多，归纳起来主要有询问法、观察法、实验法、问卷调查法和网络调查法 5 种。

（1）询问法。询问法是通过向人们询问他们的知识、态度、偏好和购买行为来收集第一手数据的方法。根据技术手段，询问法又可分为人员调查法、电话调查法、邮寄调查法和网上调查法，这 4 种调查方式的优缺点比较如表 5-2 所示。

表 5-2　询问法 4 种调查方式的优缺点比较

	人员调查	电话调查	邮寄调查	网上调查
优点	灵活性强，拒答率低，质量好，适用范围广	信息反馈快，费用低，辐射范围广	空间范围广，被调查者有充分的时间准备，匿名性好	辐射范围广，速度快，反馈及时，匿名性好，费用低廉
缺点	费用较高，对调查者要求较高，匿名性差，周期长	内容缺乏深度，目标对象随机性大，缺乏准确性	问卷回收率低，周期长，时效性差	样本局限性大，缺乏准确性和真实性

（2）观察法。观察法是通过观察相关的人、行为和情景来收集第一手数据的一种调查方法，是指通过观察正在进行的某一特定的营销过程，来解决某一营销问题。观察时采用的方法可以是机械观察、电子观察、人员观察等。

观察法能客观地获得准确性较高的第一手资料，但调查面较窄，花费时间较长。

（3）实验法。实验法是指先在较小范围内进行实验，取得数据资料后再研究决定是否大规模推广的一种市场调查方法。

通常的做法是选择几组调查对象，对不同的组施加不同的影响，控制相关的变量，最后检查各组反应的差异，以获得数据。具体是指将选定的刺激措施引入被控制的环境中，进而系统地改变刺激程度，以测定客户的行为反应。

实验法是比较科学的调查方法，比较准确，但费用较高，时间也较长。

（4）问卷调查法。采用问卷调查可以了解客户的认识、看法和喜好程度等，并可以分析处理这些数据，得出结论。问卷调查的关键之一在于问卷的设计。

问卷调查法适用于描述性调查，观察法与询问法适用于探索性调查，而实验法适用于因果性调查。

（5）网络调查法。网络调查法是指在互联网上针对调查问题进行调查设计、收集资料及分析咨询等活动。网络调查法主要有运用 E-mail 问卷调研法、网上焦点座谈法、使用 BBS 电子公告板进行网络市场调查、委托市场调查机构调查、以合作的方式进行网络市场调查等方法。

网络调查法的成本很小，回复速度快，调查范围也很大，但它只反映了网络用户的意见，并且人与人之间缺乏情感交流。

物流窗口 5-2

免费问卷调查平台——问卷星的简单介绍

问卷星的使用分为下面几个步骤。

（1）在线设计问卷。问卷星提供了所见即所得的问卷设计界面，支持多种题型及信息栏和分页栏，并且可以给选项设置分数（可用于量表题或测试问卷），可以设置跳转逻辑，还提供了数十种专业问卷模板供选择。

（2）发布问卷并设置属性。问卷设计好后可以直接发布并设置相关属性，如问卷分类、说明、公开级别、访问密码等。

（3）发送问卷。通过发送邀请邮件，或者用 Flash 等方式嵌入公司网站或博客中邀请受访者填写问卷。

（4）查看调查结果。可以通过柱状图和饼状图查看统计图表，卡片式查看答卷详情，分析答卷来源的时间段、地区和网站。

（5）创建自定义报表。自定义报表中可以设置一系列筛选条件，不仅可以根据答案来做交叉分析和分类统计（如统计年龄在 20～30 岁女性受访者的数据），还可以根据填写问卷所用时间、来源地区和网站等筛选出符合条件的答卷集合。

（6）下载调查数据。调查完成后，可以下载统计图表到 Word 文件保存、打印，或者下载原始数据到 Excel 导入 SPSS（Statistic Package for Social Science）等调查分析软件做进一步的分析。

问卷星除功能强大、专业外，还非常人性化，例如，设计问卷时可以选择专业模板和常用题型；提供多种 Flash 主题配色方案以确保问卷可以融入任何风格的网页中；还可以直观显示填写者来自的省份城市、他们进入填写问卷的网站等信息，大大方便调查者全面掌握调查情况；发送邀请邮件时会自动保存邮件地址到通讯簿。

3. 物流市场调查涉及的技术

（1）问卷设计技术。调查问卷应包括以下基本要素：开场白、调查的问题、被调查的情况和编号。在具体设计问卷时应注意以下几点。

问卷开始时，必须说明调查的目的，并感谢被调查者的合作。

问卷必须简单明了、含义清楚，避免使用语意模糊的问句。

不要问难以回答的问题。

问卷提问中所采用的措辞或语气不能带有某种倾向或暗示。

问卷要简短。问题最好能在 15 分钟内回答完，以免被调查者产生厌烦情绪。

此外，问卷的形式也会影响问卷质量。在调查中，问卷形式有两种。一种是封闭式，调查人员事先准备好所有可能的答案，被调查者从中选择。这种方式更容易进行统计分析。另一种是开放式，被调查者用自己的话回答。这种方式有可能提供更多的信息。

（2）抽样调查技术。在许多调查对象中，要想以最少的时间、费用与手续获得正确的调查结果，就有赖于抽样调查。所谓抽样调查，是指从需要调查的对象的总体中抽取若干样本进行调查，并根据调查的情况推断总体特征的一种调查方式。采用抽样调查要注意抽样对象的确定、样本大小的选择、抽样方法的确定。

（3）利用统计软件进行数据分析技术。SPSS for Windows 是世界上著名的统计分析软件，适用于自然科学和社会科学各领域的统计分析。在 SPSS 中普遍使用 Windows 界面进行程序管理、程序运行的全过程，通过对话框来实现各种命令参数的指定。只要掌握基本的 Windows 操作方法，粗通统计分析原理，就可以应用该软件得到具有专业水准的统计分析结果。

📄 **物流窗口 5-3**

SPSS for Windows 的简单介绍

SPSS for Windows 是在 SPSS/PC for Dos 的基础上发展而来的，它具有其他 Windows 软件的共同特点，便于使用。

在 SPSS for Windows 中，除数据输入用键盘来完成外，其他如命令语句的书写、语句参数的选择等大多通过操作对话框来完成。所以，用户不用花过多的时间和精力记忆大量的命令、过程、选择项等。熟悉 SPSS 语言的老用户，也可以直接书写程序语句，然后提交系统运行。该软件分析方法丰富，提供了从简单描述统计分析到多因素的统计分析的方法，可以满足绝大部分统计工作的需求；具有完备的数据转换接口，在其他数据库应用软件中建立的数据文件也可以方便地导入 SPSS for Windows 中，包括 Dbase、Excel、Foxpro、VF、Ms Access、Text 等数据文件。

SPSS for Windows 的主界面如图 5-2 所示。

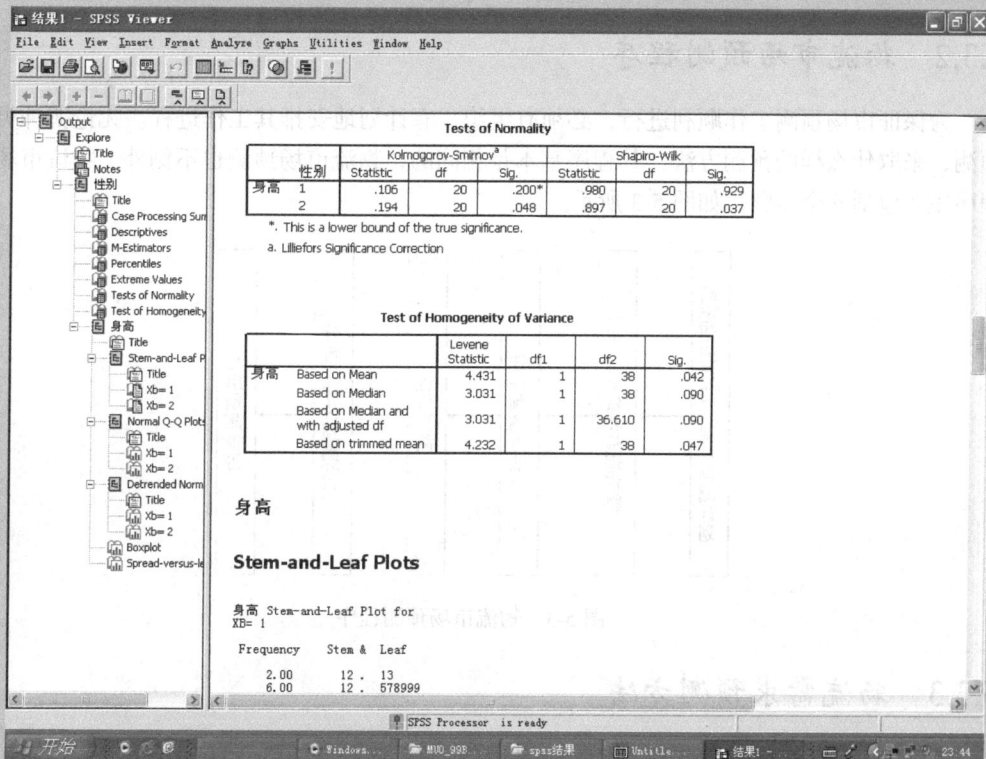

图 5-2　SPSS for Windows 的主界面

5.3 物流市场预测

5.3.1 物流市场预测的含义和特点

预测就是根据过去和现在的已知因素，运用人们的知识、经验和科学方法，对未来进行预计，并推测未来的发展趋势。

物流市场预测就是物流企业根据历史统计资料和市场调查获得的市场信息，对市场供求变化等因素进行细致的分析研究，运用科学的方法或技术，对市场营销活动及其影响因素的未来发展状况和变化趋势进行预计和推测。

市场预测是市场调查的继续和发展，是市场决策的基础和前提，也是计划和决策的重要组成部分。物流市场预测可为物流企业制定营销战略和营销策略提供可靠的依据。物流企业在市场调查的基础上，通过准确的市场预测，能够了解市场的总体动态和营销环境中各种因素的变化趋势。市场预测是提高企业竞争能力的重要手段。物流企业要想在市场竞争中占据有利地位，必须在产品、价格、分销渠道、促销方式等方面制定有效的营销策略。但有效营销策略的制定是建立在对相关方面的准确预测基础之上的，即只有通过准确的物流市场预测，物流企业才能把握市场机会，确定目标市场和相应的价格策略、销售渠道策略、促销策略等，从而扬长避短，挖掘潜力，适应市场变化，提高竞争力和应变力。

5.3.2 物流市场预测程序

为保证市场预测工作顺利进行，必须有组织、有计划地安排其工作进程。无论哪种类型的预测，采取什么样的预测方法，其程序基本是相同的，物流市场预测也不例外。物流市场预测程序主要包括6个步骤，如图5-3所示。

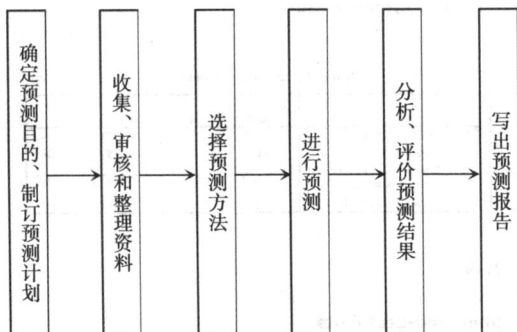

确定预测目的、制订预测计划 → 收集、审核和整理资料 → 选择预测方法 → 进行预测 → 分析、评价预测结果 → 写出预测报告

图 5-3　物流市场预测程序

5.3.3 物流需求预测方法

据统计，现有的预测方法多达数百种。从总体上看，这些方法可分为3类：定性法（Qualitative Method）、历史映射法（Historical Projection Method）和因果预测法（Casual Prediction Method）。这些预测方法产生的逻辑基础（历史数据、专家意见或调查）不同，长期和短期预测的相对准确性不同，定量分析的复杂程度也不同。

1. 定性法

定性法是利用判断、直觉、调查或比较分析对未来做出定性估计的方法。影响预测的相关信息通常是非量化的、模糊的、主观的。历史数据或者没有，或者与当前预测相关的程度很低。足性分析方法需要程序标准化，借鉴信息技术提高其准确性。当我们试图预测新产品成功与否、政府政策是否会变动或新技术的影响时，定性法可能是较为重要的方法，在中期到长期的预测中，多选用此方法。定性法包括以下几种具体方法。

（1）专家会议法。专家会议法（又称头脑风暴法）在一个时期里曾是使用最多的一种预测方法。该方法的基础是假设几个专家比一个专家预测得更好。预测时没有秘密，且鼓励沟通。有时候，预测会受社会因素的影响，不能反映真正的一致意见。这种方法的特点是采用开会调查的方式，将有关专家召集在一起，向他们出示要预测的题目，让他们通过讨论做出判断。这种方法有它的优点和不足，优点包括效率高、费用较低，一般能很快取得一定的结论。其不足就是由于大家是面对面地讨论，一些与会者常常因迷信权威而不讲出自己的观点，这样很可能会使一些更好的想法被遗漏或被忽视。此外，若每位专家都固执己见，不肯放弃自己的观点，难以统一意见，也会导致效率低下。

（2）德尔菲法（Delphi Method）。鉴于传统的专家会议法的局限，在 20 世纪 40 年代美国的兰德公司发展了一种新型的专家预测方法，即德尔菲法。专家预测法通常特指德尔菲法。德尔菲是古希腊传说中的神谕之地，城中有座阿波罗神殿可以预卜未来，故借用其名。

德尔菲法的特点是以一定顺序的问卷询问一组专家，一份问卷的回答将用于制作下一份问卷。这样，任何仅由某些专家掌握的信息都会传递给其他专家，使得所有专家都能掌握所有的预测信息。该方法避免了跟随多数意见的跟风效应。

（3）销售人员意见法。销售人员意见法即预测者召集有经验的销售人员对客户的购买量、市场供求的变化趋势、竞争者动向等问题进行预测，然后将预测结果进行综合的预测方法。由于销售人员常年与客户打交道，他们对市场需求及竞争情况往往有比较清楚的了解，对自己负责的销售范围内的情况更熟悉。利用他们的经验对市场未来的发展趋势进行预测，可能有更准确的结果。

（4）管理人员预测法。管理人员预测法有两种形式：一种形式是管理人员根据自己的知识、经验和已掌握的信息，凭借逻辑推理或直觉进行预测；另一种形式是高级管理者召集下级有关管理人员举行会议，听取他们对预测问题的看法，在此基础上，高级管理人员对大家提出的意见进行综合、分析，然后依据自己的判断得出预测结果。

管理人员预测法在物流企业管理工作中应用非常广泛。此法简单易行，对时间和费用的要求较少，若能发挥管理人员的集体智慧，预测结果也有一定的可靠性。日常性的预测大都可以采用这种方法。但此方法过于依赖管理人员的主观判断，极易受管理人员的知识、经验和主观因素影响，若使用不当，易造成重大决策失误。

2. 历史映射法

如果拥有相当数量的历史数据，数据呈时间序列或季节性变化稳定、明确，那么将这些数据映射到未来将是有效的短期预测方法。该方法的基本前提是未来的时间模式将重复过去，至少大部分重复。时间序列定量的特点使数学和统计模型成为主要的预测工具。如果预测时间的跨度小于 6 个月，通常准确性很好。这些模型之所以好用，仅仅是因为短期内时间序列内在稳定。

在历史映射法中，应用比较广泛的有算术平均法、加权平均法、指数平滑法、最小二乘法等。其中短期预测最有效的方法可能就是指数平滑法，该方法只需要得到很少的数据量就可以连续使用，当预测数据发生根本性变化时还可以用参数进行自我调整。指数平滑法是移动平均法的一种，通过给过去的观测值不一样的权重，较近期预测值的权数远期预测值的权数要大。

这种几何权数法可以用简单的表达式表示，表达式中只涉及近期的预测值和当期的实际需求值。这样，下一期的预测值就为：

下一期预测值=α（实际需求值）+（$1-\alpha$）（前期的预测值）

式中，α是权数，通常称作指数平滑系数，它的值介于 0 和 1，其值大小反映不同时期的数据在预测中的作用大小。α越大，对近期需求情况给的权数越大，模型就能越快地对时间序列的变化做出反应。但α过大可能使得预测过于"神经质"，会跟随时间序列随机波动，而不是发生根本性变化。α越小，预测未来需求时给需求历史数据的权数越大，在反映需求水平根本变化时需要的时滞就越长。如果α很小，预测结果会非常"平稳"，不太可能受到时间序列随机因素的严重干扰。

上述内容可用公式表达：

$$F_{t+1} = \alpha A_t + (1-\alpha)F_t$$

式中，t 为本期的时间；α 为指数平滑系数；A_t 为第 t 期的需求值；F_t 为第 t 期的预测值；F_{t+1} 为对第（t+1）期或下期的预测值。

校正趋势：基本的指数平滑模型适用于趋势和季节性变化不是很明显的时间序列。如果数据中有明显的趋势或季节性变化特征，这类模型的内在滞后性就会造成令人无法接受的预测误差，所以我们对这类数据要用校正过的公式。

本模型的校正趋势变形就是以下一组方程：

$$S_{t+1} = \alpha A_t + (1-\alpha)(S_t + T_t)$$
$$T_{t+1} = \beta(S_{t+1} - S_t) + (1-\beta)T_t$$
$$F_{t+1} = S_{t+1} + T_{t+1}$$

式中，F_{t+1} 为第（t+1）期校正趋势后的预测；S_t 为第 t 期的最初预测；T_t 为第 t 期的趋势；β 为趋势平滑系数。

由于计算量过于庞大，使用手工运算进行预测是不可行的，通常利用一些现有的预测软件进行预测。

3. 因果预测法

因果预测法使用的基本前提是预测变量的水平取决于其他相关变量的水平。例如，如果已知客户服务对销售有积极影响，那么根据已知的客户服务水平就可以推算出销售水平。因此我们可以说服务和销售是"因果"关系。只要能够准确地描述自变量与因变量的因果关系，因果预测法在预测时间序列主要变化、进行中长期预测时就会比较准确。

因果预测法有很多不同形式或模型：统计形式，如回归模型和计量经济模型；描述形式，如投入-产出模型、生命周期模型和计算机模拟模型等。每种模型都从历史数据中建立自变量和因变量的联系，从而有效地进行预测。因果预测法中主要介绍回归分析法。

采用时间序列法进行预测，不管是简单平均还是移动平均或指数平滑，都只是对一些表面的数据进行统计学的简单处理，仅凭数据说话，而事物间的因果关系并未反映进去，因而只是一种形式上的预测，准确性不高。客观事物间普遍存在一种联系，即因果关系，如货运量与国内生产总值、员工劳动生产率与产品成本之间都存在一定的因果关系。寻找这种变量间的因果关系并将其定量化，就可以根据定量关系来预测某一变量的未来值。回归分析法就是利用预测对象与影响因素之间的因果关系，通过建立回归方程式来进行预测的方法。

回归分析法的基本步骤包括以下 4 点。

① 进行定性分析，以便确定与预测对象有因果关系的因素。

② 收集、整理有关因素的资料。

③ 计算变量间的相关系数并确定回归方程式。

④ 利用回归方程式进行预测。

回归分析法有两种情况：求一个变量对另一个变量的回归问题分析，即一元回归分析法；求一个变量对多个变量的回归问题分析，即多元回归分析法。

例如，如果预测对象与相关变量之间存在线性关系，那么用一元回归分析法，这种关系可以用以下公式表示：

$$y = a + bx$$

通过最小平方法可以计算回归系数 a、b。其计算公式如下：

$$b = \frac{\sum_{i=1}^{n} x_i y_i - \bar{x} \sum_{i=1}^{n} y_i}{\sum_{i=1}^{n} x_i^2 - \bar{x} \sum_{i=1}^{n} x_i}$$

$$a = \bar{y} - b\bar{x}$$

式中，x_i 为自变量第 i 期的实际值；y_i 为因变量第 i 期的实际值；n 为时间序列的项数；$\bar{x}$、$\bar{y}$ 分别是 x_i、y_i 的平均数。

这类方法的主要问题在于真正有因果关系的变量通常很难找到，即使找到，它们与被预测变量的关系也非常弱。带动被预测变量随时间变化的因果变量更难找到。获取先导变量的数据常常要花费 1 ~ 6 个月的时间，然后才能判断出带动被预测变量变化的先导变量。由于有这些问题，一般建立以回归分析为技术基础的预测模型，通过估算计算其预测误差。

本章小结

本章在对物流市场的分类、物流市场调查、物流市场调查的程序进行简单分析的基础上，对物流市场调查所用的方法和技术进行了详细的阐述。最后，对物流市场预测的含义、物流市场预测的程序、物流需求预测的常用方法也做了较为具体的说明。

巩固复习

回答下列问题（达到深刻理解给5分，部分理解给3分，不理解给1分）

1. 物流市场的类型有哪些？
2. 物流市场调查的意义是什么？
3. 物流市场调查的程序包括哪5步？
4. 调查计划表主要包括哪几方面的内容？
5. 物流市场调查的方式与方法有哪些？
6. 你是否初步掌握了SPSS等数据分析软件的使用方法？
7. 所谓第一手资料指的是什么？
8. 市场调查的基本方式包括哪几种？
9. 物流需求预测的方法主要有哪些？
10. 简述定量预测的几种建模方法（指数平滑法和回归分析法）。

请把各小题分数相加，如总分为42~50分，请继续下面的题目；如果总分为33~41分，请对不足之处进行有针对性的复习；如果总分在32分以下，请重新学习本章相关内容。建议你在学习过程中多与老师和同学探讨不理解之处。

单项选择题

1. 下列不属于物流资源调查的是（   ）。
   A. 市场环境调查　　　B. 物流基础设施设备调查
   C. 物流从业人员调查　　D. 客户资源调查
2. 下面（   ）不是市场调查的方法。
   A. 询问法　　　　　B. 观察法
   C. 实验法　　　　　D. 内部资料

多项选择题

1. 根据调查对象的范围，物流市场调查的方式可分为（   ）。
   A. 市场普查　　　　B. 市场典型调查　　　C. 市场重点调查
   D. 个案调查　　　　E. 问卷调查
2. 下列属于物流资源调查的是（   ）。
   A. 物流市场环境调查　　　　　　B. 物流基础设施装备调查
   C. 物流信息技术资源调查　　　　D. 物流产品和价格调查
   E. 物流流量和流向调查
3. 关于第二手资料的描述正确的是（   ）。
   A. 第二手资料也称为现有资料
   B. 它是经过其他人收集、记录或整理的资料，反映了已经出现的客观现象和存在的问题
   C. 可以直接或间接地为市场调查提供必要的依据

D. 这些资料是直接接触和感受调查对象的产物，也是进行市场调查的直接结果

E. 第二手资料包括内部资料和外部资料

拓展阅读

1. 李耀华. 物流市场营销[M]. 北京：清华大学出版社，2012.
2. 钱旭潮，等. 市场营销管理：需求的创造与传递[M]. 3 版. 北京：机械工业出版社，2013.

实例分析

冷链物流运营市场调研分析

中铁顺丰国际快运有限公司于 2018 年正式成立，并在 2018 年"双 11"期间首次上线高铁生鲜专线。中铁顺丰副总经理杜衍栋表示，生鲜产品运输损耗较高，对时效、安全等要求相当严格，"高铁+生鲜"模式正是顺应市场需求而生的。生鲜电商的发展一定会带动冷链物流的发展。

1. 电商们下的蛋

在生鲜领域，以物流起家的顺丰已经算后来者，互联网大佬们早已在此瓜分地盘。

自 2016 年，马云提出"新零售"的概念之后，线下流入成为生鲜电商重金布局的方向。目前，阿里系的盒马鲜生已经在全国各地开花结果，截至 2018 年 1 月 23 日，盒马鲜生已在全国开出 29 家门店。腾讯已经在新零售领域投资近 200 亿元，腾讯入股的永辉超市旗下超级物种也迅速启动线上、线下整合业务。

京东系的 7FRESH 于 2017 年 12 月正式开启试运营。线上线下一体化的生鲜超市 7FRESH 已正式落地投入运营。2018 年 1 月初，京东打造的首家线下生鲜超市"样板"——7FRESH 北京亦庄大族广场店正式开业迎客。在总面积超过 4 000 平方米的店里，消费者可亲手挑选来自全球各地的新鲜食材，也可以在 App 上下单，享受 3 公里范围内最快半小时的配送服务。试营业期间，该店日均单店单日客流量就超过 1 万人次。刘强东表示：未来 3 年到 5 年，7FRESH 将在全国铺设超过 1 000 家门店。

2017 年 8 月，天猫宣布向易果安鲜达投资 3 亿美元，助力其冷链物流基础设施建设。事实上，生鲜全球化能走多远，很大程度上取决于冷链物流供应链体系能走多远。由于生鲜物流的特殊性，传统的物流经验和方式在生鲜领域无法 100%复制，这也是马云看重安鲜达的重要原因，而就在刚刚进行的大闸蟹市场争夺战中，安鲜达也不负众望，成为天猫背后最有力的队友，在品控和时效性上都给予了用户非常好的体验。

2017 年，全家与易果生鲜合作开出试点门店，其中全家负责便利店标品、鲜食等商品管理，供应链支持以及日常运营，易果生鲜为门店供应生鲜水果。目前，全家在中国大陆有超 2 000 家便利店。

国内水果零售巨头百果园也宣布将通过全面输出标准与系统，正式对外开放特许加盟业务。过去 16 年，百果园一直采用内加盟模式，以支持内部员工创业。2018 年定的目标是，新开门店 1 200 家，新拓展 5 个区域，且将全部以加盟店形式呈现。

2017年3月，天天果园与城市超市展开深度合作，参与了其旗下的15家超市内生鲜产品的业务整合，推出了"四位一体"的消费场景战略。

电商成为冷链发展的最主要推手。用户增速与物流建设是同步的，订单量越大，对基础服务的要求越高。近年来，随着人们对高品质消费需求的快速增长，冷链物流行业规模显著扩大。有关数据显示，2019年，冷库总量突破6 000亿吨，新增库容814.5万吨，同比增长15.56%。2016—2019年，我国食品冷链物流需求量保持着20%左右的增速。2019年，食品冷链物流需求量约2.35亿吨，同比增长24.65%；全国食品冷链物流总额约6.1万亿元，同比增长27.08%。

估计冷藏车整体增速将保持在19.3%，总量将突破25.5万辆。到2023年，洛阳市冷链物流市场规模将超600万吨，果蔬、肉类、奶类冷链流通率分别超过40%、70%、70%，可追溯率分别在40%、85%、85%左右，并将建成"全链条、网络化、严标准、可追溯、新模式、高效率"的现代冷链物流体系，打造全国重要的区域冷链物流枢纽、"一带一路"冷链物流重要节点和豫西北冷链物流集散中心。

不仅是食品领域，医药流通也是冷链物流的重要应用领域。

2. 尚未成熟的国内冷链体系

公开数据显示，我国综合冷链流通率仅为19%，在人均库容量、冷藏车数量等方面存在严重不足，而美、日等发达国家的冷链流通率已达到85%以上。此外，冷链流通率低和冷链运输率太低、流通腐蚀率较高是国内冷链体系的弱点。以果蔬产品为例，每年约有1.3亿吨的蔬菜和1 200万吨的果品在运输中损失，腐烂损耗的果蔬可满足近两亿人的基本营养需求。

华南最大的家庭有机蔬菜配送商深圳市良食网科技开发有限公司CEO唐忠告诉记者，目前我国的冷链物流主要有4种形式：干线+落地配的两段式物流、垂直电商的自建物流、常温配送+保温措施的普通快递，以及专业的冷链第三方物流。"生鲜商品对冷链配送的要求很高，冷链物流发展水平一直制约着生鲜电商的发展，"唐忠说，"作为生鲜产品主体的农产品并非标准化工业品，很难进行标准化生产和销售。这使得一些冷链物流企业很难满足生鲜电商的要求。"

据沱沱工社供应链中心总经理刘宇介绍，生鲜电商全品类的存储需求涉及冷冻库区、冷藏库区、恒温库区、常温库区4种温度要求的库区，而冷冻库区方面，冷冻肉与海鲜水产的温度要求又有不同，分别为-18℃与-22℃。仓储方面的投资要大大高于普通品类的商品。

深圳西丽一家物流企业告诉记者，普通冷藏车一辆的起步价为200元左右，根据里程数和卸货点还要加价，"而冷藏车和普通货车的运费每吨能相差50~70元"，故此小型冷链企业多运用一些潜规则。以夏天为例，冷链企业用普通货车载货，用泡沫板等材料隔热，冷冻品化了再进冷库速冻；有的在运输过程中，冷藏车关掉制冷机，快到达目的地时再开机，但消费者并不知道产品并未实现全程冷链。

目前，除实力雄厚的顺丰、菜鸟网络选择自建冷链物流外，京东、1号店等电商多采取与第三方物流合作的方式。"我们开始也外包给一些冷链公司，但发觉国内的冷链物流发展很不成熟。"唐忠坦言，由于生鲜产业刚刚兴起，加之配送规模小，大型物流企业不愿意做，"我们只好花了2 000多万元自建冷链物流体系"。

目前，国内冷链物流的生态为：两段式物流的代表为菜鸟网络冷链平台，但目前大多以团购活动为主，日常配送能力不高。垂直电商的自建物流大多以满足自身需求为主，且存在重复建设问题。普通快递存在季节限制，并且无法保证品质，而专业冷链的配送成本很高，与生鲜电商的利润脱节。

因此，在生鲜电商的竞争中，除了优质的货源，冷链配送更是取胜的关键，如果电商企业不能做到快速销售，就会亏损。中国零售业生鲜研究中心委员李长明表示，99%的生鲜电商都在亏损。

3. 冷链行业的机会

对于"行业从业者庞大而无盈利者出现"的生鲜电商行业，顺丰优选一位负责人认为，随着人们消费习惯的养成和订单量的不断增加，未来盈利预期可以期待。

京东物流冷链配送负责人夏萌指出，冷链物流企业能够控制的仓储、配送、车辆设备、系统等所有工具的改造，都要依托上游的产品进行调整，所以标准化才成了最大的问题。权威数据显示，2019 年，中国食品冷链物流总额已达到约 6 万亿元，全国冷链物流企业分布整体存在"东多西少"的态势，在百强企业中，华东地区数量最多，占比 42%；而收入占比则达到了44.24%，超过了数量占比，说明华东地区冷链物流百强企业收入水平高于平均值。

电商进入生鲜市场之后，重视客户体验，要求所售商品从产地到终端配送全部严格处于冷链条件下，导致农产品流通对冷链物流产生刚性需求，进而推动冷链宅配、产地冷链（中小型冷库）和冷链干线（大中型冷库）的建设。

中国物流与采购联合会指出，生鲜电商市场发展迅速，年均增长率超过 80%。此外，未来5 年，冷链物流市场将以 20%以上的年复合增速发展。

光明乳业方面表示，缩短产品在物流分销环节的流通时间是保证食品安全的重要举措，为此该公司 2017 年已经在全国范围内合理分布设立了 30 余座大型物流配送中心与 1 000 余座分销冷库，并配备了 1 000 多辆冷藏车。

中国物流与采购联合会冷链委数据显示，到 2019 年 11 月，全国冷藏车市场保有量为 21.27万台，较上年增长 3.27 万台，同比增长 18.16%。同时，中国物流与采购网指出，2019 年我国城市冷藏车销量为 4.8 万辆。据有关部门预测，到 2025 年我国城市冷藏车的销量将上升到 12万辆。

不过，冷链物流市场的迅速发展也暴露出企业的不足。罗兰贝格企业管理咨询有限公司合伙人、物流行业联席负责人杨珊娜认为，目前，中国消费者还没有足够意愿为生鲜冷链支付高价，这使得冷链物流企业净利润率普遍低下，市场急需培养消费者的冷链成本意识，因此模式的创新就显得尤为关键，政策的中短期支持也不可或缺。

（根据中国物流与采购网资料整理）

案例探讨

冷链物流运营模式当下存在的问题是什么？

第6章
物流市场需求

本章学习重点

- 物流市场需求及其特征
- 基于 4C 和 4V 组合的物流需求分析
- 物流服务需求者 6 种购买类型
- 购买决策过程中的 5 种角色

章首引例

　　"从运输、仓储运营中赚点辛苦钱"是中国物流基层的商业模式，那些跑在路上的卡车司机、蹲在仓库遵循传统的物流服务模式的企业，大部分是这样想的，但它们的生存空间越来越小。随着信息技术和集成物流的发展，物流更多地朝向众包整个供应链服务模式发展，如怡亚通、一达通及顺丰。这种商业模式，以提供多维度的供应链综合服务为主。这些物流企业抓住一个产业链巨头的供应链主企业，然后会上下延伸；服务类别上有物流、报关、报税、供应链金融、流通加工等多项增值服务。

　　这一引例告诉我们，传统的物流需求服务已经无法满足客户需要，同时变得无利可图。从两业联动、产业联动的角度看，提供整套的物流解决方案和物流增值服务将成为一个企业有别于其他企业的核心竞争力，也是企业未来盈利和生存的方向。

　　（根据董千里《集成场理论：两业联动模式及机制》及物流与供应链研究所网站案例整理）

　　作为提供物流服务的企业，必须时刻把握物流市场的变化，了解物流市场的需求，同时创造潜在的需求，这样才能在激烈的市场竞争中立于不败之地。因此，了解物流市场需求及其特征，洞察物流市场需求的影响因素，对物流服务需求者行为进行分析，就显得尤为重要。

6.1 物流市场需求及其特征

　　物流市场需求是指一定时期内社会经济活动对生产、流通、消费领域的原材料、成品和半成品、商品及废旧物品、废旧材料等发挥配置作用而产生的对物流在空间、时间方面的具有支付能力的需要，涉及运输、储存、包装、装卸搬运、流通加工、配送及与之相关的信息需求等物流活动的诸多方面。物流市场需求是一种引致需求，社会经济活动包括农业生产及农产品消费，工业、建筑业生产，工业半成品、产品的消费是产生物流市场需求的原因。从事相关社会经济活动的实体是物流服务产品的消费者，包括工农业产品的生产者、批发商及零售商、普通消费者等。

6.1.1　产生物流市场需求的原因

　　产生物流市场需求的原因有很多，主要包括以下几方面。

　　（1）自然资源地区分布不均衡，生产力所在地与资源产地分离。自然资源是大自然赋予人类的巨大财富，自然资源分布不均衡是一种自然地理现象。生产力布局要考虑自然资源分布状况，但不可能完全一致；人类的经济活动必然要求自然资源由储藏丰富的地区向贫乏的地区流动，这就必然产生物流需求。如国内的西煤东运、西气东输等。特别是随着全球经济一体化的迅猛发展，资源由过去在一国范围内流动转为在全球范围内流动，物流市场需求增多。

　　（2）生产和消费在时间和空间上的不一致。由于各地区经济发展不平衡，生产力空间布局与消费群体的不匹配必然存在。随着社会经济的发展，某些商品的生产与消费的空间分离可能日益减少。但是随着生产的社会化和专业化、区域经济的分工与合作、生产要素的进一步优化组合，某些商品（包括中间商品）的生产将日益集中在某个或某些区域。随着全球化的发展，世界大市场概念已成现实，生产出来的产品要送到世界各地的客户手中。因此，生产与消费的时间和空间分离日益增大，这必然产生物流市场需求。

　　（3）地区间商品品种、质量、性能和价格有差异。不同地区、不同国家的自然资源、技术水平、产业优势不同，产品的质量、品种、性能、价格等方面存在很大差异，基于地区和国际贸易中的比较优势和国际政治活动，货物会在空间流动，随之产生相应的物流市场需求。

6.1.2　物流市场需求的特征

　　（1）派生性。在经济活动中，如果一种商品或服务的需求是由另几种商品或服务派生出来的，则称对该商品或服务的需求为派生需求，引起派生需求的商品或服务为本源需求。物流市场需求是由社会经济活动派生出来的。

　　（2）广泛性。随着商品经济的发展、社会分工的细化，以及现代生活愈加开放化与多元化，物流业日益成为重要的产业部门，各类社会产业、事业的发展都与物流业的发展紧密相关。物流市场需求存在于人类生活和社会生产的各个角落，现代人类社会活动的各个方面、各个环节都离不开物的空间和时间位移，大部分的这种位移需要由物流业完成。因此与对其他商品和服务的需求相比，物流市场需求具有广泛性，是一种带有普遍性的需求。例如，快递已成为人们日常生活中不可或缺的一部分。

　　（3）不平衡性。这种不平衡体现在时间、空间和方向上。时间上的不平衡主要源于农业生产的季节性，贸易活动的淡季、旺季，节假日等。空间和方向上的不平衡主要源于资源分布、生产力布局、地区经济发展水平、物流网络布局等。

（4）部分可替代性。在工业生产方面，当原料产地和产品市场分离时，人们可以通过生产位置的确定，在运送原料和运送半成品或产品之间做出选择。例如，某些地区间的煤炭物流可以被长距离高压输电线路代替。

（5）较小的需求弹性。这是因为物流日益渗透到生产、流通、消费等社会经济活动当中，与社会经济活动的进行有密切的关系，它是社会经济活动的重要组成部分。社会对于物流的需求有着价格不敏感性。

> ➡ **快速链接 6-1**
>
> ### 需求与需要和欲望之间的差别
>
> 人类的需要和欲望是市场营销活动的出发点。需要是指没有得到某些基本满足的感受状态；欲望是指想得到基本需要的具体满足物的愿望；需求是指对于有能力购买并且愿意购买的某个具体产品的欲望。
>
> 将需要、欲望和需求加以区分，其重要意义在于：市场营销者一般并不创造需要，需要早就存在于市场营销活动之前；市场营销者，连同社会上的其他因素，只是影响了人们的欲望，并试图向人们指出何种特定产品可以满足其特定需要，进而通过使产品富有吸引力、适应消费者的支付能力且使之容易得到来影响需求。

6.1.3 我国物流市场需求现状

有关物流市场供需状况，最近的一次中国第三方物流市场及需求调查结果如下。

1. 中国第三方物流市场潜力大、发展迅速

2021 年，社会物流总费用为 16.7 万亿元，与 GDP 的比率为 14.6%。目前我国物流市场以企业自营物流为主，第三方物流占比较小。在工业企业中，第三方物流仅分别占原材料物流和产成品物流的 19% 和 31%。在商贸企业中，第三方物流仅占 17%。2018 年，中国第三方物流收入规模为 1 638 亿美元，第三方物流占物流市场 8% 的份额。发达国家的实践证明，独立的第三方物流占到社会物流的 50% 以上，物流产业才算成熟，未来几年，我国第三方物流市场面临较大发展空间。目前，我国的第三方物流企业多数只能提供单项或分段的物流服务，物流功能主要停留在储存、运输、配送等传统物流环节上，代理加工、JIT 配送、"零" 库存管理、物流咨询与培训、物流信息等延伸服务不多，不能形成完整的物流供应链。现阶段，我国第三方物流供应商收益的 85% 来自基础性服务，增值服务及物资信息服务与支持物流的财务服务的收益只占 15%，服务功能较单一。

2. 企业客户对第三方物流的需求千差万别，物流外包将是一个渐进的过程

根据调查分析，客户认可国际物流供应商在 IT 系统、行业及专业方面的经验。同时，他们认可中国物流供应商在成本、本地经验与国内网络方面的优势。目前中国企业，尤其是传统的中国国有企业使用第三方物流服务的比例较小，与此相反，中国的跨国企业在外包物流方面的脚步最快，是目前中国第三方物流市场的重点。

客户外包物流的目的，首先是降低物流成本，其次是强化核心业务，最后是改善与提高物流服务水平与质量。客户在选择第三方物流企业时，第一注重行业与运营经验，即服务能力，第二注重品牌声誉，第三注重网络覆盖率，第四注重较低的价格。

3. 第三方物流发展很快，但面临一些共有的挑战，也存在各自的困难

目前中国与外国第三方物流供应商在运营过程中，各有侧重。国外的第三方物流供应商主要关注进出口物流，这部分的收入约占业务收入的 70%，所以它们的服务客户 98%是外商独资或中外合资企业等客户。中国的第三方物流供应商更注重国内物流的商机，这部分的收入占总收入的 88%，从调查企业分析，56%为外国客户服务，44%为中国客户服务。

第三方物流供应商认为，吸引物流需求客户存在 3 大障碍：一是生产与流通企业有较大物流能力，物流外包就意味着裁员和资产出售；二是客户对第三方物流缺乏认识；三是客户对现在的第三方物流供应商能否降低成本，能否提供优质服务缺乏信心。

第三方物流供应商普遍希望改善物流发展环境。中国的供应商认为缺乏物流人才是他们面临的最大挑战，外国供应商认为"政府限制"是首要挑战。物流发展环境中的政策环境涉及运营许可、跨省运输、登记注册、税收政策、行业标准等，希望政府出台产业政策。

6.2 物流市场需求满足策略分析

6.2.1 基于 4C 组合的物流市场需求分析

4C 理论（详见第 3 章）是美国营销专家罗伯特·劳特朋教授在 1990 年提出的。面对竞争日益激烈的物流市场，作为物流服务的提供商，将 4C 理论创造性地运用于物流服务领域，将极大地增强企业的市场竞争力。

1. 以客户（Customer）为中心

不同客户的物流需求不一样，不能以物流企业自己的标准去服务所有的客户，"适合的才是最好的"。第六次中国物流市场调查分析结果显示，商贸企业强调物流服务的经济性，即追求满足一定物流质量条件下的低价格；生产制造企业关注的是物流满足能力和作业质量，具有一定的价格承受能力。面对这两类不同的客户，物流企业应该制定有针对性的物流策略来满足其需求，以客户为中心，以客户的需求为导向，才能赢得客户的信赖。

同一客户在不同时期的物流需求也是不一样的。例如，在客户产品的不同生命周期，物流需求也不尽相同，物流企业必须采取不同的策略。

（1）引入期的策略。在产品引入期，客户企业物流需求体现为小批量、高频率，要求交货的及时性。一旦缺货，有可能抵消客户企业营销战略取得的成果。在这一阶段，物流企业必须强化物流服务的及时性和准确性，不过度地追求成本的节约和利润指标，甚至要有短期亏损的思想准备，通过自身的服务为客户企业的产品在市场上立足提供支持。

（2）成长期的策略。在产品成长期，客户企业为扩大市场占有率和巩固市场地位，会建立广泛且密集的产品分销网络，而这一网络的建立离不开强大的物流网络的支持。在这一阶段，物流企业需要充分利用自己的物流网络，优化物流系统，为客户企业提供满意的物流服务。物流企业已从不惜代价提供所需物流服务，变为平衡服务与成本绩效，取得一定的经营利润。

（3）成熟期的策略。经过成长期的发展，购买产品的人数不断增多，市场需求趋于饱和，市场竞争加剧，客户企业需要降低物流成本，以抗衡对手的竞争。在这一阶段，物流企业需要和客户企业紧密合作，进一步优化物流流程，以降低成本。

（4）衰退期的策略。在产品的衰退期，随着科技的发展、新产品和替代品的出现及消费习惯的改变等，产品的销售量和利润持续下降。在这一阶段，物流企业一般只需维持现有的物流服务水平，最大限度地降低物流成本。

2. 以客户成本（Cost）节约为导向

很多企业外包物流的动机在于节约物流成本。因此对物流企业而言，通过资源整合、规模经济、专业化的优势来降低成本，从而使物流服务的价格降到客户能够并且愿意承受的范围，是其取得竞争优势的关键。提供方案设计的物流服务提供商，不能片面地追求系统的智能化和信息化，而应该从客户的角度出发，本着成本节约的理念，设计出能满足客户现实需求的经济性方案。在目前全球经济面临严峻考验的形势下，企业利润普遍下降，以客户成本节约为导向的原则显得尤为重要。

以客户成本节约为导向，还需要物流企业通过专业化的服务，来降低客户的整体运作成本，使物流真正成为客户的"第三利润源"，进一步强化与客户的合作伙伴关系。

3. 使客户享受到便利（Convenience）的物流服务

最大限度地便利客户，是物流企业在激烈的市场竞争中脱颖而出的重要因素。以国内快递领域为例，顺丰、申通等快递企业近几年能够不断扩大市场份额，对邮政 EMS 形成一定的威胁，很大程度上归功于其提供了比 EMS 更加便利的物流服务。它们对客户快件提供桌到桌服务（上门取件、送件到桌），而 EMS 在全国大部分城市只能提供门到门服务。

4. 与客户建立完善的信息沟通（Communication）体系

完善的信息沟通体系，一方面有利于客户及时掌握物流活动的进程，提高对物流环节的掌控能力。部分货主企业不愿进行物流外包，主要是担心出现"物流外包黑洞"，害怕物流外包后企业失去对物流业务流程的控制。另一方面有利于双方开展更加紧密的合作，快速响应市场变化，不断调整物流活动和计划，节约物流成本，提高物流效率。

随着物流信息技术的快速发展，物流企业和客户可以根据实际需要，通过移动通信技术、条形码技术、射频识别技术和 EDI（电子数据交换）技术，方便地建立信息沟通体系。

6.2.2　基于 4V 组合的物流市场需求分析

4V 理论（详见第 3 章）是国内学者吴金明等提出的。对于物流企业而言，理解 4V 理论的精髓，将 4V 理论创造性地运用于物流服务领域，能更好地满足客户的物流需求。

1. 服务内容的差异化和针对不同的客户提供差异化的服务

以差异化策略满足客户物流需求具有丰富的内涵，既包括服务内容的差异化，也包括针对不同的客户提供不同水平的物流服务。目前大多数物流企业所提供的服务内容基本雷同，都用以降低服务价格为核心的促销手段展开竞争，企业利润水平低下。提供差异化的物流服务可以避免陷入企业间的无序竞争和价格战，提高企业盈利水平。针对不同的客户提供不同水平的物流服务，是因为客户本身的条件是各不相同的，对满意的期望也各不相同，同时每个客户对物流企业利润的贡献也不相同。物流企业一般可将客户分为3类：第一类是对企业贡献最大的前5%的客户，第二类是排名次之的后15%的客户，第三类是其余的80%的客户。根据著名的帕累托"80/20"原理，20%的客户创造了企业80%的利润，所以保留住前两类客户就可保留住物流企业大部分利润来源，因此对前两类客户要提供较高水平的物流服务。

2. 提供不同的物流服务功能组合和同一物流功能的不同服务层次组合

以功能化策略满足客户物流需求，要求物流企业能够提供不同的物流服务组合和同一物流功能的不同服务层次组合，以满足不同客户的需求，照顾其经济承受能力。例如，大型物流企业不仅要能提供运输、仓储、包装、流通加工、物流信息和装卸等基本物流服务，还要能提供"运输+仓储""运输+装卸""运输+物流信息""仓储+包装""仓储+流通加工""仓储+物流信息"等物流服务组合。再比如，物流企业不仅要能提供对时效性要求不强的货物运输服务，最好还能提供货物的快运服务，以满足部分高端客户的要求；不仅要能提供普货的仓储服务，最好还能提供特殊货物的仓储服务，以获得更高的利润。

3. 提供附加业务和增值服务，取得价值增值

对多数物流企业而言，只靠单一的物流服务，如运输业务已经无法取得竞争优势，所以一方面它们必须提供新的附加业务，扩大业务范围；另一方面也必须不断推陈出新，为客户提供独家的或者至少是特别的增值服务，以增加企业的核心竞争力。

附加业务和增值服务一般是指在物流常规服务的基础上延伸出来的相关服务。例如，仓储的延伸服务有仓单质押、库存查询、库存补充及各种形式的流通加工服务等；运输的延伸服务有为客户选择运输方式、运输路线，安排货运计划，为客户选择承运人，确定配载方法，提供货物运输过程中的监控、报关、代垫运费、运费谈判、货款回收与结算等服务；配送服务的延伸有集货、分拣包装、配套装配、条形码生成、贴标签等。

当然，从全球一体化物流和供应链集成的发展趋势来看，附加业务和增值服务的范畴要广阔得多。基于一体化物流和供应链集成的附加业务和增值服务是向客户端延伸的服务，通过参与、介入客户的供应链管理及物流系统来提供服务，为客户提供制造、销售及决策等方面的支持，如库存管理与控制、采购与订单处理、市场调研与预测、产品回收、构建物流信息系统等。这类服务往往需要物流企业发挥更大的主动性去挖掘客户的潜在需求，需要更多的专业技能及经验，具有更大的创新性和增值性，是高技术、高素质的服务。这种高层次的服务需要建立在双方充分合作信任的基础上。

4. 提供高质量的物流服务，使双方形到利益和情感的共鸣

共鸣指企业持续地为客户提供具有最大创新价值的产品和服务，使客户能够更多地体验到产品和服务的实际价值效用，最终在企业和客户之间产生利益与情感关联。物流企业通过持续地为客户提供高质量的物流服务，使客户真正感受到物流服务带来的综合成本的降低，对生产和销售起巨大支持作用，最终得到客户的认可，形到利益和情感的共鸣。

📖 物流窗口 6-1

"京准取"服务——满足网购时代的客户需求

网购一时爽，退货麻烦涨……即便身经百战的网购小能手，也会出现不合尺码或是颜色拍错等需要退换货的情况。为了解决人们在退换货时遇到的这些售后难题，京东物流于2018年7月在全国上百个大中城市开通"京准取"服务，该服务将9:00—19:00的10个小时分为5个波次，每个波次2个小时，客户可以根据自身的空闲时间，精准地选择让快递小哥在哪个波次内上门取件。无论是工作日还是周末，早、中、午、晚都有快递小哥上门服务。

"京准取"是京东物流推出的一项全新的时效服务产品，不仅缩短了售后取件的时间，也带给客户更为精确的时效体验。目前，"京准取"覆盖京东商城内自营及开放平台的各种品类和商品，无论是北上广深等一线城市及主要省会城市，还是河南周口、湖北黄冈、四川雅安等网购需求旺盛的地区，"京准取"服务均能覆盖。未来，"京准取"服务将覆盖全国数百个城市。

"京准取"服务的规划化、常态化运营，也意味着京东物流的"时效服务全家桶"再次完善。目前，京东物流已经囊括211限时达、次日达、京准达、京尊达、闪电送、极速达、长约达等多元化时效产品，形成了一个用户可根据需求任意选择的全场景的物流"全家桶"服务体系。

（根据京东物流网站新闻资料整理）

6.3 物流服务需求者行为分析

6.3.1 物流服务需求者行为模式

物流服务需求者的购买行为是在购买动机的支配下发生的，这一过程实际上是一个"刺激—反应"过程，即客户由于受到各种刺激，产生购买动机，最终的反应是发生购买行为。客户主要受到营销刺激（通过产品、价格、渠道及促销等政策与手段进行刺激）和其他刺激（主要包括经济、文化、法律、科技等环境刺激），其购买行为模式如图6-1所示。

运用这一模式分析客户购买行为的关键，是物流企业认真调研客户对本企业策划的营销策略和手段的反应，了解各类客户对不同形式的产品（服务）、价格、促销方式的真实反应。

在需求者购买物流服务的过程中，不同的需求者有不同的行为方式，通常会有习惯性、质量性、理智性、价格性、冲动性和不定性6种购买类型。

习惯性购买。例如，某物流企业给某一客户提供了好的物流服务，这个客户对这家物流企业产生了安全感与信赖感，从而不断地要求这家物流企业提供服务，不断地进行重复购买。

质量性购买。质量性购买表现为客户对物流服务质量要求非常高，要求物流企业在提供全程物流服务时对客户的物品（特别是高、精、尖或者高附加值的产品）必须特别注意安全、快速、便捷、准时等服务质量要求。

理智性购买。此类购买者在购买前，根据自己的经验和相关物流知识，对所需求的物流服务进行周密的分析和思考。他们在购买时较为慎重，主观性较强，不容易受物流企业宣传的影响。

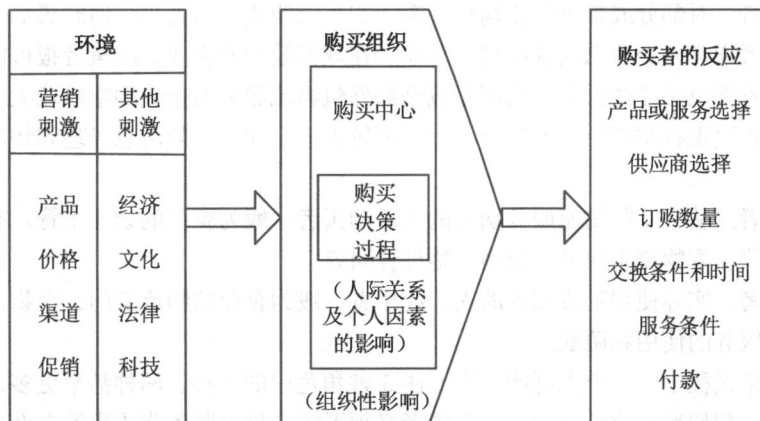

图 6-1 客户购买行为模式

价格性购买。此类购买者选购物流服务时多从经济角度考虑，对价格非常敏感。例如，有的需求者认为价高的物流服务质量必优，而选用价高的物流服务；有的需求者习惯追求低价，哪家价格低就购买哪家的物流服务。

冲动性购买。此类需求者选购物流服务时，容易受物流企业广告宣传的影响，以直观感觉为主，因而做出购买决定的速度较快。

不定性购买（或称随意性购买）。此类需求者多属于新购买者，没有购买经验，购买心理不稳定，没有固定的偏爱，往往是随意购买或奉命购买。

6.3.2 购买决策过程中的 5 种角色

在现实生活中，物流服务的购买通常是以企业为单位进行的。在一个购买活动中，每个成员可以扮演不同的角色，起不同的作用。

按成员在购买决策过程中所起作用，一般有 5 种可扮演的角色。

（1）发起者。第一个建议或想到要购买物流服务的人。发起者可能是负责企业物流运作的物流主管。当物流主管发现企业自有物流能力不足以满足企业的需要，或者物流服务水平的低下已经引起客户不满意度的增加时，他通常会建议部分或全部从第三方物流企业购买物流服务。发起者还可能是负责企业总体物流事务的物流总监。当物流总监发现企业的物流成本较高，物流服务水平时常遭到企业内外的指责，并且以企业现有的物流能力不可能根本解决出现的这些问题时，他会考虑与第三方物流企业合作或购买物流服务，期望借此降低成本，提高企业物流服务水平。

（2）影响者。其意见或建议对最后决策者产生直接或间接影响的人。在企业中，影响者的数量相对较多。影响者可能是负责生产的副经理，如果他认为企业现有的物流能力不能使原材料在适当的时间、适当的地点、适量地送到生产现场，破坏生产的连续性，他的意见就会对购买物流服务的决策者产生一定的影响。影响者也可能是负责市场营销的副经理，如果他发现企业现有的物流能力不能把商品在规定的交货时间、交货地点送到客户手中，造成交货迟延、货物破损与丢失等，最终因此丧失客户，他的意见将对决策者产生很大的影响。影响者还可能是负责企业财务的财务总监，当他发现与其他企业相比，本企业的物流成本相对较高，部分购买或外包物流服务会降低企业成本时，他的影响也是不可忽视的。

（3）决策者。对部分或整个物流购买决策（如是否购买、何处买、何时买等）做出最后决定的人。决策者通常是企业总经理或物流总监。在规模较小的企业，决策者很可能是总经理，因为总经理的管辖范围往往很宽，而部分或全部外包物流服务对企业的影响较大。在这种情况下，总经理会把决策权掌握在自己的手中。规模较大的企业，一般由总经理和物流总监共同做出购买决策。

（4）购买者。从事实际物流服务购买的人。购买者一般为企业的物流主管。有些企业统一由采购部门与第三方物流企业进行谈判、签订合同等。

（5）使用者。实际使用物流服务的人。使用者一般为企业的物流部门，由物流主管具体安排购买的物流服务的使用和调配。

在购买决策过程中，一个人可能扮演上述5种角色中的一种、两种甚至更多，这主要取决于企业的职能分配情况。物流企业市场营销者必须了解在物流服务购买决策中谁是发起者、谁是购买者、谁是决策者、谁是影响者、谁是最终使用者，从而制定出能影响各购买角色的营销策略。

6.3.3　购买决策过程

物流服务需求者的购买行为过程，也就是购买决策过程，通常分为5个阶段，如图6-2所示。

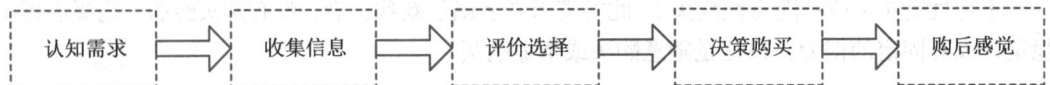

图6-2　物流服务需求者购买决策过程

1. 认知需求

需求者的购买决策是从意识到某个需要解决的问题开始的。就实质而言，问题认识源于需求者意欲状态与他感知到的状态之间存在差距，这种差距促使他采取某种决策行动。行动的需要既可由内在刺激引起，也可由外在刺激唤起，还可能是内外刺激共同作用的结果。认知需求是需求者购买决策过程的起点。在需求者的全部行为中，决策行为是核心。关于物流需求，需求者要了解所运物品的种类、物流的距离、时效性要求、安全性要求、对物流装卸与存储包装的要求、物流成本的要求等。

2. 收集信息

当需求者的需求达到一定程度并形成购买动机之后，便会开始实施与购买动机相关联的活动。

如果需求者的动机非常强烈而且附近又有现存的令人满意的物流服务，那么他就会不经过收集信息和评价选择而直接实施购买，从而使需求得到满足。但是，当所需要的物流服务不易购买到，或者需求不能直接满足时，需求者便会把这种需求存入记忆中，并注意从各方面收集与这种需求相关的信息，以便进行决策。需求者所收集的信息包括各物流企业的物流路线、物流方式、物流工具的充足程度、班次频率、安全性、运费、时间占有、员工素质、技术装备水平、信息处理能力等。

3．评价选择

一般情况下，需求者会面对多种选择方案。就运输方式而言，有铁路、公路、航空等可以选择；就具体的物流服务商而言，那就更多了。因此，需求者必须根据所获取的信息和自身的特点做出评价，然后做出选择。例如，三峡工程发电机组选择物流服务商，肯定是考虑实力雄厚的大型物流综合服务商来提供全程服务。

需求者评价物流服务的模式多种多样，现以期望值选择模式来说明需求者如何进行物流企业的选择和评估。根据该模式，需求者先选择若干具备自己所需求属性的物流企业作为备选企业；然后按照各种属性对自己的重要程度赋予每种属性以相应的权重；同时根据自己对每一物流企业的每种属性感到满意的程度给出相应的评价值；最后算出各个物流企业的综合得分，形成需求者对不同企业的评价，得分最高者就是需求者最后要选择的物流企业。设物流服务有 n 种属性，W_i 为需求者赋予的第 i 种属性的权重，B_{ij} 为需求者根据自己对 j 企业第 i 种属性的满意度给出的评价值，R_j 为第 j 个企业的综合得分，则该模式可表示为：

$$R_j = \sum_{i=1}^{n} W_i B_{ij}$$

以某工商企业想部分外包物流业务为例，该工商企业认为物流服务共有 5 种属性，每种属性的权重和 4 个物流企业的评分如表 6-1 所示。

表 6-1　某工商企业对 4 个物流企业的评价　　　　　　　　　　　　　　　单位：分

属　　性	价　格	交 货 期	货损货差率	物流信息	沟　　通	综合评分
权重	3	2	1	1	1	
物流企业 1	4	6	8	8	7	47
物流企业 2	6	8	7	8	8	57
物流企业 3	8	6	9	10	8	63
物流企业 4	10	8	6	10	7	69

注：假定评价值最高为 10，权重最高等级为 10。

根据上述公式对表 6-1 进行计算，得出该工商企业对 4 个物流企业的综合评分分别为 47 分、57 分、63 分、69 分，所以该工商企业最终会选择物流企业 4 外包物流业务。

4．决策购买

需求者在对各个备选企业进行比较、评估的基础上，会形成对某一企业的购买意向，选定自己认为最佳的物流服务商，让物流服务商承担自己外包的物流活动。但是，面对复杂的购买情况，购买活动还会受到其他 3 个要素的影响：一是他人态度。他人否定态度越强烈，影响越大；他人与需求者关系越密切，影响越大；他人的专业水平越高，职位越高，影响越大。二是购买风险。一般购买风险越大，需求者对物流服务的最后购买行为的疑虑就越多，或者对购买更为谨慎。三是意外因素。意外因素指意外情况或意外事件的出现。

5．购后感觉

客户选择物流服务商从事物流活动后总会有些反应，这些反应可归纳为 3 种情况：①若满足感超过期望值，则表示非常满意；②若满足感等于期望值，则表示满意；③若满足感小于期望值，则表示不满意。购后感觉如何将直接影响以后客户对物流企业的选择：要么直接重购（这类客户忠诚度高，对物流企业而言是理想的），要么修正重购（这时物流企业要注意客户关系管理），要么就是另行新购（客户远去，这是物流企业最不愿看到的）。

本章小结

本章分析了物流市场需求的特征、生产者物流市场和消费者物流市场的物流需求的特点，探讨了影响物流市场需求的几个重要因素、当前物流市场需求不足的原因及物流服务需求者行为模式。了解物流市场需求形成的3个主要原因，把握物流市场需求的5个主要特征，可以更好地掌握生产者物流市场需求和消费者物流市场需求的特点，这些为物流服务需求者行为模式和购买者决策过程分析奠定了基础。

巩固复习

回答下列问题（达到深刻理解给5分，部分理解给3分，不理解给1分）

1. 物流市场需求具有哪些特征？
2. 阐述我国第三方物流市场需求现状。
3. 阐述我国第三方物流企业发展面临的问题。
4. 阐述以客户为中心的物流需求满足策略。
5. 阐述以客户成本节约为导向的满足策略。
6. 分析如何以差异化的策略满足物流需求。
7. 分析如何以价值增值策略满足物流需求。
8. 阐述需求者的6种购买类型。
9. 购买决策过程中的影响者主要包括哪些人？
10. 如何合理地选择物流服务商？

请把各小题分数相加，如总分为42～50分，请继续下面的题目；如果总分为33～41分，请对不足之处进行有针对性的复习；如果总分在32分以下，请重新学习本章相关内容。建议你在学习过程中多与老师和同学探讨不理解之处。

多项选择题

1. 物流市场需求的特征是（　　）。
   A. 派生性　　　　B. 广泛性　　　　C. 不平衡性
   D. 部分可替代性　E. 较小的需求弹性
2. 在生产者市场中，影响企业购买物流服务的主要人员有（　　）。
   A. 发起者　　　B. 影响者　　　C. 决策者
   D. 购买者　　　E. 使用者　　　F. 推销员

3. 购买决策过程包括的阶段有（　　）。

  A. 认知需求　　　B. 收集信息　　　C. 评价选择

  D. 购买感觉　　　E. 购后感觉　　　F. 市场调研

思维提升

1. 论述进行物流市场需求分析需要经过哪些步骤。
2. 思考基于 4C 组合和 4V 组合的物流需求满足策略之间的联系。
3. 根据"京准取"服务，结合生活实例，思考物流企业还可拓展哪些业务。

拓展阅读

1. Roger A. Kerin, Steven W. Hartley, William Rudelius. 市场营销[M]. 董伊人，等，译. 北京：世界图书出版公司，2012.
2. 陶峥，张兰. 国内电子商务物流市场需求发展趋势研究[J]. 电子商务，2014（7）.

实例分析

顺丰 VS 京东：冷链物流的探索与布局

我国冷链运输起步较晚，但是发展迅速。2019 年我国食品冷链物流需求总量约为 2.33 亿吨，比 2018 年增加 4 439 吨，同比增长 23.52%。其中，水产品的冷链物流需求总量为 3 823.32 万吨，肉类的冷链物流需求总量为 4 577.68 万吨，水果的冷链物流需求总量为 5 480.17 万吨，蔬菜的冷链物流需求总量为 6 489.23 万吨。随着中国冷链物流行业的起步，相关企业也在逐步发展，但离专业化与规范化仍甚远。冷链运营模式需要升级，分工需要明确，相关法规也需要进一步完善。

1. 顺丰冷运"四网合一"打造供应链冷运模式

顺丰的冷运业务主要聚焦于食品生鲜与医药物流两个领域，目前已经搭建了冷运仓库网、冷运干线网、冷运城配网及冷运宅配网。冷运仓库网提供冷冻/冷藏仓储服务，冷运干线网提供冷运仓库间直发服务，冷运城配网连接冷运仓库与重点城市，冷运宅配网提供门到门的服务。依托搭建的 4 个冷运网络，顺丰目前涉足多种冷链配送服务，如医药商配、医药零担、医药专车、医药专递、冷运到家、冷运零担、冷运到店、冷运专车等。

顺丰的冷运业务不仅涵盖了 B2C、C2C 的传统电商配送业务，而且覆盖了企业客户。比如，医药零担、医药专车、冷运零担、冷运专车都为企业提供冷链配送服务。目前我国冷链物流分工并未细化，企业的质量参差不齐，冷库、冷藏车的数据无法实时监控和共享。顺丰通过自建全链条的闭环运输，可以提供更为优质稳定的冷链物流服务。

2. 京东物流依托用户优势专注生鲜电商

京东生鲜事业部成立于 2016 年 1 月，签约的供应商超过 2 000 个，经营全品类生鲜产品，包含海鲜水产、水果、蔬菜、肉禽蛋品和速冻品等。目前京东在全国已建立 10 个生鲜冷库，覆盖深冷（−22℃以下）、冷冻（−18℃）、冷藏（0℃~4℃）和控温（10℃~15℃和 16℃~25℃）4 个温区。除了自营的 10 个冷仓库，京东还和部分供应商合作建立了协同仓，仓库由供应商在原产地建立，但其中应用的管理系统、作业流程、培训工作和物流冷链相关配套基础设施由京东提供，通过缩短中间环节，实现产地直发。

以阳澄湖大闸蟹为例。京东采用的"航空+冷藏车"的运输矩阵，可以辐射全国近 30 个省、市、自治区，有近 300 个城市可以做到 48 小时内鲜活送达，其中近 150 个城市实现了 24 小时送达，上海、苏州等城市更可以实现 6 小时极速送达。为了更快地配送，京东还采用了协同仓和销地仓的模式，前者在阳澄湖畔建造协同仓暂存、分拣捕捞起来的大闸蟹，从协同仓出库的大闸蟹直接发给消费者，实现无缝对接。后者是充分利用互联网大数据分析预测，然后提前将商品运送至销售地的仓库进行暂存，用户下单后，直接从销地仓发货，通过大大缩短送货距离来提升时效。

（根据网络新闻内容整理）

案例探讨

1. 请结合本章内容分析我国冷链物流需求满足策略。
2. 结合山东疫苗冷链案件，你对中国冷链物流市场存在的问题有何改进建议？

第7章
物流营销战略规划

本章学习重点

- 物流营销战略规划过程
- 物流市场细分的概念及作用
- 物流企业目标市场的评估及选择
- 物流企业市场定位及其依据

战略是具有全局性、长远性和根本性的谋划，物流营销战略规划必须针对物流高级化发展和转型升级。支持转型升级的是数字化、智慧化手段，用物流市场营销支持物流业升级、两业联动、产业联动、转型升级的内在逻辑进程（见图7-1）。

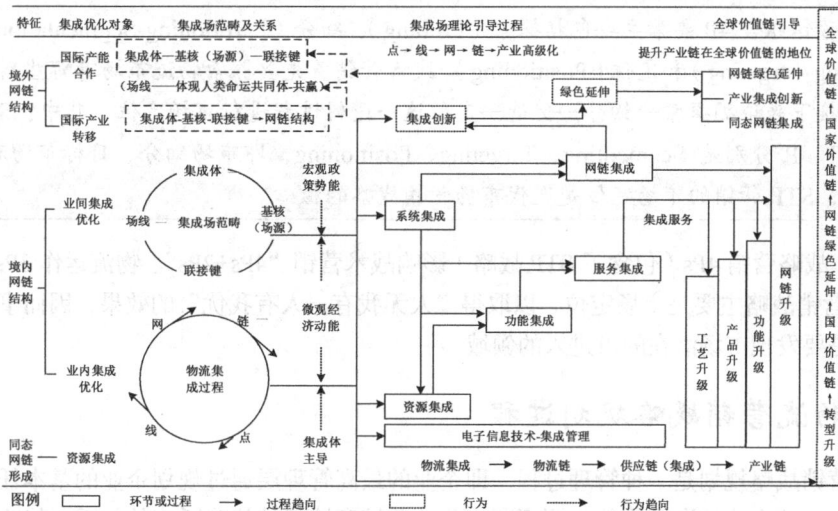

图7-1 营销战略促进产业转型升级

通过物流服务的专业化、信息化、网络化和集成化转型升级，支持产业供应链的工艺升级、产品升级、功能升级和网链升级，从而促进两业联动经济的高质量发展。

（长安大学物流与供应链研究所提供）

7.1 物流营销战略规划过程

⚠️ **特别提示 7-1**

战略规划是落实战略营销 4P 的过程

实施物流营销战略规划的过程，正是落实探索、细分、优选和定位的过程。企业在实施这一营销战略组合过程中，要同时考虑在战术营销组合 4P 中吸收 4C、4V、4R 等的信息和营养，结合企业优势不断吸收这些信息和营养，相互连接、相互促进，才能达到确定和落实企业目标市场的目的。

7.1.1 物流营销战略概念

物流营销战略是指物流企业以物流市场需要为核心，通过采取物流营销行为，设计营销方案，以提供物流产品和服务来满足客户的需求，从而实现物流企业目标的营销战略。

在企业物流营销战略制定中，经常又从战略和战术方面考虑策略问题，即战略营销和战术营销的灵活适用。对企业有重大、长远影响和对企业根本利益有影响的营销手段称为战略营销，其余为战术营销。

🌐 **知识链接 7-1**

战略营销中的核心概念 STP

战略营销组合 4Ps 要素主要包括探索（Probing）、细分（Partitioning-Segmentation）、优选（Prioritizing-Targeting）和定位（Positioning）。战略营销首先要探索物流市场有哪些新兴行业、新业态，接下来遵循探索→细分→优选→定位这一逻辑过程进行市场定位。其中，STP 战略中的 S、T、P 分别是 Segmenting、Targeting、Positioning，即市场细分、目标市场和市场定位。因此，STP 营销的市场定位是现代市场营销战略的核心。

可见，战略营销 4Ps（包含了 STP 战略）影响战术营销"4Ps+2Ps"、物流运作 3Ps。战略营销的 STP 营销战略主要是市场定位，以取得"人无我有，人有我优"的效果，因而事前的市场探索，正是要发现市场潜在的可进入的领域。

7.1.2 物流营销战略规划过程

物流营销战略规划是一种管理过程，即企业的最高管理层通过规划企业的基本任务、目标及业务组合，使企业的资源和能力同不断变化的营销环境保持战略适应的关系。战略规划过程包括以下方面。

1．识别和鉴定企业现行的战略

在企业运营过程中，随着外部环境的变化和企业自身的发展，企业的战略也应该做相应的调整。然而，要制定新的战略，企业首先必须识别现行战略是否已不适应形势。因此，识别企业现行的战略是制定新战略的前提。只有确认现行战略已经不适用时，才有必要制定新的战略。同时，企业也只有在认清现行战略缺陷的基础上，才能制订出较为适宜的新战略方案。

2．分析物流市场营销环境

调查、分析和预测物流市场外部环境和企业内部条件是营销战略制定的基础。通过环境分析，战略制定人员应该认清企业所面临的主要机会和威胁，觉察现有和潜在竞争者的意图和未来的行动方向，了解未来一段时期社会、政治、经济、军事、文化等的动向，以及企业由此而面临的机遇和挑战；通过内部条件分析来测定和评估企业的各项素质，摸清企业自身的状况，明确自身的优势与劣势。

3．确定物流营销战略目标

物流营销战略目标对企业战略的制定和实施有直接的指导作用。企业的战略目标是在企业宗旨和战略分析结果的基础上形成的。

4．准备战略方案

根据企业的发展要求和经营目标，以及企业所面临的机遇和挑战，企业列出所有可能达到经营目标的战略方案。

5．评价和比较战略方案

企业根据股东、管理人员及其他利益相关团体的价值观和期望目标，确定战略方案的评价标准，并依照标准对各备选方案加以评价和比较。

6．确定战略方案

在评价和比较方案的基础上，企业选择一个最满意的作为正式的战略方案。有时，为增强企业战略的适应性，企业可选择一个或多个方案作为后备战略方案。

📖 **案例分析 7-1**

海尔日日顺物流/家电行业

物流行业、企业发展面临的痛点，主要表现在以下几个方面。

（1）业务体系庞大，采购环节供应商众多，家电销售网点层次繁多，覆盖到三级城市的乡镇层面。

（2）生产规模庞大，资金流动量大，面临着三级城市网购中"送货不上楼""管送不管装"等问题。

物流企业设计提供的物流服务主要聚焦在以下方面。

（1）建立起家电的全球供应链网络，实现家电供应链管理效率的优化，使得物流驱动商流、资金流同步运动。

（2）反应快速及时，采购周期由原来的平均 10 天降低到 3 天；网上支付额占总支付额 80%的客户订单传递时间从 10 天缩短到 10 个小时左右。

（3）聚焦端到端大件物流配送，促进家电网购市场增长。

从制造企业发展"1+3"物流服务过程可以看到，从制造企业物流独立出来的物流企业，再专门化发展成为平台物流企业和生态物流企业，能够更好地反哺制造企业。

📖 案例分析 7-2

全州物流营销战略规划要点

战略目标：建设一流的交易平台和运输网络，树立企业品牌形象和良好的信誉，向上下游客户倡导多功能的、提供增值服务的现代物流方式和整体解决方案，传播现代物流理念和物流管理手段。

战略部署：以湖南为核心，辐射中南五省，逐步走向全国。

战略步骤：首先培养一支优秀的管理团队，规范流程，建立良好的上下游客户关系；其次树立服务品牌，整合企业资源，加大招商力度，形成公司核心竞争力。

重点开拓湖南终端市场，争取在湖南市场取得相对优势，吸引知名企业进驻物流中心。巩固省内市场。公司应该在第二年度主攻中南地区，成为中南地区的药品集散地。在第三年向全国市场拓展，成为中国最大的医药食品物流中心。

目标定位：中国最大的医药食品物流中心，中南地区最大的药品集散地，"永不谢幕"的药品交易中心。

（由全州物流相关资料摘编）

📖 案例分析 7-3

安吉物流与上海汽车联动战略规划

安吉汽车物流有限公司（以下简称安吉物流）是由上海汽车销售工业有限公司（SAISC）和荷兰天地物流控股有限公司（TNT）共同组建的国内首批汽车物流合资企业，目前主要从事汽车、零部件物流及相关物流策划、物流技术咨询、规划、管理、培训等服务，是一家专业化运作，能为客户提供一体化、技术化、网络化解决方案的第三方物流供应商。安吉物流公司的主体汽车物流是供产销一体化的自营物流，即企业产品原材料、零部件、辅助材料等的购进物流，汽车产品的制造物流与分销物流等物流活动全部由汽车制造企业完成。制造企业既是企业生产活动的组织者、实施操作者，又是企业物流活动的组织者与实施者。在这种模式下，安吉物流对供应物流、制造物流及分销物流拥有完全的控制权，能够掌握第一手客户信息，有利于改善客户服务和对整个物流进行协调与控制。但是，随着物流业务的不断扩大，供应全球化和电子商务对汽车产品物流的信息化、自动化和柔性化提出了全新的要求，要求制造商具有更加强大的物流实力，不断加大对物流的投入，以适应电子商务发展的需要，具备完整的 IT 系统。近年来，安吉物流已从整车物流领域逐步延伸至采购物流、零部件入厂物流、零部件售后物流、厂内废弃物料物流等领域，以一体化、网络化、技术化为发展方向，使自己具备强大的物流策划和优化能力。

这一案例表明，一个物流企业实力无论多么雄厚，都不可能满足物流市场的所有需要，特别是在环境快速多变，需求日益表现为差异化、个性化、网络化和速度化的时代更是如此。物流企业只有通过正确细分市场、明确目标市场和进行市场定位，正确制定和运用市场营销策略，才能立于不败之地。

7.2　物流市场细分

⚠ 特别提示 7-2

细分模式为农村电商发展提供新思路

随着政府扶持力度不断加大，全国农村电子商务呈现出快速增长态势。政府大力扶持、市场规模持续增长，使农村电商成为新蓝海，从标语刷墙到开站设点，企业在农村市场的争夺愈演愈烈。从普通的家庭消费，到特色农产品、农资、金融领域的拓展，农村电商正在经历全新的发展阶段，并且已经有越来越多的企业开始关注农业经济这块巨大的"蛋糕"。

尽管农村电商已成为巨头布局的重点，然而实际发展中依然面临着诸多挑战。企业如何在农村市场中抢得先机，形成竞争优势？农村电商市场需求广阔，没有人能一口吞下，对市场进行细分是一个值得借鉴的思路。未来，"小而精、专而美"的垂直化发展模式将在农村电商细分市场不断涌现，并且将成为下一阶段农村电商发展的一个主要特点。

在移动互联网、物联网、大数据等技术手段日渐流行的当下，这些新兴技术也开始广泛服务于农村电商发展。如今，越来越多的企业已经开始为推动互联网与传统农业的跨界融合与颠覆而不断努力，并由此推进着中国互联网产业在农村地区的垂直化、纵深化、全面化发展。

（根据中国物流与采购网站新闻整理）

7.2.1　物流市场细分的概念及作用

1. 物流市场细分的概念

细分市场是指具有特定或共同需求特征的客户群，如汽车供应链上的总装企业客户群。市场细分就是企业指按照一定的标准或依据，把一个总体市场（总体市场通常太大，以致企业很难为之服务）划分成若干个具有共同特征的子市场的过程。因此，分属于同一细分市场的消费者的需求极为相似，分属于不同细分市场的消费者对同一产品的需求存在明显的差别。

物流市场细分是指企业根据物流需求者的不同需求和特点，将物流市场分割成若干个不同小市场的分类过程。通过物流市场细分，物流市场被划分为不同的子市场，每个子市场的物流需求者都有类似的消费需求、消费模式等，而不同子市场的物流需求者的需求特点存在明显差异。

物流市场细分不是对物流企业本身的分类，也不是根据物流产品品种、产品系列来进行分类的，而是企业根据物流需求者的需求特点来划分出不同物流需求者群体，其目的是辨别和区分拥有不同需求特点的群体，以便寻找出与本区域（本企业）物流服务资源条件相适应的细分物流市场。物流市场细分的原因主要有以下两点。

（1）主观条件。现代物流市场规模很大，客户需求极其复杂，而物流企业的资源总是有限的，不可能满足全部客户的所有需求。物流企业只能根据自身的优势条件从事某方面的物流服务，选择力所能及的、适合自己经营的目标市场，把有限的资源投入最有可能带来利润的领域，因此有必要细分市场。

（2）客观条件。第一，市场的供求关系。物流企业进行市场细分的重要目的就是要弄清楚市场的供求关系，根据市场供需比例，最终决定选择哪个市场作为企业的目标市场，以及向该目标市场投入多少资本。第二，市场的竞争关系。对物流企业来说，不同细分市场存在不同数量的竞争者，在选择市场机会时，企业必须考虑市场的竞争情况。

📄 **物流窗口 7-1**

制定市场细分策略要因企业而异

中远物流凭借国际化网络优势，在细分市场的基础上，开拓了汽车物流、家电物流、零售物流、展品物流、电力物流和石化物流，为客户提供高附加值服务。

中邮物流充分发挥邮政特色和优势，立足城市、农村两个市场，以一体化物流业务为核心，积极发展区域配送、货运代理与零担货运、分销与邮购业务，以满足不同类型的客户需求，并稳步开拓国际物流市场。

中铁快运发挥铁路长距离、大运能、全天候的优势，逐步向公路和航空领域延伸，通过多式联运的方式，加大中小客户开发力度。

---

2. 物流市场细分的作用

物流市场细分在物流市场营销中拥有极其重要的地位，它要求物流企业在对市场需求进行调查的基础上细分市场、选择目标市场并确定市场定位。它是企业了解物流市场全貌及其竞争结构的基础，帮助决策者更准确地制定营销目标，更好地分配物流资源。它也是企业进行市场决策的前提。企业可针对不同的细分市场，采取相应的市场营销战略，使物流企业的产品（服务）更符合不同客户的需求，从而在各个细分市场上扩大市场占有率，提高产量和服务的竞争能力。因此，市场细分对物流企业的生产、营销起着极其重要的作用。

（1）有利于物流企业抓住市场机会。任何企业的资源都是有限的，如何将有限的资源进行有效组合，为客户提供服务，关系到物流企业经营的成败。通过市场细分，物流企业可以认识到每个细分市场上物流需求的差异、物流需求被满足的程度及物流市场竞争状况。物流市场在我国的发展方兴未艾，需要整合和解决的问题还很多，那些需求未得到满足或满足程度较低、竞争者未进入或竞争者很少的市场便存在机会。企业抓住这样的市场机会，结合资源状况，确立适宜自身发展和壮大的目标市场，并以此为出发点，设计相应的营销组合策略，就可以夺取竞争优势，在市场上占有较大的份额，为下一步的发展打下良好的基础。

（2）有利于选择目标市场和制定市场营销策略。面对某一个或少数几个细分市场，企业可以及时捕捉需求信息，根据物流需求的变化随时调整市场营销策略。需要说明的是，市场细分作为一种策略，蕴含着这样一种思路：物流企业并非一味地追求在所有市场上占有一席之地，而是追求在较小的细分市场上占有较大的市场份额。这种价值取向不仅对大中型企业开发市场具有重要意义，对小型企业的生存与发展也至关重要。

（3）有利于物流企业占领自己的目标市场。物流企业通过市场细分，选择一个或多个物流细分市场作为目标市场，就有可能深入、细致地分析、研究物流市场的特点，集中人力、物力、财力，有针对性地经营物流服务，更好地满足目标市场的物流需求，争取在局部市场上的相对优势，然后占领自己的目标市场。

📄 **物流窗口 7-2**

按货物特性、地理位置、客户性质等变量细分的零担货运市场

零担货运市场的细分情况如表 7-1 所示。

表 7-1 零担货运市场的细分

细分变量	细分市场		
件货重量	10~50kg	50~100kg	100~200kg
货物特性	普零市场	笨零市场	危零市场
送达时限	次日达	隔日达	72 小时达
与中心城市距离	市内市场	城际市场	农村市场
产品技术含量	低附加价值市场	一般附加价值市场	高附加价值市场
地理位置	区域市场	全国市场	国际市场
客户性质	社会零散市场	企业客户市场	事业客户市场
物流需求层次	基础物流服务市场	增值物流服务市场	供应链一体化服务市场

7.2.2 物流市场细分的依据

在物流市场中，客户对物流服务的需求，无论是产品的质量和数量，还是产品的特性和要求都各不相同。虽然从根本要求上来说，物流活动或物流作业是一个为了完成产品从供应地到接收地的实体流动过程，但是在具体运作中存在很大的差异，这就为物流市场的细分提供了客观依据。

根据物流市场的特点，物流企业可依据客户行业、地理区域、物品属性、客户规模、时间长短、服务方式和利润回报对物流市场进行细分。

1. 客户行业

由于客户所在行业不同，其产品构成存在很大差异，客户对物流需求也各不相同，但同一行业市场内的客户对物流需求具有一定的相似性。按客户所属的行业性质可将物流市场分为农业物流市场、制造业物流市场、商贸业物流市场等。差异性主要体现在各个行业要根据各自的特点去组织物流活动；相似性主要体现在每个行业实现物流功能的具体操作活动相似。

2. 地理区域

以地理区域来细分物流市场，就是企业根据客户所需物流的地理区域的不同来细分物流市场。从地理区域考虑，可将物流市场分为区域物流市场、跨区域物流市场和国际物流市场。由于物流活动所处的地理区域不同，而不同区域的经济规模、地理环境、需求程度和要求等差异非常大，使物流活动中的物流成本、物流技术、物流管理、物流信息等方面存在较大的差异，而且不同区域的客户对物质资料的需求也各有特色，这就使得物流企业必须根据不同区域的物流需求确定不同的营销手段，以取得最佳经济效益。

3. 物品属性

以物品属性来细分物流市场，就是企业根据客户所需物流活动中的物品属性或特征来细分物流市场。按物品属性，可将物流市场细分为投资品物流市场和消费品物流市场。由于物品属性的差异，物流企业在实施物流活动中，物流作业的差别会很大，物品属性差别对物流诸功能的要求会体现在整个物流活动中，而且物流质量和经济效益也与物品属性有很大的关系。

4. 客户规模

以客户规模来细分物流市场，就是企业按照客户对物流需求的规模大小来细分市场。从客户规模角度，可将物流市场细分为面向大客户的物流市场、面向中等客户的物流市场和面向小客户的物流市场。由于物流需求客户的规模大小不同，需要提供的服务存在很大差异，其讨价还价的能力也有所不同，这些在很大程度上决定了物流企业的盈利能力。

5. 时间长短

以时间性来细分物流市场，就是企业根据与客户之间的合作时间长短来细分物流市场。从时间性方面考虑，可将物流市场细分为面向长期客户的物流市场、面向中期客户的物流市场和面向短期客户的物流市场。建立战略合作伙伴关系、签订长期合同，都是在力图获得长期客户。

6. 服务方式

以服务方式来细分物流市场，就是企业根据客户所需物流诸功能的实施和管理不同来细分物流市场。根据服务方式的不同，可将物流市场细分为单一型物流服务市场和综合型物流服务市场。由于客户产生物流需求时，对物流诸功能服务的要求会存在很大的不同，而物流功能需求的多少与物流成本及效益等有很大的关系，物流企业要想以最佳的服务立足物流市场，就必须采取不同的服务方式，以取得最好的社会和经济效益。

7. 利润回报

按所赚取利润的高低，可将物流市场细分为高利润产品（服务）市场和低利润产品（服务）市场。高利润服务往往也是高风险服务，如特种货物物流。

7.2.3　物流市场细分的步骤

面对客户的不同需求，企业选择适合自身发展的物流服务项目并不是一件容易的事情，其中涉及的问题包括所选市场容量、饱和度、成熟度，进入市场时的门槛、成本，进入市场后的盈利状况、持续发展前景，以及与企业整体物流战略的协调与吻合程度等。进行物流市场细分，一般来说包括如下 7 个步骤。

（1）选定产品市场范围，即确定进入什么行业，生产什么产品。产品市场范围应以客户的需求，而不是产品本身特性来确定。

（2）列举潜在客户的基本需求。产品的市场范围确定后，企业的市场营销人员可以将市场范围内的潜在客户分为若干个专题小组，了解他们的动机、态度、行为等，从而比较全面地列出影响产品市场需求和客户购买行为的各项因素，作为以后深入分析研究的基本资料和依据。

（3）了解不同潜在客户的不同要求。对于列举出来的基本需求，不同客户强调的侧重点可能存在差异。通过这种差异比较，不同的客户群体可初步被识别出来。

（4）确定细分标准。排除潜在客户的共同要求，而以特殊需求作为细分标准。

（5）进行市场细分。根据潜在客户基本需求上的差异，将市场划分为不同的群体或子市场，并赋予每个子市场一定的名称。

（6）分析细分市场。进一步分析每一细分市场的需求与消费者购买行为特点，以便在此基础上决定是否可以对这些细分出来的市场进行合并，或做进一步细分。

（7）评估细分市场。在调查的基础上，估计每一细分市场的规模，即估计每一细分市场的客户数量、购买频率、平均每次的购买数量等，并对细分市场上产品竞争状况及发展趋势进行分析。

7.3 物流企业目标市场

7.3.1 目标市场概述

目标市场就是企业决定为其提供产品和服务的细分市场。企业在对整体市场进行细分之后，要对各细分市场进行评估，然后根据细分市场的市场潜力、竞争状况、本企业资源条件等因素决定把哪个或哪几个细分市场作为目标市场。因此，物流企业在市场细分的基础上，需要根据企业的自身条件和外在因素，确定产品即物流的服务对象。

7.3.2 目标市场的选择和评估

1. 目标市场的选择

目标市场是企业准备进入和服务的市场，企业进行市场细分的目的就是选择目标市场。一般来说，企业的目标市场选择模式有以下 5 种。

（1）单一市场集中型。物流企业的目标市场无论是从市场角度还是从产品角度上看，都是集中在一个市场层面上，企业只提供单一形式的物流服务，满足单一客户群的需要。采用这种策略的企业可能本来就具备了在该细分市场获胜的必需条件，这个细分市场可能没有竞争者或竞争者很少，有可能成为促进企业服务延伸的起点。

（2）产品专门化型。产品专门化型是指物流企业针对各类客户的需要只提供一种形式的物流服务，满足各类客户群的需要。企业可以通过这种策略，摆脱对个别市场的依赖，降低经营风险，在某个服务方面树立起良好的企业形象。

（3）市场专门化型。市场专门化型是指物流企业向同一客户群提供不同种类的物流服务。这种策略有利于物流企业巩固与客户的关系，降低交易成本，获得良好的声誉。

（4）选择专门化型。选择专门化型是指物流企业决定选择几个细分市场作为自己的目标市场，针对各种不同的客户群提供不同的物流服务。

（5）全面进入型。全面进入型是指物流企业决定全方位进入各个细分市场，为所有客户群提供其所需要的不同种类的系列化物流服务。这种策略往往为大型物流企业所采用。

2. 目标市场的评估

一般而言，对物流市场的评估可以运用 SWOT 法等分析方法，对各个细分市场的发展潜力、竞争状况、企业目标及能力等进行评估。评估结果及分析如下。

（1）有一定的规模和发展潜力。企业进入某一市场是期望有利可图，如果物流市场规模狭小或者趋于萎缩，企业进入后难以获得发展，此时应审慎考虑，不宜轻易进入。当然，企业也不宜以市场吸引力作为唯一取舍标准，特别是应尽量避免"多数谬误"，即与竞争企业遵循同一思维逻辑，将规模最大、吸引力最大的市场作为目标市场。大家共同争夺同一个客户群的结果是造成过度竞争和社会资源的无端浪费，同时使消费者的一些本应得到满足的需求遭受冷落和忽视。

（2）竞争者未完全控制。不言而喻，物流企业应尽量选择那些竞争相对较少、竞争者比较弱的市场作为目标市场。如果竞争已经十分激烈，而且竞争者实力强劲，企业进入后付出的代价就会十分高昂。

（3）符合物流企业目标和能力。某些细分市场虽然有较大吸引力，但不能推动企业实现发展目标，甚至分散企业的精力，使之无法完成其主要目标，这样的市场应考虑放弃。另外，还应考虑企业的资源条件是否适合某一细分市场。只有选择那些企业有条件进入并且能充分发挥其资源优势的市场作为目标市场，企业才会立于不败之地。

7.3.3 目标市场营销策略选择及其影响因素

1. 目标市场营销策略选择

目标市场营销策略是指企业在目标市场的选择和针对目标市场的营销上所采取的策略，一般有3种基本策略，即无差异市场营销策略、差异性市场营销策略及集中性市场营销策略。

（1）无差异市场营销策略。

无差异市场营销策略是指企业将产品的整个市场视为一个目标市场，用单一的营销策略开拓市场，即用一种产品和一套营销方案吸引尽可能多的购买者。无差异营销策略只考虑消费者或客户在需求上的共同点，而不关心他们在需求上的差异性。对采用这种策略的物流企业来说，它是把物流购买者看成具有相同需求的整体，力图吸引所有的物流需求者，其设计的物流和营销方案针对的是现实的和潜在的购买者。

无差异市场营销策略的理论基础是成本的经济性，不搞市场细分，可以减少企业在市场调研、产品开发、各种营销组合方案制订等方面的投入。这种策略对于需求广泛、市场同质化程度高且能大量生产、大量销售的产品比较合适。

对于大多数产品来说，无差异市场营销策略并不一定合适。首先，消费者需求客观上是千差万别并不断变化的，一种产品长期为所有消费者和客户所接受，非常罕见。其次，当众多企业如法炮制，都采用这一策略时，会造成市场竞争异常激烈，同时在一些小的细分市场上消费者的需求得不到满足，这对企业和消费者都是不利的。最后，易于受到竞争企业的攻击，当其他企业针对不同细分市场提供更有特色的产品和服务时，采用无差异市场营销策略的企业可能发现自己的市场正在遭到蚕食但又无法有效地予以反击。

（2）差异性市场营销策略。

差异性市场营销策略是将整个物流市场划分为若干细分市场，针对每一细分市场制订一套独立的物流营销方案。该策略建立在客户需求具有异质性的基础上，物流企业对不同细分市场设计不同的物流活动，采取多种经营方式和不同的促销方案。

差异性市场营销策略的优点是，对企业而言，将客户按一定的细分标准进行细分，并据此做出选择，可以使企业经营的物流服务更有针对性，更能满足不同客户群体的需要。该战略有助于发挥企业的生产潜力、扩大销路、增加盈利；有助于提高企业竞争力和应变能力，树立良好的企业形象及提高市场占有率。

差异性市场营销策略的不足之处主要体现在两个方面：一是增加营销成本。因为产品品种多，管理和存货成本将增加；公司必须针对不同的细分市场制订独立的营销计划，会增加企业在市场调研、促销和渠道管理等方面的成本。二是可能使企业的资源不能有效集中，顾此失彼，甚至在企业内部出现彼此争夺资源的现象，使企业产品难以形成优势。

（3）集中性市场营销策略。

实行差异性市场营销策略和无差异市场营销策略，企业均以整体市场作为营销目标，试图满足所有消费者在某一方面的需求。集中性市场营销策略则是企业集中力量进入一个或少数几个细分市场，实行专业化服务。采用这一策略的企业不是追求在一个大市场上角逐，而是力求在一个或几个子市场占有较大份额。对一些资源有限、实力不够雄厚、新进入市场的物流企业来说，采用这一策略是为了更深入地了解细分市场的需求，实现专业化经营，在局部市场上创造出优势。

集中性市场营销策略的指导思想是与其四面出击收效甚微，不如突破一点取得成功。这一策略特别适合资源力量有限的中小物流企业。中小物流企业由于受财力、技术等方面因素的制约，在整体市场上可能无力与大企业抗衡，但如果集中资源优势在大企业尚未顾及或尚未建立绝对优势的某个或某几个细分市场进行竞争，成功的可能性更大。

集中性市场营销策略的局限性体现在两个方面：一是市场区域相对较小，企业发展受到限制。二是潜伏着较大的经营风险，一旦目标市场突然发生变化，如消费者趣味发生转移，或有强大竞争者进入，或新的更有吸引力的替代品出现，物流企业会因没有回旋余地而陷入困境。

上述 3 种目标市场营销策略各有利弊，物流企业到底应选择哪种策略，应综合考虑企业、产品和市场等多方面因素，进行决定。3 种目标市场营销策略对比如表 7-2 所示。

表 7-2　三种目标市场营销策略对比

策　略	无差异市场营销策略	差异性市场营销策略	集中性市场营销策略
理论基础	成本的经济性	客户需求的异质性	经营的专业化
指导思想	把物流购买者看成具有相同需求的整体	对不同细分市场设计不同的物流活动	突破一点取得成功
优点	减少生产与储运成本；节省促销费用；减少营销投入	更好地满足消费者需求；降低经营风险；提升企业形象及市场占有率	集中资源优势；局部市场成功的可能性大
缺点	适用产品极少；市场竞争激烈；易受竞争企业攻击	增加营销成本；资源不能有效集中	市场区域小；经营风险较大
适用范围	企业实力强；产品同质性高；市场同质性高	企业实力强；产品同质性低；市场同质性低	企业实力不强；产品同质性低；市场同质性低
	产品处于投入期；竞争者采用无差异策略；竞争者较少，竞争不激烈	产品处于成长期或成熟期；竞争者采用差异性或无差异策略；竞争者多，竞争激烈	产品处于衰退期；竞争者采用差异性策略；竞争者多，激烈

2. 目标市场营销策略选择的影响因素

目标市场营销策略选择的影响因素如下。

（1）企业资源或实力。当企业生产、技术、营销、财务等方面实力很强时，可以考虑选择差异性或无差异市场营销策略；当企业的资源有限、实力不强时，采用集中性市场营销策略效果可能更好。

（2）产品的同质性。在消费者眼里，不同物流企业生产的产品的相似程度。相似程度高，则同质性高，企业可选择无差异市场营销策略；反之，企业宜选择差异性市场营销策略或集中性市场营销策略。

（3）市场同质性。各细分市场客户需求、购买行为等方面具有一定的相似程度。市场同质性高，意味着各细分市场相似程度高，不同客户对同一营销方案的反应大致相同，此时物流企业可考虑选择无差异市场营销策略；反之，宜选择差异性或集中性市场营销策略。

（4）产品所处生命周期的不同阶段。产品处于投入期，物流市场需求少，同类竞争品不多，竞争不激烈，物流企业可选择无差异市场营销策略；当产品进入成长期或成熟期时，市场认识到物流的强大优势，客户会增加，市场上物流服务的形式增多，竞争日益激烈，此时为确立和增强竞争优势，企业可考虑选择差异性市场营销策略；当产品步入衰退期时，企业为保持市场地位，延长物流服务生命周期，全力对付竞争者，可考虑选择集中性市场营销策略。

（5）竞争者的市场营销策略。企业选择目标市场策略时，一定要充分考虑竞争者尤其是主要竞争者的营销策略。如果竞争者采用差异性市场营销策略，则企业应选择差异性或集中性市场营销策略与之抗衡；如果竞争者采用无差异市场营销策略，则企业可选择无差异或差异性市场营销策略与之对抗。

（6）竞争者的数目。当市场上同类产品的竞争者较少，竞争不激烈时，企业可选择无差异市场营销策略；当竞争者多、竞争激烈时，企业可选择差异性市场营销策略或集中性市场营销策略。

（7）其他需要考虑的因素。这包括目标市场的道德选择、细分市场的相互关系与公司进入细分市场的计划。

7.4 物流市场定位

7.4.1 市场定位的含义

市场定位（Market Positioning）是指企业根据目标市场上同类产品竞争状况，针对客户对该类产品某些特征或属性的重视程度，为企业产品塑造强有力的、与众不同的鲜明个性，并将其形象生动地传递给客户，求得客户认同。市场定位的实质是使本企业与其他企业严格区分开来，使客户明显感觉和认识到这种差别，从而在客户心目中占有特殊的位置。

物流市场定位是指物流企业通过自身的物流服务创立鲜明个性，塑造出与众不同的企业和服务的市场形象，使之在客户心目中占据一定的位置，从而更好地抓住客户、赢得客户。很多国际著名的第三方物流企业都是从某一物流领域发展起来的，并且在这些领域里保持着核心竞争力，如 UPS 和 FedEx 是小型包裹的限时速递专家，Excel 和 USCOS 是从仓储管理发展起来的，Menlo、Yellow 和 Roadway 起源于零担运输企业，Ryder 是货运物流专家，Fritz 是货代专家，Conway 是为中小企业提供供应链管理咨询服务的专家。

⚠️ **特别提示 7-3**

市场定位中的企业形象设计

企业形象设计（Corporate Identity，CI）是以研究企业形象为核心，旨在塑造良好的企业形象和产品形象，并利用各种传播手段向社会传播这种形象，以达到影响公众的目的，从而提高企业的知名度和美誉度。

CI 由理念识别（Mind Identity，MI）、行为识别（Behavior Identity，BI）和视觉识别（Visual Identity，VI）三部分构成。理念识别是指企业在长期生产经营过程中所形成的企业共同认可和遵守的价值准则和文化观念，以及由企业价值准则和文化观念决定的企业经营方向、经营思想和经营战略目标。行为识别是企业理念的行为表现，包括在理念指导下的企业员工对内和对外的各种行为，以及企业的各种生产经营行为。视觉识别是企业理念的视觉化，通过企业形象广告、标识、商标、品牌、产品包装、企业内部环境布局和厂容厂貌等向媒体及大众表现、传达企业理念。CI 的核心目是通过企业行为识别和企业视觉识别传达企业理念，树立企业形象。

物流企业 CI 要考虑物流服务过程的 3P 特征，根据物流服务过程的 3P 方案设计、设施设备和人员，融合多种物流理念进行企业识别系统设计。其中理念识别是深层次的，需要落实在行为识别和视觉识别上。

7.4.2 物流市场定位的依据和过程

市场定位是一个动态过程，不是一成不变的，要时刻分析目标市场客户所重视的服务特征的变化，明确潜在的竞争优势并显示独特的竞争优势，以此进行市场定位和再定位。市场定位既要围绕产品和服务进行，又要考虑企业总体形象。由于物流服务的供应者更乐于向物流服务的需求者提供一体化的物流服务解决方案，所以物流企业在进行市场定位时要综合考虑以下要素，实施整体定位。

（1）具体的产品特点。凡是构成产品内在特色的许多因素都可以作为市场定位所依据的原则。

（2）特定的使用场合及用途。为老产品找到一种新用途，是为该产品创造新的市场定位的好方法。

（3）客户得到的利益。产品提供给客户的利益是客户最能切实体验到的，也可以用作定位的依据。

（4）使用者类型。企业常常试图将其产品指向某一类特定的使用者，以便根据这些客户的看法塑造恰当的形象。

📄 **物流窗口 7-3**

UPS 目标市场定位流程如图 7-2 所示。

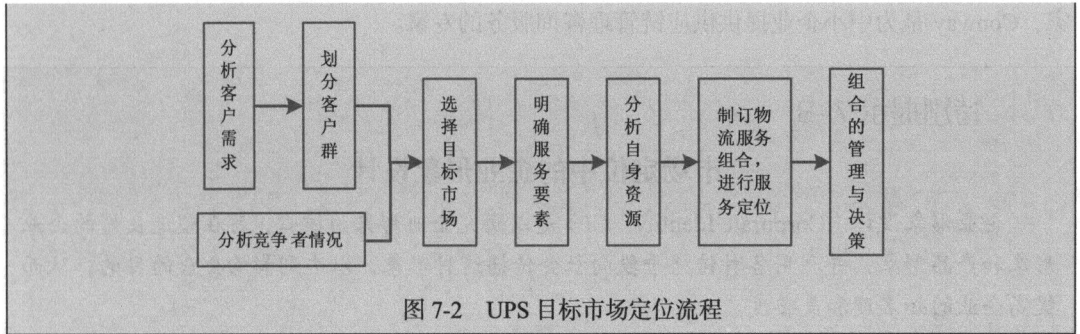

图 7-2　UPS 目标市场定位流程

事实上，许多企业进行市场定位，所依据的原则往往不止一个，而是多个，因为要体现企业及其产品的形象，市场定位必须是多维度的、多侧面的。

市场定位是一个认识比较的过程，其过程如下：分析目标市场客户重视的服务特征，对其进入的目标市场有一个大致的认识；明确潜在的竞争优势，并选择相对的竞争优势；显示独特的竞争优势，进行市场定位。

7.4.3　物流市场定位战略

市场定位是一种竞争性定位，是企业根据竞争者现有产品在细分市场上所处的地位和客户对产品的某些属性的重视程度，塑造出本企业与众不同的鲜明个性和形象，并传递给目标客户，使该产品在细分市场上占据强有力的竞争位置。也就是说，市场定位是塑造一种产品在细分市场中的位置。它反映了市场竞争各方的关系，是为企业有效参与市场竞争服务的。

1．避强定位战略

避强定位战略是一种避开强有力的竞争者进行市场定位的模式。企业不与对手直接对抗，而是将自己置于某个市场"空隙"，发展目前市场上没有的特色产品，开拓新的市场领域。

这种定位的优点是能够使企业迅速地在市场上站稳脚跟，并在消费者或客户心中尽快树立起一定形象。由于这种定位方式市场风险较小、成功率较高，常常为多数企业所采用。

2．迎头定位战略

这是一种与在市场上居支配地位的竞争者"对着干"的定位方式，即企业选择与竞争者重合的市场位置，争取同样的目标客户，彼此在产品、价格、分销、供给等方面少有差别。

实施迎头定位战略时，企业必须做到知己知彼，了解市场上是否可以容纳两个或两个以上的竞争者，自己是否拥有比竞争者更多的资源和能力，是否可以比竞争者做得更好，否则，迎头定位战略可能将企业引入歧途。

当然，也有些企业认为这是一种更能激发自己奋发向上的定位尝试，一旦成功就能取得巨大的市场份额。

3．重新定位战略

重新定位通常是指企业对那些销路少、市场响应差的产品进行二次定位。初次定位后，随着时间的推移，新的竞争者进入市场，选择与本企业相近的市场位置，致使本企业原来的市场占有率下降；或者由于客户需求偏好发生转移，原来喜欢本企业产品的客户转而喜欢其他企业的产品，导致市场对本企业产品的需求减少。在这些情况下，企业就需要对其产品进行重新定位。因此，一般来讲，重新定位是企业为了摆脱经营困境，寻求重新获得竞争力和市场增长的手段。不过，重新定位也可作为一种战术策略，并不一定是因为陷入了困境，相反，可能是由发现新的产品市场引起的。

📖 **案例分析 7-4**

上汽安吉物流与汽车行业

物流行业与企业发展面临的痛点主要在以下几方面：

①技术复杂性：零部件按时按量到达指定工位，零部件不规则，采购和包装成本高；

②服务专业性：供应物流需要专用的运输工具和工位器具，生产物流需要专业的零部件分类方法；

③厚重的资本、技术和知识密集性：汽车物流业需要大量专用的运输和装卸设备，需要实现"准时生产"和"零库存"，需要实现整车的"零公里销售"。

物流企业提供的物流服务类型主要有以下几种：

①形成整车物流、零部件物流、口岸物流、航运物流、商用车及装备物流、快运物流、国际物流等业务体系；

②专业从事汽车整车物流、零部件物流、口岸物流以及相关的物流策划、物流技术咨询、规划、管理培训等服务；

③配送网络覆盖全国 562 个城市，为国内外主要主机厂和零部件厂家及 6 000 家 4S 经销店、6 000 家维修站提供智能化、一体化、网络化的汽车物流供应链服务，并为 3 500 家 4S 经销店提供质押监管服务。

从企业自营物流逐步转向第三方物流，即"1+3"物流。例如海尔物流、美的物流等，既做自己母公司的家电物流，又服务于社会的第三方物流，这样既体现了家电物流的专业化，又体现了家电运营的规模化。整车物流同样如此。

📄 **物流窗口 7-4**

物流企业选择市场定位策略

Y 物流企业邀请某具有资质的研究所设计医药物流中心的商业模式和经营策略。根据市场调研和企业优势分析，Y 物流企业在经营过程中根据实际经营状况，适时调整了商业模式。Y 物流企业在不同时期的 3 种商业模式如图 7-3 所示。

其不同时期市场定位策略如下。

（1）基于模式 1 的运营策略。模式 1，即"1 平 3 增值"发展模式，其成功运营的关键点是规模、平台。总体策略为：以低廉物流成本吸引客户，以优质物流服务保证客户量，以增值服务留住客户。具体运营策略为：①低价物流服务策略；②高质物流服务策略；③定制化增值服务策略。

（2）基于模式 2 的运营策略。模式 2，即"1 平 2 网 3 增值"发展模式，其成功运营的关键点是高端总代理权的获得和平台公平经营机制。在这一阶段，企业商业策略的关注重点在于客户保证方面，即如何能够避免与入驻企业之间发生恶性市场竞争，保障入驻企业的相关市场份额不受损失，稳定 Y 物流港入驻企业的规模。具体运营策略为：①新特药代理权获得策略；②公平保障（避免直接竞争）策略。

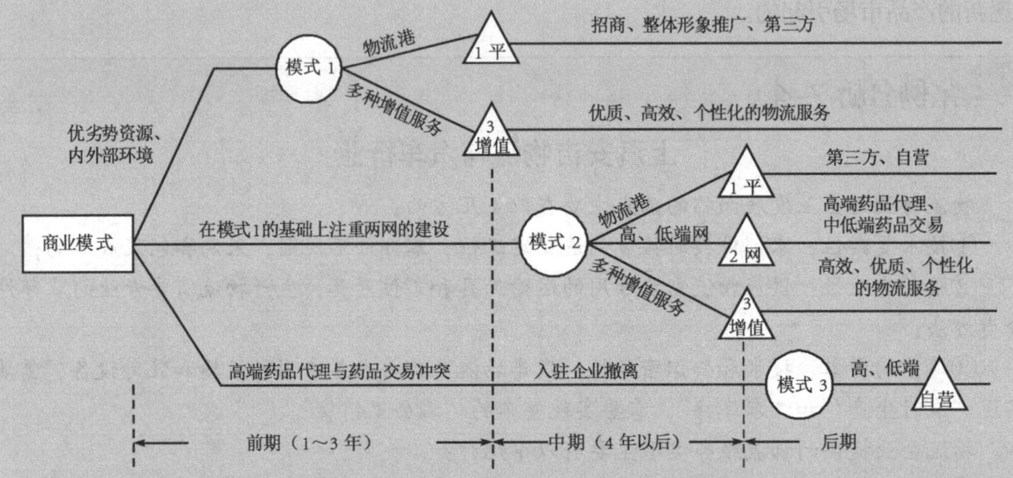

图 7-3　Y 物流企业在不同时期的 3 种商业模式

（3）基于模式 3 的运营策略。模式 3 是在模式 2 的基础上，以自营为主的模式，其成功运营的关键是建立销售网络。虽然企业采取了一系列的相关措施来保留客户资源，但是由于市场的激烈竞争和医药商业企业的高警觉性，不可避免地会带来客户资源的部分流失，而这一流失会动摇物流港内的入驻企业。所以这一阶段的策略重点在于自身营销网络和体系的构建。具体运营策略为：①实施以点带面的营销推广方法；②坚持网络化经营路线；③开发自有品牌；④建立高素质技术型营销队伍。

在商业模式转变中，Y 物流企业应不断地增强营销人员的信息意识，同时不断充实高层次的技术力量，并加强对他们的技术培训。要使每个营销人员都学会运用信息技术，在接收客户信息的过程中，以最快捷的方式传递给客户最新的产品信息，并不断地为客户勾画新的蓝图，提高营销活动的效能。

（长安大学物流与供应链研究所提供）

本章小结

本章主要讲述了物流营销战略规划过程；物流市场细分的概念、依据和步骤；目标市场选择及营销策略；物流市场定位的含义、依据、步骤和市场定位战略。企业通过物流营销战略规划，可以制订出适合企业的目标市场开发计划和实现策略。

巩固复习

回答下列问题（达到深刻理解给 5 分，部分理解给 3 分，不理解给 1 分）

1. 物流营销战略的概念是什么？
2. 简述物流市场细分的作用。
3. 目标市场的含义是什么？

4. 物流市场定位的含义是什么？

5. 简述物流营销战略规划过程。

6. 物流市场细分的依据是什么？

7. 简述目标市场基本营销策略类型及其选择的影响因素。

8. 简述物流市场细分的依据。

9. 简述物流市场定位战略。

10. 简述物流市场细分的步骤。

请把各小题分数相加，总分为 42～50 分，请继续下面的题目；总分为 33～41 分，请对不足之处进行有针对性的复习；总分在 32 分以下，请重新学习本章相关内容。建议你在学习过程中多与老师和同学探讨不理解之处。

✎ 单项选择题

1. 将物流市场分为农业物流市场、制造业物流市场、商贸业物流市场等的依据是（　　）。

    A. 客户行业　　　　B. 地理区域　　　　C. 物品属性

    D. 服务方式　　　　E. 客户规模

2. 物流市场细分是指根据（　　）的不同需求和特点，将物流市场划分为若干个不同的小市场的分类过程。

    A. 物流企业　　　　B. 物流需求者　　　C. 物流产品

    D. 物流服务　　　　E. 物流供给者

3. 当市场上同类产品的竞争者较少，竞争不激烈时，可采用（　　）。

    A. 无差异市场营销策略　　　　　　B. 差异性市场营销策略

    C. 集中性市场营销策略　　　　　　D. "一对一"营销策略

    E. 网络营销策略

4. 同一细分市场的客户需求具有（　　）。

    A. 绝对的共同性　　B. 较多的共同性　　C. 较少的共同性

    D. 较多的差异性　　E. 一致性

5. 不属于消费品市场细分标准的是（　　）。

    A. 地理因素　　　　B. 人口因素　　　　C. 行为因素

    D. 最终用户　　　　E. 心理因素

6. 资源有限的中小物流企业或初次进入新市场的大企业，一般采用（　　）。

    A. 无差异市场营销策略　　　　　　B. 差异性市场营销策略

    C. 集中性市场营销策略　　　　　　D. 大量营销策略

    E. 网络营销策略

7. 如果物流企业实力雄厚，可以考虑采用（　　）。

    A. 无差异市场营销策略　　　　　　B. 差异性市场营销策略

    C. 大量营销策略　　　　　　　　　D. 集中性市场营销策略

    E. 网络营销策略

8. 市场定位是（　　）在细分市场中确定合适的位置。

    A. 塑造一家企业　　B. 塑造一种产品　　　C. 确定目标市场

    D. 分析竞争者　　　E. 确定潜在市场

9. （　　）是实现市场定位目标的一种手段。

    A. 产品差异化　　　B. 市场集中化　　　　C. 市场细分

    D. 无差异营销　　　E. 网络营销

10. 企业只推出单一产品，运用单一的市场营销组合，力求在一定程度上适合尽可能多的客户的需求，这种策略是（　　）。

    A. 无差异市场营销策略　　　　　　　B. 密集市场营销策略

    C. 差异性市场营销策略　　　　　　　D. 集中性市场营销策略

    E. 大量营销策略

多项选择题

1. 目标市场选择的模式包括（　　）。

    A. 单一市场集中型　　B. 产品专门化型　　C. 市场专门化型

    D. 选择专门化型　　　E. 全面进入型　　　F. 价格渗透型

2. 物流市场定位战略包括（　　）。

    A. 避强定位战略　　　B. 市场开发战略　　C. 迎头定位战略

    D. 密集型增长战略　　E. 重新定位战略

3. 目标市场营销策略包括（　　）。

    A. 无差异市场营销策略　　　　　　　B. 差异性市场营销策略

    C. 统一市场营销策略　　　　　　　　D. 集中性市场营销策略

    E. 组织市场营销策略

4. 下列属于市场细分的是（　　）。

    A. 把市场分为消费品、生产资料、劳务、资金市场

    B. 把家用电器市场分为电视机、电冰箱、空调、音响市场

    C. 把电视机市场分为城市、农村、高收入人群、中等收入人群、低收入人群市场

    D. 把保健品市场分为儿童、中青年、中老年市场

    E. 把服装市场分为城市、农村市场

5. 市场细分的客观基础是（　　）。

    A. 目标市场　　　　　B. 市场竞争　　　　C. 生产技术水平

    D. 需求的相似性　　　E. 企业资源

6. 以下属于地理区域细分变量的有（　　）。

    A. 地区文化　　　　　B. 地形　　　　　　C. 气候

    D. 交通运输条件　　　E. 城乡

7. 企业在决定为多个子市场服务时，可供选择的策略有（　　）。

    A. 大量市场营销　　　B. 无差异市场营销　C. 差异性市场营销

    D. 集中性市场营销　　E. 大市场营销

8. 市场细分对企业营销具有以下作用（　　）。

A. 有利于抓住市场机会

B. 有利于选择目标市场

C. 有利于制定市场营销策略

D. 有利于物流企业占领自己的目标市场

E. 有利于节省成本费用

9. 无差异市场营销策略的特点包括（　　）。

A. 减少生产与储运成本　　　　　　　　B. 节省促销费用

C. 适宜绝大多数产品　　　　　　　　　D. 强调需求共性

E. 产品同质性高

10. 良好的市场定位要求企业的产品（　　）。

A. 符合消费者需要　　　　　　　　　　B. 有明确的形象

C. 价格低廉　　　　　　　　　　　　　D. 质量优异

E. 有别于竞争者产品

思维提升

1. 举例说明物流市场细分的意义。

2. 分析目标市场营销策略的影响因素。

3. 举例说明市场定位战略在物流企业营销实践中的应用。

拓展阅读

1. 董千里. 集成场理论：两业联动发展模式及机制[M]. 北京：中国社会科学出版社，2018：241-271.

2. 董千里，等. 物流运作管理 [M]. 3 版. 北京：北京大学出版社，2022.

实例分析

九州通医药集团股份有限公司物流市场定位分析

九州通医药集团股份有限公司是一家以药品、医疗器械、生物制品、保健品等产品批发、零售连锁、药品生产与研发及有关增值服务为核心业务的大型企业集团，是中国医药商业领域具有全国性网络的少数几家企业之一；已连续多年位列中国医药商业企业前列，位列中国民营医药商业企业第一位。

1. 物流服务的地理覆盖范围

九州通医药集团股份有限公司先后在湖北、北京、河南、新疆、上海、广东、山东、福建、江苏、重庆、江西、兰州、辽宁、内蒙古等区域建了 34 座适合中国国情的现代医药物流中心。现有 14 家省级子公司（大型医药物流中心）、24 家地级分销公司（地区配送中心）及 200 多个业务办事处（配送站），覆盖了国内 70% 以上的行政区域，形成了国内辐射面最广的医药分销网络。

2．物流服务的对象范围

九州通医药集团股份有限公司拥有完善的品种结构和丰富的客户资源，目前经营品规数为14 000多个，上游厂家4 200多家，下游客户57 000多家。九州通医药集团股份有限公司的主要客户包括下游分销商、单体药店、零售药店连锁公司和诊所及卫生院等。

3．在物流项目管理方面的地位

为打造企业核心竞争力，九州通医药集团股份有限公司秉持"技术让服务更卓越"的理念，致力于现代物流技术的引进吸收和自主创新。目前，九州通医药集团股份有限公司是国内唯一具备独立整合物流规划、物流实施、系统集成能力的医药物流企业，物流、信息技术处于国内一流、国际领先的地位，是国内医药行业唯一获得"中国物流改革开放30年旗帜企业"称号的企业。

4．提供物流服务的内容

九州通医药集团股份有限公司针对医药行业客户的物流服务包括医药物流中心规划设计与集成的整体解决方案、仓储管理系统与集成、药品供应链管理相关软件的开发、ERP系统的开发与实施、电子商务平台的开发与实施等。

5．提供服务的水平

九州通医药集团股份有限公司不仅要服务下游几万家医院和连锁药店，还要服务上游4 000多家供应商，为所有客户提供全面的服务，包括技术服务。九州通医药集团股份有限公司结合医院需求，有针对性地提供与药品相关的技术服务，可以优化供应链管理流程，降低客户的运营成本，而且有助于与医院建立牢固的合作关系。

九州通医药集团股份有限公司的现代医药物流系统和信息管理系统可以满足客户多批次、多品规、小批量的需求。由于其物流成本较低和具有很高的运行效率，服务的客户群体范围大大增加，业务的范围进一步拓宽。经过七八年自主研发成果的积累，九州通医药集团股份有限公司已经形成了完整的技术软件产品线。

6．物流管理的水平

先进的物流技术是九州通医药集团股份有限公司参与市场竞争的核心优势，九州通医药集团股份有限公司建设了40余座现代医药物流配送中心，在物流中心规划、设备选型、系统集成等方面拥有丰富经验，开发了物流管理系统等20余个软件产品，全部拥有自主知识产权。

7．提供服务的综合程度

九州通医药集团股份有限公司致力于优化医药物流企业的全部供应链。医药企业药品名目繁杂、货品周转快、进出频繁，对物流有严格的要求。九州通医药集团股份有限公司通过业务的信息化，有效地提高了决策、管理水平与工作效率，保证了企业的经营质量，加速了市场反应能力，降低了成本，促进了销售，增强了企业的综合竞争力。

（根据九州通医药集团股份有限公司流相关资料摘编）

案例探讨

1．九州通医药集团股份有限公司物流是如何进行市场细分、市场定位的？

2．阐述九州通医药集团股份有限公司物流给你的启示。

第 8 章

物流服务策略

本 章 学 习 重 点

- ● 物流服务的概念、特征和种类
- ● 物流服务的生命周期及服务策略
- ● 物流服务组合的概念、策略及调整
- ● 物流服务差异化及物流服务差异化策略
- ● 物流服务新产品开发

章首引例

构建全程物流营销体系促货运上量

快消市场、快递市场等通用的公共物流市场，是近年来电子信息科技企业迅速发展的基础。有些信息科技企业利用自身信息平台，吸引中小物流企业或货运车队、车辆参与供应链过程，其参与物流链、供应链的网链结构如图 8-1 所示。这一运作模式集成了分段的专项服务，实现了供应链全程服务，满足了中小企业参与供应链运作与管理过程的需求。

专项物流集成体+信息平台集成体联合主导（监控）专项物流（供应）链服务体系的要点如下：

① 中小型物流企业作为物流集成体；

② 冷链、危货、配送等专业化的服务能力；

③ 利用自有或第三方供应链监控平台；

④ 提供全过程监控可追溯的集成物流服务。

图 8-1 中，物流业与其所服务的产业形成了相互促进、转型升级的互动机制。要做到

"需的时候有""要的时候到"，也就是网链内外部在市场竞争的供求平衡达到社会需求层次的动态平衡。

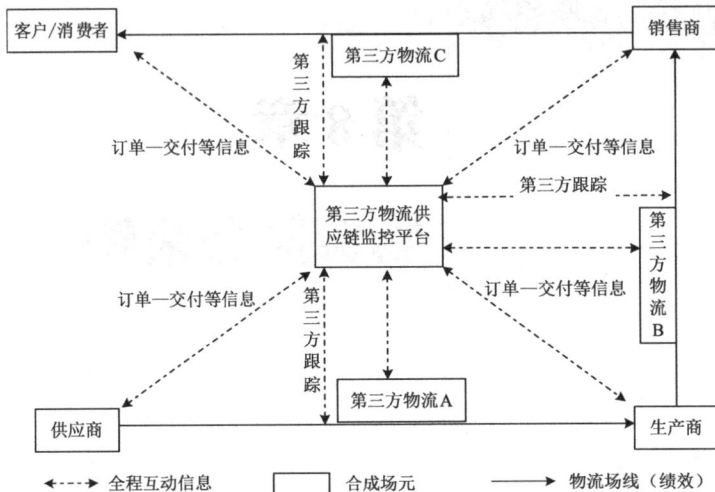

图 8-1 参与物流链、供应链的网链结构示意图

8.1 物流服务概述

8.1.1 物流服务的概念及特征

1. 物流服务的概念

物流服务是指物流企业根据客户的需求，向其提供运输、储存、装卸搬运、包装、流通加工、配送及其相关信息等一系列服务的总称。这种服务力求从两个方面确保物流企业能够满足客户需求：一是能力保证，即物流企业应具备提供客户所期望的物流服务的能力；二是品质保证，即物流企业应能提供满足物流服务需求者所需质量要求的服务。

2. 物流服务的特征

物流服务的本质决定了它与其他产业产品相比，有许多不同的特征，具体表现在以下几个方面。

（1）附属性。物流服务的产生、形成和实现是附属于商流的。商流是指商品的所有权转移，要实现这种转移，就需要发挥物流服务的功能。可以说，商流的存在是发挥物流服务功能的基本前提。物流服务的需求者提出的服务需求不可能是凭空想象出来的，而是以商流为基础，伴随着商流的发生而发生的。

（2）非物质性。物流服务通过物流活动发挥其应有的作用，它是一种同时产生于生产、销售、消费三个环节中的即时服务，服务的无形性决定了物流服务的非物质性。

（3）动态个性化。由于需要物流服务的客户是不固定的，地域分布较广，同时，也因为物流服务具有附属于商流的特性，使得提供物流服务的物流企业在运营过程中，往往处于被动的地位，如在提供物流服务的时间、方式等方面，都要根据客户的要求进行安排、调整，这就给物流企业提出了更高的要求。此外，物流企业提供的物流服务不能是一成不变的，而应该根据客户的要求进行实时调整，以满足客户的个性化需求，这就决定了物流服务的动态个性化。

（4）专业性。物流服务所提供的服务，无论是在物流设计、物流运作过程，还是在物流技术工具、物流设备和物流管理方面，都体现出专业化的水准。这既是物流客户的需要，也是物流企业自身发展的基本要求。

（5）增值性。通过物流服务的使用一般可以使货物的价值或使用价值得以增加。这种增值性主要体现在两个方面：一是根据客户的要求，通过对货物的空间和时间的转移加以实现；二是通过节省成本费用，为物流企业和客户提供增值利益。

📄 **物流窗口 8-1**

物流增值服务的发展与表现形式

从国外来看，物流增值服务起源于竞争激烈的信件和包裹快递业务，现在则在整个物流行业全面展开。事实上，无论是海运、空运还是陆运，几乎所有和物流运输业有关的公司都在想方设法地提供增值服务。跨国快递公司中的中外运敦豪（DHL）、联邦快递（FedEx）和联合包裹（UPS）都已经开始选择为客户提供一站式服务，其服务涵盖了一件产品从采购到制造、仓储入库、外包装、配送、回返及再循环的全过程。由这些巨头们领跑的速递业已不再是简单的门到门、户到户的货件运送，而是集电子商务、物流、金融、保险、代理等于一身的综合性产业。再比如，传统的物流企业——航运公司，现在不仅负责运输货物，还提供如打制商业发票、为货物托运方投买保险和全程管理的服务，事实上也就是要努力提供完整的供应链管理服务，使得客户可以在第一时间追踪到自己的货物方位、准确进程和实际费用等动态信息。这些微妙的变化使物流业内的两个终端因此而受益匪浅：客户端可以得到更全面和个性化的服务，有利于集中精力去做自己的核心业务；物流服务端也会因为这种新颖而别致的服务获得更多客户的订单。

（根据长安大学物流与供应链研究所课题整理）

8.1.2 物流服务的种类

1. 根据物流服务的功能要素划分

根据物流服务的功能要素，可将物流服务分为运输服务、配送服务、仓储服务、流通加工服务、装卸搬运服务、包装服务和信息服务。

（1）运输服务。运输服务是整个物流服务中表现形式最直观的服务之一，它是为了完成商品供给者与商品需求者之间的商品实体转移，克服两者间的空间距离，创造商品空间效用的服务表现形式。运输服务通常包括两项内容：一是实现商品的转移；二是实现商品的动态储存。可以说，运输服务是物流服务的核心内容。

（2）配送服务。配送服务是指企业在经济合理区域范围内，根据客户要求，对物品进行拣选、加工、包装、分割、组配等作业，并把货物送达指定地点的物流服务。配送服务与运输服务的区别在于：①配送服务集经营、服务、库存、分拣、配货于一体，并非单一的送货；②配送处于物流服务过程的末端，是一种短距离、高频率的输送，更具有个性化。

（3）仓储服务。商品的生产完成时间与消费时间之间总有一段时间间隔，特别是季节性生产和季节性消费的产品尤为显著。此外，为了保证再生产过程的顺利进行，也需要在供、产、销各个环节中保持一定的储备。仓储就是将商品的使用价值和价值保存起来，克服商品生产与消费在时间上的差异，创造商品的时间效用。另外，相对于以前强调产品价值维持或储藏目的的长期仓储，现代物流服务中的仓储服务更注重配合客户服务而进行短期存放。

（4）流通加工服务。流通加工服务是指物品从生产地到使用地的过程中，物流企业根据客户的需要，对物品进行包装、分割、计量、分拣、刷标志、组装等的服务。它实际上是物流服务中的辅助加工服务，可以满足客户的差异化需求及提高物流作业的效率。

（5）装卸搬运服务。装卸搬运服务是指在指定地点以人力或机械将物品装入或卸下运输设备的作业，以及在同一场所对物品进行以水平移动为主的搬运活动。装卸搬运服务在整个物流服务中主要起到对物品的运输、储存、流通加工、包装等环节进行衔接的作用。

（6）包装服务。包装服务主要指企业对商品进行工业包装或商业包装的服务，也包括在物流过程中对商品进行的换装、分装及再包装等服务。对包装的选择，不仅要考虑包装在运输、储存过程中对商品的保护，还要考虑拆包装的便利性及废包装的回收及处理等因素。

（7）信息服务。信息服务主要指把上述物流服务功能要素的相关信息，包括服务功能的计划信息、预测信息、实时的动态信息及相关的生产、市场、成本等方面的信息，进行收集与处理，使物流活动能有效、顺利地进行。现在，企业信息服务水准的高低已经成了物流企业现代化水平高低的重要标志。

> 📖 案例分析 8-1
>
> ### 面向全程物流营销体系开发市场
>
> 　　成都铁路局结合本局实际，瞄准市场，构建全程物流营销体系，拓展细化接取网达网络，开发多类定制货运产品，努力促进货运增收上量。成都局横向整合局属4家非运输企业的物流业务，联合中铁快运股份有限公司、中铁集装箱运输有限责任公司、中铁特货运输有限责任公司组建货运营销中心，实施"对外营销、项目开发、增值服务、票据结算、项目运维""五统一"的工作模式；纵向建立"局货运营销中心—站段营销分中心—车站营业部—营业网点（无轨站）"营销网络，合署办公、集中调度，实现铁路货运物流供应链"门到门"的无缝链接，逐步构建起"运输高效、节点顺畅、全程追踪、价格合理"的全程物流营销体系。截至2016年10月16日，该局今年共开行快速货物列车406列，白货日均装车2048车，同比增长27.6%，白货运量同比增长率高出全路平均同比增长率3个百分点。
>
> 　　由此引例可见，物流服务产品的个性化、多样化是物流企业开拓市场、更好地满足客户需要的重要趋势。
>
> （根据人民铁道网《构建全程物流营销体系促货运上量》等资料整理）

2. 根据物流服务所依托的技术形态划分

根据物流服务所依托的技术形态可将物流服务分为物流硬件产品和物流软件产品。

（1）物流硬件产品。物流硬件产品是指物流过程中依托一些物流硬技术而提供的产品。这些物流硬技术包括企业在物流服务过程中所使用的各种工具、设备、设施等，如运输车辆、装卸设备、搬运设备、各种仓库设备、自动识别和分拣设备等。

（2）物流软件产品。物流软件产品是指物流过程中依托一些物流软技术而提供的产品。这些物流软技术是指企业在物流活动中所使用的各种方法、技能和作业程序等，如物流规划、物流预测、物流设计、物流作业调度、物流信息处理中所使用的运筹学方法、系统工程方法和其他现代管理方法。

3. 根据物流服务的内容划分

根据物流服务的内容，可将物流服务分为基本服务和延伸服务。

（1）基本服务。基本服务是指通过运输、仓储、配送等功能实现物品空间与时间转移。这是许多物流企业都能提供的基本服务，服务的内容仅限于传统的物流功能。

目前，基本服务已难以体现不同物流企业在满足客户需求方面的差异，也不容易提高物流服务的服务收益。因此，物流企业应根据客户需求，在做好基本服务的基础上，延伸出物流服务的增值服务，以个性化的服务内容表现出与市场竞争者的差异性。

（2）延伸服务。延伸服务是指在满足客户基本服务需求的基础上，提升服务内涵，以满足客户附加利益需求的服务。运输的延伸服务产品，可以有运输方式与承运人选择、运输路线与计划安排、货物配载与货运招标等；仓储的延伸服务产品，可以有集货、包装、配套装配、条形码生成、贴标签、退货处理等；配送的延伸服务产品，可以有 JIT 配送，配送物品的安装、调试、维修等。

物流基本服务和延伸服务都是物流服务不可或缺的，两者相辅相成，从而构成了整体的物流服务。

📂 **前沿话题 8-1**

第三方物流商由物流实务运作向管理服务延伸

随着物流管理理念的不断发展，物流服务也从简单的功能性服务向管理性服务发展，通过参与客户的物流管理，将各个物流功能有机衔接起来，实现高效的物流系统运作，帮助客户提高物流管理水平和控制能力，为采购、生产和销售提供有效支撑。例如，进行客户物流系统优化、物流业务流程再造、订单管理、库存管理、供应商协调、最终用户服务等，从而为客户提供一体化物流解决方案，实现对客户的"一站式"服务。又如，CTI 物流公司不仅为通用汽车（GM）管理零配件进厂物流，而且按 GM 的采购订单，从选定的供应商处采购零配件，组配后 JIT 配送到 GM 生产线，然后向 GM 收取包括采购费、物流运作费和一定利润在内的总体服务费用，这样就使 CTI 分担了 GM 的零配件库存占用与损坏风险，激励 CTI 提高物流效率和服务质量。所以，第三方物流提供商由物流功能服务向管理服务延伸，不仅可以为客户带来更大的利益，而且可以密切与客户的合作关系。

（根据 CTI 物流公司网站《增值服务缔造第三方物流核心竞争力》改编）

8.1.3 物流服务的生命周期及服务策略

产品的生命周期是指产品从进入市场到退出市场所经历的市场生命循环过程。产品经过研究开发、试销，然后进入市场，它的市场生命周期才算开始，产品退出市场，标志着生命周期的结束。物流服务作为特殊的产品，其在市场中的生命状态也遵循着这一循环过程。物流服务市场生命周期是指一项物流服务投入市场，直到它完全退出市场所经历的时间。任何一项物流服务都会经历导入、成长、成熟、衰退的发展变化过程。

了解物流企业的物流服务处于市场生命周期的哪个阶段，能使现代物流企业有针对性地采取市场营销策略，对复杂变化的环境和日益激烈的竞争做出快速反应，从而延长物流服务的市场生命周期。

1. 导入期

由于我国目前的自营物流还很普遍，所以第三方物流企业提供的物流服务在涉足市场的初期，即物流服务的导入期一定会遇到很多障碍。这就要求物流企业对自己的服务进行大量的宣传，刺激需求者的好奇心，并唤起他们使用物流服务的欲望。

进入导入期的物流服务一般处于总体需求少、促销费用高、运作成本大、利润空间小的状况，因此，物流企业在物流服务的导入阶段，应该谨慎行事。例如，华宇物流在最开始进入市场的时候，只是在上海等几个地方设点，随着业务的发展，现在才有了分布于全国不同城市的630家分公司。这一阶段物流企业的主要任务就是尽量争取更多的稳定客户，从而为企业今后的运营打下坚实的基础。为此，物流企业可采用以下服务策略，尽可能地使企业顺利度过导入期。

（1）加大企业对物流服务的宣传力度，让潜在客户了解物流服务的各种属性，引起他们的好奇心，并唤起他们使用物流服务的欲望，说服他们做出最初的购买。

（2）迅速建立完善的货物集散网络，以保证物流服务的可得性。

（3）完备各种物流设施设备，以保证按质量提供物流服务。

（4）建立完善的物流服务体系。

2. 成长期

物流服务经过导入期的成功销售以后，便进入物流服务的成长期。进入成长期以后，越来越多的客户对企业的物流服务已经非常熟悉，企业的物流服务的需求量和销售额快速上升，生产成本大幅度下降，利润迅速增长。与此同时，因为有利可图也会产生许多新的竞争者，它们参与市场竞争，促使物流服务供给量增加，价格随之开始逐渐下降，利润增长速度也开始减缓，最终达到物流服务生命周期中利润的最高点。在此阶段，物流服务的重点已从不惜任何代价提供所需服务，变为更趋于平衡的服务与成本绩效。企业对客户服务所做的各种承诺已经被计划用于实现各种盈利目标。这时的关键是要尽可能地实现使企业收支平衡的销售量，然后扩大市场覆盖面。同时要注意发展新客户，拓宽客户源。为此，物流企业可以通过采用以下几种策略组织运营，以尽可能地长期维持物流服务市场的快速增长。

（1）物流企业要注意改善物流服务的品质，如增加新的服务功能，改进现有服务的水准，以提高物流服务的竞争能力，满足客户更广泛的需求，吸引更多的客户。例如，华储物流为了进一步发展，增加了海关监管和银行监管两项物流服务功能。

（2）通过市场细分，寻找新的尚未满足的子市场，根据其客户特定需求，实施物流服务专业化策略，开展一对一营销，迅速进入新市场。

（3）物流企业也可以在适当的时机采取降价的策略，来激发那些对价格比较敏感的需求者产生购买动机和采取购买行为。

（4）可以通过广告效应，把客户对物流服务的认知从简单的接受转向对物流服务的深度信任，并由此来推动客户的购买行为。

3．成熟期

成长期以后，市场上物流服务的需求将会趋向饱和，潜在的有物流服务需求的客户已经很少，销售额增长缓慢直至转为下降，标志着物流服务进入了成熟期。在这一阶段，竞争逐渐加剧，各种同品质的物流服务产品不断涌现，市场份额被进一步划分，而物流企业的利润将不断下降。为此，走向成熟期的物流企业，可考虑如下策略，以便使成熟期延长，或使物流服务生命周期出现再循环。

（1）调整物流服务策略，通过创新、调整物流服务，满足客户的不同需求，吸引有不同需求的客户。

（2）调整营销策略。在物流服务营销方面，企业可以通过对物流服务、定价、渠道、促销四个市场营销组合因素进行综合调整，刺激销售量回升，并加强宣传，进行市场渗透，扩大企业及产品的影响，从而争取更多的客户。例如，华宇物流在全国 630 多个城市设立分支机构，为其进行揽货业务。同时，物流企业也可以调整产品本身，进一步提高物流服务的质量和可靠性。

（3）建立战略联盟策略，即物流企业与其他相关企业构建战略联盟。参与战略联盟的企业既可以是其他物流企业、国际分销公司等，也可以是信息系统公司、制造商、设备租赁商等。通过结盟，增加企业服务品种，扩大企业的地理覆盖面，提升市场份额和竞争能力。

4．衰退期

在市场中，新的物流服务或新的替代品出现的速度是很快的，客户的消费习惯会发生改变，并转向其他物流服务，从而使原物流服务的销售额和利润额迅速下降。于是，物流服务就进入了衰退期，直至退出市场。衰退期的主要特点是物流服务的成交量急剧下滑；物流企业从某种物流服务上获得的利润很低甚至为零；大量的竞争者退出市场；消费者已转向更有利于其生产运作的新的物流服务提供商等。因此，在衰退期，物流企业面临的最大问题就是原有的服务方式及内容已经不能满足客户的需求，急需物流企业依据需求者的需要迅速推出新的物流服务，这样才能在竞争激烈的市场上生存下来。对此，物流企业需要进行认真研究分析，可采用的策略如下。

（1）持续策略。企业仍推行原来的服务方式，使用相同的分销渠道、定价及促销方式，以低价等方式将物流服务的需求量维持在一定水平，待到合适时机，便停止该物流服务的经营，退出市场。例如，物流企业可通过调整运输线路、运输结构等方式来满足物流需求者的要求，同时对已不能适应市场需要的航班、航次、车次等进行删减，保持有利润的细分市场的份额。

（2）收缩策略。大幅度降低物流成品的供给规模，尽量降低一切费用，以增加目前的利润。

（3）放弃策略。如果这种物流服务已经完全没有市场，则可以采用放弃战略，放弃现在的物流服务形式，开发新的物流服务，并把原来的资源逐步转到新服务模式的开发和推广上。

物流服务与其他产品的市场营销组合一样，在策略上需要根据市场竞争状况进行适当的调整。物流服务所支持的服务层次和性质会随生命周期的变化而变化。一般来说，在新物流服务的导入期，物流服务应体现出更高的水准和灵活性，以适应物流服务需求者的需求，并吸引更多的客户；在物流服务生命周期的成长期和成熟期，重点就会转移到服务与成本的合理化上；

在衰退期，物流企业的重点则是开发更多的新的物流服务。

8.2 物流服务组合策略

8.2.1 物流服务组合的概念

在现代社会化大生产和市场经济条件下，大多数企业都同时生产和销售多种产品。对于物流企业来说，其提供给目标市场的往往不是单一的物流服务，而是物流服务的组合。所谓物流服务组合，是指物流企业为了满足不同物流服务需求者的要求，开发并输出的服务种类及服务策略的组合。物流服务组合既可以反映企业的经营范围，又可以反映企业市场开发的深度。物流企业可以提供如运输服务、配送服务、仓储服务、包装服务、流通加工服务、物流信息服务等物流服务，也可将它们进行不同的组合，如运输服务+仓储服务+配送服务，或仓储服务+流通加工服务+配送服务等。

物流服务组合包括四个要素：宽度、深度、长度和关联性。

（1）宽度，是指一个物流企业有多少个不同的物流服务大类。

（2）深度，是指每个物流服务大类中有多少个品种、规格。

（3）长度，是指一个物流企业的所有物流服务大类所包含的物流服务项目的总数。

（4）关联性，是指一个企业的各个物流服务大类在最终使用、生产条件、分销渠道等方面的密切相关程度。

以 DB 公司为例，该公司物流服务有运输服务、包装服务及增值服务，由此，其物流服务组合的宽度为 3；在运输服务下，该公司可以提供卡车、航班、城际快车、普通汽运和空运服务，其物流服务组合的深度为5；在包装服务下只有普通包装 1 项，其项目深度仅为 1；在增值服务下，该公司可以提供代收货款、保价运输及货物追踪服务，其物流服务组合的深度为 3。该公司物流服务组合的长度为9，同时三大类物流服务具有较强的关联性。

8.2.2 物流服务的组合策略类型

1. 基于物流服务四要素的组合策略

物流企业物流服务组合的四个要素与企业扩大市场份额、增加利润、获得更多的客户有密切的关系。一般来说，增加物流服务组合的宽度，即增加新的服务项目，有利于发挥企业的潜力，开拓新的市场。延长或加深物流服务组合的深度，可以适合更多的特殊需要。加强物流服务组合之间的关联性，可以增强企业的市场地位，发挥和提高企业在有关专业服务上的能力。因此，物流企业对物流服务组合的宽度、深度、关联性可以有多种选择，形成不同的物流服务组合策略。

（1）全方位物流服务组合策略。这种物流服务组合策略是一种扩展型策略，物流企业在设计物流服务时，既会关注物流服务组合的宽度，也会重视物流服务组合的深度。也就是说，物流企业在发展中会不断增加服务种类，同时深化每项服务的内容。例如，中国远洋物流有限公司向社会提供多样化的物流服务，一方面，提供船务代理、铁路运输、综合货运、驳船运输、空运货代、电子商务等专业化物流服务；另一方面，为家电和电子、航空、化工、核能核电、石化等行业的企业提供系统化的全程物流解决方案设计和物流服务。这种策略的优点是物流企业的经营范围较广，各类物流服务之间的差异性较大，可满足多种细分市场的需求，扩大销售额，分散经营风险，提高市场占有率和竞争力。但其缺点也是明显的，需要投入更多的资金，要求拥有多种生产技术，管理更加复杂。如果经营管理不善，将影响企业的声誉和增加风险。这种策略主要适用于大型的第三方物流企业。

（2）专项物流服务组合策略。与全方位产品组合策略不同，专项物流服务组合策略是指物流企业在既定物流服务宽度的基础上，重点拓展物流服务组合的深度；或者仅仅扩大物流服务组合的宽度，即增加服务种类，而不涉及深度。这种策略相对来说较为保守。前者可以达到在某一服务内容上加深专业化的效果，以满足用户对该项服务的不同层面的需求，但由于服务品类单一，容易受到替代品的威胁；而后者可以增加物流企业的经营范围，但是一味地增加服务项目，会加大企业的负担。对于规模较小的物流企业来说，可以选择这种物流服务组合策略。

⚠ **特别提示 8-1**

医药流通企业需实施 GSP 认证

GSP 为 Good Supply Practice 的缩写，即商品供应规范，是指控制医药商品流通环节所有可能发生质量事故的因素，从而防止质量事故发生的一整套管理程序。医药商品在其生产、经营和销售的全过程中，由于内外因素作用，随时都有可能发生质量问题，必须在所有环节上采取严格措施，才能从根本上保证医药商品质量。

2016 年 6 月 30 日，经国家食品药品监督管理总局局务会议审议通过《国家食品药品监督管理总局关于修改〈药品经营质量管理规范〉的决定》，全面提升了从事基本药物配送的药品批发企业，经营疫苗、生物制品和特殊药品的药品批发企业，以及开展药品第三方物流等企业的软硬件标准和要求，增强了流通环节药品质量风险控制能力。对达不到新修订药品 GSP 要求的企业，将依据《中华人民共和国药品管理法》的有关规定停止其药品经营活动。

（根据国家食品药品监督管理局网站有关资料整理）

2. 基于物流企业提供的服务组合策略

物流企业在提供物流服务的过程中，根据自身的资源及外部发展环境，各自有不同的发展途径，这样也就产生了不同方式的物流服务组合策略。

（1）以服务功能为切入点的物流服务组合策略。严格按照物流服务的功能进行物流服务组合，即物流企业的服务构成为提供运输服务、仓储服务、包装服务等。

（2）以服务领域为切入点的物流服务组合策略。根据物流企业的服务对象进行划分，如上述中国远洋物流有限公司专门针对家电和电子、航空、化工、核能核电、石化、会展等行业的企业所提供的物流服务，就是属于此种物流服务组合策略。

8.2.3 物流服务组合的调整与优化

依据最新的 4V 营销理念，功能化成为市场营销中的关键要素。功能化是指以物流服务的核心功能为基础，提供不同功能组合的系列化物流服务，增加一些功能，变成高档物流服务，减掉一些功能，就变成中、低档物流服务，以满足不同客户的需求。对于物流企业来说，就是要根据其外部环境和内部条件经常调整自己的物流服务组合，使之保持最佳状态。企业在调整物流服务组合的过程中，有时需要扩大物流服务组合，有时又需要缩减物流服务组合。

1. 扩大物流服务组合

扩大物流服务组合，包括拓展物流服务组合的宽度和加深物流服务组合的深度。其中，拓展物流服务组合的宽度是指在原有物流服务组合中增加一个或几个物流服务大类，扩大经营范围。例如，有的物流企业在原有运输基础上，又增加了仓储、配送等服务产品大类。加深物流服务组合的深度是指在原有物流服务大类中增加新的物流服务项目。例如，华宇物流等一些物流企业，为了培育长期客户，在原来主要发展长途运输的基础上，又增加了短途运输、送货上门等低附加值的物流服务；再如，海尔物流建立的高层自动化仓库，增加了高附加值的仓储服务。另外，一些物流企业也可以采取双向延伸的策略，扩大市场份额。

2. 缩减物流服务组合

当市场繁荣时，较长、较宽的物流服务组合会为企业带来较多的盈利机会。但当市场不景气时，缩减物流服务反而可能使企业的总利润上升。这是因为从物流服务组合中剔除了那些获利很小甚至亏损的物流服务大类或物流服务项目，使企业可以集中力量发展获利多的物流服务大类和物流服务项目。例如，一个运输能力严重不足的物流企业，可以考虑取消自己的车队，把运输业务外包给其他物流企业，这样有利于节约企业的运输成本，专心发展其他物流服务项目。缩减原有的物流服务组合，虽然增加了企业的经营风险，但可以使企业集中力量，发挥专业优势，改进服务质量，稳定与客户的关系。

对于物流企业来说，无论是采用扩大物流服务组合策略，还是缩减物流服务组合策略，关键都是要形成自己的核心能力，同时兼顾延伸功能与附加功能的发展，以功能组合的独特性博取细分客户群的青睐。

3. 物流服务组合的优化

由于市场需求、竞争环境和企业内部条件的不断变化，物流服务组合的具体因素也会随之发生变化。一些物流服务基于客户需求的不断变化而得以提升，而另一些物流服务有可能衰落，从而导致物流企业的物流服务组合形成不均衡的发展态势。这就要求物流企业根据目标市场的需求，结合自身的条件进行物流服务组合的优化，即对优势物流服务进行深化，对劣势物流服务进行完善或淘汰，同时，不断地开发新的服务内容，确定合理的产品组合。企业在进行物流服务组合的优化时，需要综合性地研究物流企业的资源和市场环境可能发生的变化，各物流服务项目的可行性、发展趋势、市场占有率的变化，以及这些变化对企业所产生的影响。此外，最重要的是明确现有物流服务的状态，根据现有物流服务在市场中的表现及客户需求的变化趋势，确定哪些物流服务是企业的支柱物流服务，哪些物流服务是企业未来潜在的发展重点，哪些物流服务是企业应淘汰的。确定好物流服务的状态后，物流企业就可根据具体情况，确定优化方案，对现有及潜在的支柱物流服务进行重点扶持；对表现平平的物流服务或完善或淘汰；对于那些客户全然不感兴趣的物流服务，则可以及时撤销，将全部精力用于优势物流服务或新的物流服务的开发上。

物流窗口 8-2

"互联网+医药物流"，看得见的变革

"互联网+医药物流"体现在互联网技术支撑起了大数据的物流指挥系统，尤其是随着手持终端设备的普及，以移动互联网运用为代表的 App 使物流业务变得更加便捷、实时，无论国内还是国外，互联网电商的发展都会对医药物流价值链带来长足的影响：一是促进第三方物流崛起。消费者购药的特性包含了量小及分散等因素，物流成本容易抬高。对于实力较弱的医药企业而言，选择第三方物流或众包是最好的办法。新政允许企业委托第三方物流配送药物，物流企业可趁势构建医药物流系统，达到 GSP 体系要求，与医药电商供应链相连接，促进第三方物流的崛起。二是电商物流将有望为物流价值链带来创新，推动信息化、标准化、自动化、流程化。

"互联网+医药物流"使传统医药企业能够运用互联网技术进行数据收集、存储、分析及云计算等，从而拓宽流通路径，实现高效率整合。通过互联网医药平台实现上游医药生产商、供应商与下游采购商之间信息的无缝对接，将线下的药品环节搬到线上，减少了流通环节，降低了成本。

（根据长安大学物流与供应链研究所课题整理）

8.3 物流服务差异化策略

在经济发展的过程中，有一种现象值得注意，那就是在竞争中往往出现同行竞争者彼此模仿，从而导致服务价格越来越低，完全没有利润可言。企业要想从这种局面中摆脱出来，需要做的是实现差异化。

8.3.1 物流服务差异化的含义

所谓差异化，是指企业为使产品与竞争者有明显的区别、形成与众不同的特点而采取的一种策略。差异化生产就是企业凭借自身的技术优势和管理优势，生产出性能上和质量上优于市场上现有水平的产品；或是在营销和销售方面，通过有特色的宣传活动、灵活的推销手段、周到的售后服务，在消费者心目中树立起良好形象。值得一提的是，差异化营销所追求的"差异"是指在产品功能、质量和营销等多方面的不可替代性，因此也可以分为产品差异化、市场差异化和形象差异化三个方面。

物流服务差异化策略是指物流企业向市场提供与其他同类物流服务有一定差异并具有自身特色的物流服务的一种策略，以此来增强企业的市场竞争能力，挖掘、维持更多的客户源。

物流服务差异化策略是物流企业占领市场、争夺客户的一个重要策略。物流企业控制市场的程度取决于物流企业的物流服务差异化的成功程度。可以说，物流企业拥有这种物流服务差异化能力，就可以在竞争中拥有绝对的优势，使其在提供物流服务的过程中，形成区别于其他同类物流服务、吸引市场中物流服务需求者的特性，从而赢得需求者对本企业物流服务的忠诚和偏好。企业利用这种物流服务差异化，不仅可以增大外部进入者的壁垒，还可以在同一市场上使本企业和其他企业区别开来，并以此为基础在市场上占据有利地位。由此看来，实行这种

物流服务差异化是物流企业取得成功的关键所在，可以使物流企业获得独特的且不可仿效的竞争优势。

物流窗口 8-3

差异化背景下冷链物流如何发展

随着电子商务的蓬勃发展，电商物流成为我国物流市场发展最快的细分领域。城市人们生活水平的提高和生鲜电商的增多，使得生鲜消费的冷链需求快速增长。2021年数据显示，未来3~5年，我国冷链市场规模将达到4 700亿元，年复合增速超过20%。在政策和市场环境持续向好的背景下，冷链物流行业迎来新的发展机遇。目前，各大生鲜电商平台的物流配送，大多采用的是"二段式"半程冷链，即依托城市间干线冷链运输，以城市冷库为节点，配合冷藏车等保温设施完成配送上门。但采用专业的冷藏车配送入户，对于分布较为零散的居民楼散户散单来说，成本太过高昂。

在新零售的浪潮下，不少生鲜企业开始尝试线上和线下实体门店的资源整合，即通过设立前置仓和铺设实体店的方式，以"点"带"面"，建立三公里辐射配送体系，大大缩短了配送距离，节省了时间，同时短距离配送可使用冰袋将货物保存在低温状态，也节省了持续制冷的物流成本。

除此之外，行业内一些企业也已经开始着手致力于冷链物流的仓储设施和运输设施的自主研发，如生鲜保鲜技术、冷链运输溯源系统及新能源冷链电动车蓄冷技术，并与东风汽车股份有限公司合作生产新能源电动冷链车，打造"绿色智慧物流"。

冷链物流能力是生鲜电商的核心竞争力，随着冷链技术的攻克和众多企业的加入，相信未来在面对"冷链物流"时，生鲜电商可以游刃有余，不再为"难"！

（根据《生鲜电商背后的冷链物流如何发展》相关资料整理）

8.3.2　物流服务差异化

物流服务差异化是物流企业在复杂多变的市场环境中占据一席之地的重要手段。通过物流服务差异化策略的实施，企业可以确立自己在整个价值链中独特的差异性地位，避免同质化竞争，进而提高自己的核心竞争力，并通过差异化手段树立起一个有效的壁垒，使竞争者难以突破。

1. 物流服务差异化思路

对于物流企业来说，可以按照以下思路实现物流服务差异化。

（1）调查、了解和分析市场上现有的服务种类、竞争者的劣势和自己的优势，有针对性地、创造性地完善原有物流服务项目并开发新的物流服务项目，以满足目标客户的需要。

（2）采取有别于他人的传递手段，迅速而有效地把物流服务传递给客户。

（3）注意运用象征物或特殊的符号、名称或标志来树立企业的独特形象。

实际上，差异化的思路主要集中于两大方面：一是企业提升自身物流服务水准；二是有效地使客户认可并接受物流企业的物流服务，即将自己的物流服务成功地推销出去。

2. 物流服务差异化策略介绍

（1）提升物流服务水准策略。这主要指物流企业通过完善原有物流服务内容并开发新的服务项目，来实现有别于其他竞争者的目的。

企业在完善原有物流服务内容时，关键点在于通过与客户的交流，发现物流服务存在的缺陷和不足，透彻理解客户的需求及对物流服务的预期，有针对性地实时改进。

物流企业在提供传统的运输、仓储等物流服务之外，还可以给客户提供许多增值服务。增值服务是指将物流的各项基本功能进行延伸，将各环节有机结合起来，实现便利、高效的物流运作。以配送服务为例，其延伸的服务包括集货、分拣包装、配套装配、条形码生成、贴标签、自动补货等，其他各项基本功能也都有延伸的增值服务。企业要做到深入挖掘物流服务的潜在价值，认真研究和分析客户的需求，真正地站在客户的立场上想问题。

同时，物流企业为了使自己的产品与同类产品不同并建立竞争优势，在深入了解市场需求的基础上，应大力开展研究和开发工作，努力使物流服务在内容、形式等方面发生改变，不断推出新的物流服务，从而满足客户需求。

（2）细化客户群策略。重点包括以下几方面。

①应根据客户的需求时时调整物流服务的内容。例如，有些客户较关注物流服务的使用成本，而有些客户更在意物流产品是否有助于提高企业运营的效率。物流企业就应据此提供更加贴近客户需求的物流服务。针对前一类客户，企业可通过减少送货批量、提高送货频率，尽可能地给客户提供减少库存的机会，来降低客户的采购成本；对于后一类客户，企业则可以通过提供快速的配送服务、完善客户供应链来提高客户的满意度。

②应根据客户所属行业不同推出特色物流服务。物流服务的对象分属不同的行业，会有不同的服务要求，物流服务的差异化就是企业针对这种差别，在深入了解行业所需物流服务的基础上，推出具有行业特色的物流服务，把某个行业的物流做细、做精，形成品牌，迅速提升自身竞争力。虽然专注于某一行业从表面上看限制了企业的物流服务项目的拓展，但是它可以从深度上弥补广度的不足，通过运用多样化的手段，优化企业物流服务的内容，推出具有行业特色的物流服务，赢得市场。

③应根据客户的重要程度实施不同的服务方案。根据著名的帕累托"80/20"法则，20%的重要客户为企业创造了80%的利益。因此，物流企业可以根据客户的重要程度，实现服务的差异化。针对重要的20%的客户，可以提供独特的物流服务，如提供一些超前的服务设想和服务储备，设计独有的物流运作流程，甚至可以与客户结成战略联盟，尽量满足客户的个性化要求。对于另外的80%的客户，则可以仅提供标准化、最基本的物流服务。通过这种差异化服务，可以使物流企业的资源实现最有效的利用。

（3）促销策略。物流服务的差异对客户的偏好具有特别意义，尤其是对购买次数不多的物流服务，许多客户并不了解其内容，有时也不能真切地体会到使用这种物流服务的意义。因此，物流企业应通过广告宣传、销售促进及公共活动给客户留下良好的印象。物流企业的促销策略将在本书第11章详述，这里不再赘述。

（4）品牌策略。品牌是一个名称、术语、标记、符号、图案，或者是它们的组合，用于识别企业提供给某个或某群客户的物流服务，并使之与竞争者的物流服务相区别。品牌是企业发展理念、企业文化、实力、社会信任度、服务品质和附加值的体现。品牌在市场资源整合和竞争中的影响越来越大，物流企业要想赢得市场、赢得客户，就需要创立自己的企业品牌和物流服务品牌。

⚠ 特别提示 8-2

为客户提供创新的物流服务

物流服务的创新是指在第三方物流服务中通过对服务内容、方式、质量等方面的改进和提高，为客户提供具有创新性的物流服务。物流服务的差异化是指利用服务创新等手段为客户提供独特的服务，从而赢得竞争优势的营销策略。例如，在现有运输、仓储、装卸等物流服务主体功能的基础上再增加一些分包、联运、分销等增值服务，就属于服务创新的范畴；通过开展企业形象识别，为不同的客户群提供不同的、独特的服务内容和服务质量等方法获得更多的客户和业务，则属于物流服务差异化的范畴。每个第三方物流企业都需要在物流服务的创新和差异化方面做出自己的策略选择与策略组合，以使自己的企业不同于竞争者，并为潜在进入者设立一定的进入障碍，从而确保自己在一定的物流服务细分市场上获得竞争优势。

推动物流业高质量发展，为客户提供创新物流服务，本质上是为了满足人民对美好生活的需要。通过构建国家智能物流骨干网，让物流"跑得快""跑得省""跑得好"，主动服务于精准脱贫、消费升级、民生改善、生态保护等，进一步提高服务质量，才能让民众拥有更多幸福感、获得感。

8.4 物流服务新产品开发

8.4.1 物流服务新产品及其开发的意义

1. 物流服务新产品的含义

物流服务新产品是指物流企业根据客户需求的变化或根据自己对未来客户需求的预测而推出的在服务形式、服务内容上不同于以往的物流服务。

物流企业在推出物流服务新产品的过程中，一是要根据客户的需求，二是要根据自己对未来客户需求的预测。相比较而言，后者对于物流企业的发展更为重要。通过对物流需求者需求的预测，可以使物流企业走在同领域的前列，引导物流服务的发展方向，有利于物流企业的生存和发展。相反，如果一个物流企业只是跟随其他企业推出新产品，那么只能永远处在别的企业的后面，逐渐被竞争市场淘汰。同时，对于客户服务需求的预测一定要准确，要用敏锐的目光洞察市场上的一切，准确预测出客户需求的动态变化，并相应地调整产品开发战略，适应市场需求。

📑 物流窗口 8-4

云仓资源共享模式

云仓资源共享模式是指通过建立云仓系统，实现仓库设施网络的互联互通，在此基础上面向客户开放云仓资源，实现仓储资源共享的模式。云仓系统是基于实体的仓库设施网络系统打造的在线互联网平台，通过互联网联通全国各地仓库的管理系统，实现仓库数据与云仓平台互联互通；基于云计算和大数据分析，整合、运筹和管理实体仓库系统，实现优化仓库资源配置和实时进行全国仓库系统的网络化运营与共享的管理。

菜鸟云仓：菜鸟把自己定位为物流大数据平台，菜鸟将组建全球最大的物流云仓共享平台。菜鸟搭建的数据平台，以大数据、云计算为引擎，以仓储为节点，编织了一张智慧物流仓储设施大网，覆盖全国乃至全球，开放共享给天猫和淘宝平台上各商家。

京东云仓：京东自建的物流系统已经开始对社会开放，京东物流依托自己庞大的物流网络系统和京东电商平台，从供应链中部向前后端延伸，为京东平台商家开放云仓共享服务，提升京东平台商家的物流体验。此外，利用京东云仓完善的管理系统，跨界共享给金融机构，推出"互联网+电商物流金融"的服务，利用信息系统全覆盖，实现仓配一体化，能满足电商企业的多维度需求。

顺丰云仓：顺丰利用覆盖全国主要城市的仓储网络，加上具有差异化的产品体系，围绕高质量的直营仓配网，优化供应链服务能力，重点面向手机（3C）、运动鞋服行业、食品冷链和家电客户开放共享仓储系统。

（根据亿欧网《智慧物流案例》摘编）

需要指出的是，物流服务新产品一方面可以是全新的产品，另一方面也可以是在以往物流服务内容基础上完善和改进的产品。在基于客户需求的基础上，可以结合本企业自身的资源情况，选择开发全新产品，或者对原有产品进行升级改造。

2. 物流服务新产品开发的意义

（1）物流企业的生存发展需要其不断开发新产品。在市场竞争日益激烈的今天，企业要想在市场上保持竞争优势，必须不断创新，开发新产品。另外，企业定期推出新产品，可以提高企业在市场上的地位和声誉，并促进新产品的市场销售。因此，在科技日新月异、市场瞬息万变、竞争日益激烈的今天，开发新产品对企业而言，是应对各种挑战与变局、维护企业生存与可持续发展的重要保证。

（2）客户需求的变化需要企业不断开发新产品。客户对物流服务的需求会一直发生变化，这就要求物流企业在完善甚至淘汰难以适应需求的老产品的同时，积极地为客户提供新的产品，以适应市场变化。

（3）物流服务生命周期的客观存在要求物流企业不断开发新产品。企业同产品一样，也存在生命周期。如果企业不开发新产品，那么当产品走向衰退时，企业也同样走到了生命周期的终点。相反，企业如能不断开发新产品，就可以在原有产品退出市场舞台时，利用新产品占领市场。一般而言，当一种产品投入市场时，企业就应当着手设计新产品，使企业在任何时期都有不同的产品处在周期的各个阶段，从而保证企业利润的稳定增长。

➥ **快速链接 8-1**

物流众包共享模式

物流众包是一种基于互联网平台的开放式配送模式，它借助成熟的移动网络技术，将原来由专职配送员所做的任务，以自愿、有偿的方式，通过网络外包给非特定的群体，这些人只要有一部智能手机和一种交通工具，在空闲时间就可以抢单、取货、送货。该业务门槛低、时间自由，还能使从业者获得一份兼职收入。

目前，以新达达、人人快递、京东众包、闪送、快收、蜂鸟配送等为代表的众包模式受到了快递人员与消费者的欢迎。

（根据《物流众包共享模式案例》内容提炼）

8.4.2 物流服务新产品开发的程序

根据一般商品的新产品开发程序，结合物流产业及其服务产品的特点，物流服务新产品开发的程序如图 8-2 所示。

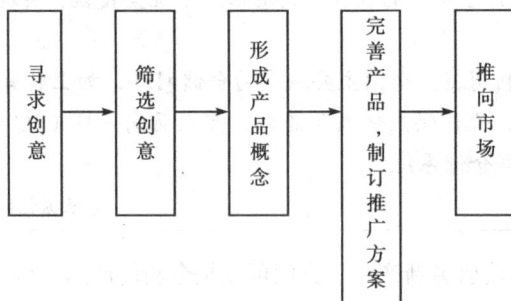

图 8-2 物流服务新产品开发的程序

1. 寻求创意

新产品的开发都是从寻求创意开始的。所谓产品创意，是指物流企业从自己的角度考虑能够向市场提供的可能的新服务的构想。对于物流企业来说，应根据市场环境的现状及未来发展趋势，结合客户的需求，通过企业员工、客户及竞争者等不同渠道获得新产品的创意。

2. 筛选创意

获得全新的创意之后，物流企业应对这些创意加以评估，研究其可行性，并挑选出可行性较强的创意，将公司有限的资源集中于成功机会较大的创意上。企业在对新的创意进行可行性分析的过程中，一般要考虑两个因素：一是该创意是否与企业的战略目标相适应；二是企业有无足够的能力开发这种创意，足够的能力表现为资金能力、技术能力、人力资源、销售能力等。

3. 形成产品概念

经过筛选后保留下来的产品创意还要进一步发展为产品概念，即从客户的角度对这种创意进行详尽的描述，如新的物流服务的内容、运作方式及其预期功能等。确定好产品概念以及明确产品的市场定位后，就应当对产品概念进行试验，也就是通过文字描述或流程演示等手段，将新的产品展示给对应客户，并观察他们的反应。

4. 完善产品，制订推广方案

企业在详细了解、分析既定目标市场客户对新产品的反应后，对产品进行完善、修改。企业认真分析目标市场，基于自身资源条件及发展目标，进一步明确新产品定位及服务内容，使新产品成熟。同时企业初步决定新产品的收费标准，在此基础上制订新产品的推广方案。此外，企业还应为新产品的推广构建硬件、软件环境，即购买新的设备、引入新的员工及管理方法等。

5. 推向市场

经过一系列的产品完善和准备工作后，物流服务新产品即可推向目标市场，接受客户的检验。在新产品的最初推广过程中，企业最重要的是关注新产品产生的效应，如客户的反应、为企业带来的收益等。根据市场环境的变化，物流企业应对新产品不断进行完善。也就是说，推向市场后，新产品仍处于一个动态的、不断变化的状态，企业要时时对其进行更新，最终达到成熟状态。

本章小结

本章主要阐述了物流服务的概念、特征和种类；物流服务的生命周期和服务策略；物流服务组合的概念、策略及调整与优化；物流服务差异化及其策略；物流服务新产品的开发策略。物流企业需要在集成体、基核和联接链构成的物流链、两业联动形成的供应链集成基础上，在物流服务上不断集成创新，才能为客户提供适合的、稳定的并具有核心竞争力的物流服务。

巩固复习

回答下列问题（达到深刻理解给5分，部分理解给3分，不理解给1分）

1. 物流服务的特征主要体现在哪些方面？
2. 如何理解物流服务的基本服务和增值服务？
3. 针对物流服务的不同生命周期，应该采用什么营销策略？
4. 如何理解物流服务组合的四因素？
5. 物流服务的组合策略主要有哪些？
6. 冷链物流的发展面临哪些难题？
7. 如何实现物流服务的差异化？
8. 物流服务的差异化策略主要有哪些？
9. 什么是云仓储共享模式？
10. 什么是物流众包共享模式？

请把各小题分数相加，总分为42～50分，请继续下面的题目；总分为33～41分，请对不足之处进行有针对性的复习；总分在32分以下，请重新学习本章相关内容。建议你在学习过程中多与老师和同学探讨不理解之处。

多项选择题

1. 某物流企业的物流服务主要有运输服务、仓储服务。其中运输服务主要有内河运输、远洋运输、空运等服务；仓储服务包括提供入库管理、在库管理、出库管理、装卸管理、报表反馈等服务，则该企业物流服务组合的宽度为（　　），长度为（　　）。

A. 2 　　　　　　B. 3 　　　　　　C. 5

D. 8 E. 10

2. 下列服务内容中属于物流服务中的延伸服务的是（　　）。

A. 仓单融资服务　　B. 运输线路的优化　　C. 仓储服务

D. JIT 配送服务　　E. 供应商管理库存

3. 下列措施中应在物流服务的导入期实施的是（　　）。

A. 完善服务品质　　B. 构建服务网络　　C. 加强宣传

D. 创新物流服务　　E. 购置设施设备

4. 下列内容中属于差异化策略的有（　　）。

A. 提升服务水准　　B. 多等级定价　　C. 促销策略

D. 品牌策略　　E. 市场细分

思维提升

1. 简述物流服务的概念及物流服务的生命周期。

2. 物流服务组合的策略是什么？如何对物流服务组合进行调整？

3. 物流产品差异化有哪些具体的形式？

4. 物流企业如何进行物流服务新产品的开发？

拓展阅读

1. 董千里. 集成场理论:两业联动发展模式及机制 [M]. 北京:中国社会科学出版社,2018: 215-240

2. 董千里. 高级物流学 [M]. 3 版. 北京：人民交通出版社，2015

实例分析

A 物流企业客户服务案例分析

A 物流企业成立于 2015 年 3 月，是一家专业从事国内货物运输、仓储、配送、托运的中小型运输物流企业。自公司成立以来，建立了以铁路运输、公路运输为主，结合包装制作、仓储管理、物流服务一条龙业务的综合运营体系。作为一个小规模第三方物流企业，A 物流企业也面临着行业困境。

（1）没有树立正确的物流服务观念。A 物流企业只是把物流服务水平的高低看作一种销售竞争手段，对物流服务是物流企业核心竞争力的观点没有足够的重视，缺乏整体服务理念和建立稳定的合作关系的意识。

第三方物流企业是服务企业，服务于从生产到消费的全过程。但很多第三方物流企业仅从自己业务的视角看待自己的服务，而不是从供应链的角度来看待物流服务，因此对所服务客户企业的上游、下游了解不够，对它们的战略目标、发展需求了解不够。

（2）没有建立适宜的客户服务目标。A 物流企业在很大程度上以企业内部导向的和竞争对手导向的目标为依据，确定客户服务标准，简单地把比往年成绩提高一定百分比来作为年度任务目标，包括发货及时率、到货及时率、客户满意度、订单完成率比上年提高 1%，破损率比上年降低 25%等，这种不明确、不细化的目标，导致 A 物流企业员工在实际的客户服务过程中可操作性较低。

（3）缺乏完善的服务质量评价指标。基于目标，A 物流企业也缺乏完善的服务质量评价体系。企业通过对物流服务单据的统计与汇总来进行服务质量评价，每月月底将本月的订单进行汇总，基于订单信息统计出发货及时率、到货及时率、客户满意度、订单完成率及破损率等数据。在汇总过程中，单据已丢失的服务信息无法进行统计。这种简单的、不完整的服务质量评价方式，既不能从根本上正确反映 A 物流企业的客户服务水平，也不能得出提高客户服务水平的改进意见，因此极大地制约了 A 物流企业客户服务水平的提高，同时阻碍了公司的健康发展。

（4）信息化服务能力薄弱。作为一个小规模第三方物流企业，A 物流企业的信息化服务能力很薄弱，体现在以下几个方面：

①下单方式单一，只能通过电话或传真进行；

②查询方式单一且滞后，客户只能通过电话查询订单情况，即拨打发货地的电话查询发货时间，拨打收货地的电话查询到货时间。A 物流企业内部没有订单过程跟踪系统。

物流服务信息化的目的既在于提高物流企业自身的效率，更在于提高物流服务的质量，协助客户随时控制或跟踪物流的过程。没有业务流程的电子信息化，提供现代第三方物流服务就无从谈起。物流信息建设一直是我国第三方物流企业的薄弱环节，严重影响了客户对服务的满意程度。在推进物流企业质量标准化的过程中，服务质量的及时跟踪和有效控制对企业信息系统建设提出了更高的要求，第三方物流企业加快推进信息化建设已迫在眉睫。

（长安大学物流与供应链研究所提供）

案例探讨

针对案例中 A 物流企业客户服务工作现状，应采取哪些措施提高 A 物流企业客户服务水平？

第 9 章
物流服务定价策略

本章学习重点

- 物流服务的价格形成机理
- 物流服务定价的影响因素
- 物流企业的定价方式和方法

章首引例

每逢"双 11",快递业都会迎来一年一度的业务旺季,企业运用的主要就是产品和物品市场定价策略。其中快递费用调整也成为部分快递企业迎接这场大战的惯用手段。2018年 9 月 21 日,中通快递发布关于调整部分地区快递费用的通知。公告称,基于快递行业发展现状与趋势,为了进一步维护服务品质和提升客户满意度,从 2018 年 10 月 1 日起,中通快递启动快递费用调节机制,调整全国到上海地区的快递费用,具体费用调整幅度由当地服务网点根据总部指导建议并结合各自实际情况实施。其中韵达股份也在短时间内向各网点发布了"调整到达上海地区快件派费"的通知,将各网点到达上海地区的快件派费上调 0.5 元/票。同时值得一提的还有在 2017 年 10 月 10 日及 11 日,这两家快递企业也曾先后发布"告客户书",宣布调整快递费用。彼时中通快递表示,之所以决定调整运价,是受运输、人工、原材料成本增加等的影响。

从各家快递企业发布的半年报看,2018 年上半年通达系的单票收入总体呈现下降趋势。圆通单票快递产品收入较 2017 年同期下降 0.06~3.57 元,降幅为 1.60%;韵达股份单票快递业务收入同比减少 0.25~1.74 元。

这一引例说明,成本因素是影响物流企业定价策略的重要因素。

(根据《电商报》中《快递业再现涨价潮 价格战阴霾仍未消散》整理)

9.1 物流服务价格及其形成机理

价格是市场营销组合因素中十分敏感又难以控制的因素，它直接关系着消费者对物流企业及其所提供的服务的接受程度，影响市场需求和企业利润，涉及供应链上下游节点成员等各个方面的利益。价格策略的正确与否，将影响物流活动的广度、深度及顺畅性。因此，企业只有从营销和物流两个角度综合考虑，才能制定出能够满足营销和物流综合需求的定价策略。

9.1.1 物流服务价格

1．物流服务价格的内涵

物流服务价格是指物流企业按照客户的要求对特定的货物提供物流服务的价格。它包括进行备货的服务价格，保证客户所期望的商品数量与品种等正确的服务价格、输送服务价格，保证在客户所期望的时间内准时传递商品的服务价格和品质保证服务价格。

2．物流服务价格的特点

（1）物流服务的价格是一种劳务价格。物流企业为社会提供的不是实物形态的产品，而是通过实施物流作业，实现货物在空间和时间上的变动。在物流服务过程中，物流企业为货物或客户提供了相应的劳务活动，物流服务价格就是相应的劳务价格。

此外，由于物流服务的不可储存性，当物流服务需求发生变化时，企业只能靠调整物流服务能力来实现物流服务供求的平衡。在现实中，物流服务能力的调整一般具有滞后性，故物流服务价格因供求关系而产生波动的程度往往较一般有形商品大。

（2）物流服务价格是商品销售价格的组成部分。社会的生产过程不仅表现为劳动对象形态的改变，也包括劳动对象的空间转移，这样才能使物质产品从生产领域最终进入消费领域。在很大程度上，商品的生产地在空间上是与消费者相隔离的，这就必须经过运输等物流服务才能满足消费者对商品的实际需要。在此过程中又必须通过价格作为媒介来实现商品的交换。这样，货物的物流服务价格就成了商品销售价格的重要组成部分。物流服务的价格会直接影响商品的销售价格乃至实际成交价格。

（3）物流服务价格是客户预期价值的体现。为了尽可能地获得最大利润，物流企业需要选择一个既不过高又不过低的价格，确定一个最接近目标客户预期价值的价格。如果定价高于客户的预期价值，则会失去销售机会；如果定价过低，则企业也会失去本应获得的收入。

（4）物流服务价格具有比较复杂的比价关系。货物所需要的物流服务有时可采用不同的物流服务手段或工具加以实现，最终达到的效果也各不相同，具体表现为所需服务货物的种类、运载数量、距离、方向、时间、速度等方面的差异。物流服务采用人工包装或机械包装甚至无人操作的自动化包装设备进行，其所产生的时间等方面的效果是不同的。这些差别均会影响物流成本和供求关系，在价格上必然会有相应的反映。

9.1.2 物流服务价格的形成机理

物流服务的价格和其他产品的价格一样，也是由其供求关系决定的。

1．物流服务需求理论

物流服务（有效）需求是指消费者在某一特定时期内和一定市场上，按某一价格愿意并且能够购买的某种物流服务的数量。

通常来说，物流服务和其他大多数产品一样存在以下规律：在其他条件不变的情况下，物流服务价格同消费者对该物流服务的需求数量成反比关系，即我们通常所说的产品的价格越便宜，买的人越多；产品的价格越贵，买的人越少。如图 9-1 所示，表明了物流服务需求量与价格的关系。图中 P 为价格，Q_D 为需求量。从图中可以看出，如果企业的物流服务价格从 P_1 提高到 P_2，物流服务需求数量会减少；反之，如果企业的物流服务价格从 P_1 降低到 P_3，物流服务需求量会增加。

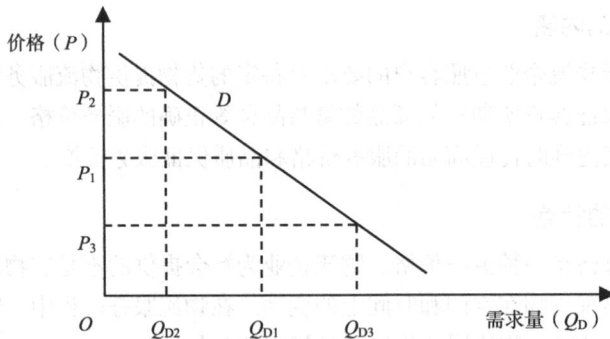

图 9-1　物流服务需求量与物流服务价格的关系

2．物流服务供给理论

物流服务供给是指物流企业在一定市场上和某一特定时期内，与某一价格相对应，愿意并且能够供应的物流服务数量。

同物流服务需求类似，物流服务的价格同该物流服务的供给成正比关系，即物流服务价格越高，企业越愿意提供更多数量的物流服务；反之，企业物流服务的供给量会减少。如图 9-2 所示，表明了物流服务供给量与物流服务价格的关系。图中 P 为价格，Q_S 代表供给量。从图中可以看出，如果企业物流服务价格从 P_1 上升至 P_2，则供给数量增加；反之，如果物流服务价格从 P_1 下降至 P_3，供给数量减少。

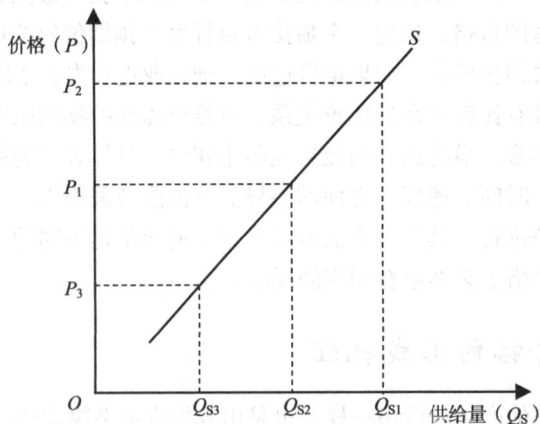

图 9-2　物流服务供给量与物流服务价格的关系

3. 物流服务均衡价格的形成

当代西方经济学认为，把需求和供给结合起来分析，就可知道在市场条件下，产品的价格是怎样形成的。为了便于分析，可以把物流需求曲线和物流供给曲线在同一坐标系中表现出来，如图 9-3 所示。图中 $\overline{Q}$ 为均衡数量，$\overline{P}$ 为均衡价格。

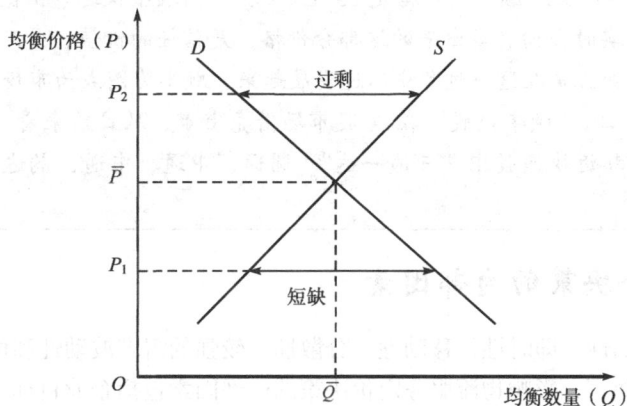

图 9-3　物流服务均衡价格的形成

（1）假定该物流服务的价格为 P_1，从图 9-3 中可以看出，此时物流服务供不应求，产生短缺。在此条件下，消费者为了能够买到他们希望购买的物流服务而愿意支付更高的价格，企业也发现即使提高价格也能够把物流服务卖出去。此时，物流服务价格有上升的趋势。

（2）假定该物流服务的价格为 P_2，可知此时物流服务供大于求，产生过剩。物流服务提供者为了把商品卖出去不得不降价。此时，物流服务价格有下降趋势。

（3）在该物流服务的价格为 $\overline{P}$ 时，物流服务既不短缺也不过剩，即不存在消费者因买不到想买的物流服务而愿意支付高价格的情形，也不存在物流服务提供商因卖不出去商品而不得不降价的情况，价格形成了相对稳定的状态。

9.2 物流服务定价的影响因素

为了更好地制定物流服务的价格，做出有效的决策，企业就需要充分了解和考虑影响物流服务定价决策的各种因素。这些因素可分为影响定价决策的内部因素和外部因素。

📂 前沿话题 9-1

顺丰快递的定价策略

在所有的民营快递中，顺丰快递的价格是最贵的，却也是最受欢迎的。这个看似奇怪的现象，折射出中国人的消费观念正在发生深刻转变。

说顺丰快递最受欢迎，是因为顺丰快递是最赚钱的快递企业。已经发布的 2016 年度业绩预告显示，圆通速递的净利润为 13.5 亿~14.5 亿元，申通快递为 12.5 亿元左右，韵达股份为 11.6 亿~12.2 亿元。顺丰快递以 41.8 亿元的净利润超过了以上三家 A 股快递公司净利润的总和。

在这个"不差钱"的年代里，服务体验决定了人们是否会重复消费，同时也影响企业的口碑。财富的增加，让人们对于价格的敏感度大为降低。即使最会算计的阿姨，在快递重要物品或急件的时候，也会在反复的掂量后，最终选择顺丰快递。在价格上，以北京为例，对于同城文件，其他公司的快递费一般在6~12元，顺丰快递的价格是13元；对于异地文件，其他公司的价格在10~15元，顺丰的价格是23元。但是，用顺丰快递寄出快件不但是真正的"快"，而且可以做到实时查询。多出来的这部分价格，是信任的价值，是品牌的价值，是超额体验的价值。快速业正是在这一过程中迅速发展起来，顺丰力图成为市场发展的领导者。

2017年2月24日，"顺丰控股"在A股市场借壳上市，从目前来看，"顺丰控股"市值高达2 100亿元，接近快递股中"三通一达"（圆通、申通、中通、韵达）四家企业的市值总和。

9.2.1 影响定价决策的内部因素

物流服务具有从属性、即时性、移动性、分散性、较强的需求波动性和可替代性等特殊性质。从物流服务本身而言，影响物流服务定价决策的内部因素包括企业目标、营销组合策略和成本要素。

1. 企业目标

在定价之前，企业必须对物流服务总策略进行决策。如果企业已经审慎地选择好目标市场和市场定位，那么确定营销组合策略（包括价格）便是一件相当容易的事情。企业对它的目标越清楚，就越容易制定价格。一般而言，物流企业的目标是在领导者、挑战者、跟随者和利基者之间进行选择。

（1）维持生存。如果市场竞争很激烈，消费者的欲望又不断变化，企业往往把生存作为主要目标。为了保证正常运转，企业可以制定较低的价格，以便吸引更多的物流服务需求者。在这种情况下，生存比利润更重要。只要收益能够补偿可变成本，企业就能继续留在物流行业中。但是，生存只是一个短期目标，要想长期经营并盈利，企业就必须学会如何增加价值。

（2）现期利润最大化。物流企业把实现现期利润最大化作为它们的定价目标，它们所追求的是现期财务成果，而不是长期的业绩。它们首先估计不同服务所对应的成本及价格，然后选择能够产生最大现期利润、现金流动和投资回报的价格，如采用高价策略。

（3）获得市场领导地位。有些物流企业的目标是占有尽可能多的市场份额，以获得市场领导地位。它们相信拥有最大市场份额的企业会享有最低的成本和最高的长期利润。为了成为市场的领导者，这些企业尽可能地采用较低的价格策略，导致形成一种不规范的物流竞争市场。

（4）获得服务质量的领导地位。企业将目标定为取得服务质量的领导地位，这就要提供差异化服务及较高的服务质量，因此需要制定较高的价格来补偿较高的服务成本及市场调研和开发成本。

（5）获取投资报酬。如果物流企业把投资所能够获得的预期利润作为自己的定价目标，那么在定价时就会在物流服务成本的基础上适当再加入预期利润。一般来说，由此所构成的预期利润率应高于银行存款的利息率，并且事先要考虑所定价格是否能够被客户所接受，多长时间才能够收回投资，达到预期利润率目标。

（6）应对竞争。物流企业为了适应或避免激烈的市场竞争，通过将自己的服务项目与竞争者类似的服务项目进行比较，根据企业自身的条件和市场定位，在高于、低于或与竞争者持平的 3 种定价方法上进行选择。例如，当企业定位在扩大物流服务的市场占有率时，一般采用低于竞争者价格的方法；如果企业资金雄厚，或者拥有特殊技术、服务优良，则可采用高于竞争者价格的方法。

2. 营销组合策略

关于营销组合理论，在前面章节中提到过，有 4P、4C、4V、4R 营销组合。

价格只是企业实现营销目标的营销组合工具中的一种。价格决策必须和物流服务设计、销售、促销决策相配合，才能形成一个连续有效的营销方案。另外，对其他营销组合变量的决策也会影响定价决策。例如，由于物流服务的特殊性及资源的有限性，许多物流企业只能提供局部性或阶段性的物流服务。对于客户来说，需要的是一次性或全程性的物流服务和报价，这将使企业不得不在价格中设定较大的转售利润差额。

因此，在企业资源有限的情况下，在定价时必须考虑整个营销组合。如果物流服务是根据非价格因素来确定的，那么有关物流服务的质量、促销和销售的决策就会极大地影响价格。如果价格是一个重要的确定因素，那么价格就会极大地影响其他营销组合因素的决策。即使物流服务以价格为主导，企业也需要牢记，客户很少只依据价格就做出购买行为。相反，客户寻求的是能带给他们最大价值的物流服务，这些价值的表现形式就是支付价格之后所能得到的收益。这一点在物流服务定价上表现得尤为重要。物流服务具有无形性，如何使得物流价格制定合理并具有竞争性，是需要结合其他营销组合因素在决策过程中进行权衡的。特别是在供给侧结构性改革中，要结合当前物流行业发展市场行情，制定合适的价格策略。

3. 成本要素

物流成本有狭义和广义之分。狭义的物流成本仅指产品在实物运动过程中而产生的运输、包装、装卸等费用。广义的物流成本是指生产、流通、消费全过程中因物品实体与价值发生变化而产生的全部费用。

目前，我国对物流成本计算的范围和具体计算方法还没有形成统一的规范。原因在于：第一，物流活动的范围非常广，致使其成本分析较为困难；第二，由于物流成本较难单独列入企业的财务会计中，更加剧了确定物流成本的难度。一般可以参考以下四种划分方式来确定物流成本。

（1）按物流范围划分，将物流费用分为供应物流费用、生产物流费用、企业内部物流费用、销售物流费用、退货物流费用和废弃物物流费用等。

（2）按支付形式划分，将物流费用分为材料费、人工费、租赁费、公益费、维护费、一般经费、特别经费和委托物流费用等。

（3）按物流的功能划分，将物流费用分为运输费、保管费、包装费、装卸费、信息费和管理费等。

（4）按经济形态划分，物流服务的成本可以分为两种：固定成本和变动成本。固定成本指不随产出而变化的成本。固定成本在一定时期内表现为固定的量，如建筑物、物流设施、办公家具的折旧费、管理人员的工资、维修成本等。变动成本指随着物流服务产出的变化而变化的成本，如燃料费、搬运费、邮寄费等。

总之，物流成本就是企业提供某种程度的物流服务过程中所花费的人力、物力和财力。企业应具体问题具体分析，归结出相关过程中的人力、财力、物力的耗费，以作为其物流成本。

9.2.2 影响定价决策的外部因素

物流服务和一般产品具有同样性质，企业在为物流服务定价时也需要考虑相关的外部因素，包括竞争因素、需求因素、国家有关方针政策及其他相关因素。

1. 竞争因素

市场竞争状况直接影响物流企业的定价策略。由于物流服务存在差异性较小、市场竞争激烈的特点，物流企业制定服务价格的自主性也相应变小。物流企业应积极了解竞争者的服务质量和服务价格，并将这些信息作为企业物流服务定价的基点。此外，企业还要了解竞争者的成本状况，这将有助于企业分析评价竞争者在价格方面的竞争力。

为了更准确地进行本企业物流服务定价，企业应根据竞争者的具体情况，与竞争者的物流服务进行比质论价。一般来说，如果二者服务质量大体一致，则二者价格也应大体一样，否则定价过高可能使本企业物流服务销售困难；如果本企业物流服务质量较高，则物流服务的价格也可以定得较高；如果本企业物流服务质量较低，那么物流服务价格就应定得低一些。此外，企业还应注意竞争者也可能通过调整市场营销组合的其他变量，以争夺客户。当然，对于竞争者价格的变动，企业也要及时掌握最新信息和动态，做出明智的反应。

2. 需求因素

企业的物流服务价格不同，会导致需求水平不同。通常价格与需求量之间的关系如图 9-4 所示。但对于一些享有声望的物流企业，其需求曲线有时会向上倾斜，如图 9-5 所示。例如，在某些情况下，将价格从 P_1 提高到 P_2，营业收入不仅没有减少，反而增加了；不过，如果定价过高（如定到 P_3），需求量就会低于 P_2 时的水平（Q_2）。

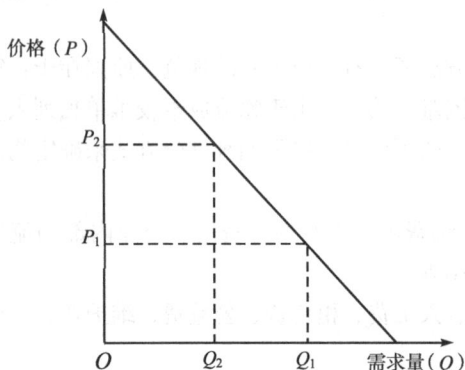

图 9-4 通常价格与需求量之间的关系   图 9-5 享有声望的物流企业的需求曲线

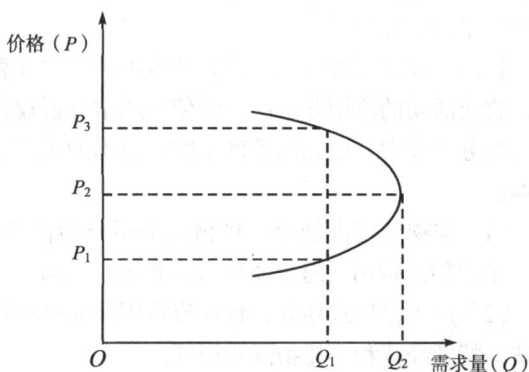

市场需求会影响客户对物流服务价值的认识，决定物流服务价格的上限；市场竞争状况调节着价格在上限和下限之间不断波动的幅度，并最终确定物流服务的市场价格。物流企业在制定价格策略、考虑需求因素的影响时，通常使用价格需求弹性法。需求的价格弹性是指因价格变动而相应地引起的需求变动比率，它反映了需求变动对价格变动的敏感程度。价格需求弹性

通常用弹性系数（E）来表示，该系数是物流需求量（Q）变动的比率同其价格（P）变动的比率的比值。用公式表示为：

$$E = \frac{\Delta Q / Q}{\Delta P / P}$$

式中，$\Delta Q / Q$ 为需求量变动的比率；$\Delta P / P$ 为价格变动的比率。

如果价格上升而需求量下降，则价格弹性为负值；如果价格上升需求量也上升，则价格弹性为正值。当 $E<1$ 时，表示价格缺乏弹性；当 $E>1$ 时，表示价格富有弹性。

价格弹性对企业的收益有着重要影响。通常，企业物流服务销售量的增加会产生边际收益，而边际收益的高低又取决于价格弹性的大小。实际上，不同物流服务的需求是不尽相同的，物流的需求弹性会对定价产生重要影响。物流企业可以考虑采取降价的策略，在增加的生产和销售成本不超过增加的收益时，较低的价格会带来更多的总收益。

3．国家有关方针政策

由于价格关系到国家、企业和个人三者之间的物质利益，与人民生活和国家的安全息息相关，国家常常会通过制定物价等相关的政策，对价格进行管理控制或干预。国家有关方针政策对市场价格的形成有着重要的影响。

（1）行政手段。行政手段是指政府通过出台相应的行政规章制度等来促进相应行业的有序发展。为防止物流企业的不正当竞争，行业协会或政府相关部门可规定收费标准，以防止物流劳务的价格过高或过低，从而维持物流业健康平稳的发展。

（2）法律手段。法律手段是指通过立法机关制定相关的法律、法规来维护相关行业的健康发展。如我国目前已经制定的与价格相关的法律、法规有《中华人民共和国价格法》、《明码标价和禁止价格欺诈规定》、《价格违法行为行政处罚规定》、《企业法》、《中华人民共和国反不正当竞争法》、《中华人民共和国消费者权益保护法》、《国内水路运输辅助业管理规定》、《汽车货物运输规则（99）》、《中华人民共和国国际海运条例》等，这些法律、法规约束着物流企业的定价行为。

（3）经济手段。经济手段是指国家采用税收、财政、利率、汇率等手段来间接调节经济及物价。例如，在物流企业发展过热时，政府可增加对物流服务价格的税收，使企业的税后利润下降，从而影响企业的定价。

4．其他相关因素

当企业营销环境急剧变化，物流企业制定价格策略时还应考虑许多相关因素的影响，如国际经济状况、通货膨胀、利率、汇率等。对于物流企业而言，行业特征也是影响物流服务定价的重要因素。对于不同的物流服务和市场状况，行业特征所造成的影响会不同。

物流服务的无形性使得物流服务的定价远比有形商品困难。因为大多数客户在选购有形产品时可以直观地检查质量和外观，并根据自身的经验和产品质量、外观判断价格是否合理。但是在购买物流服务时，客户不能够客观地、准确地检查无形的物流服务，再加上很多物流服务是根据各类客户的不同要求定制的，客户只能猜测物流服务的大概特色，然后进行价格比较，但对结论缺乏信心。这就是物流服务价格的上限与下限之间的定价区域一般要比有形商品的定价区域宽，最低价格与最高价格的差距大的原因。因此，客户在判断价格合理与否时，更多地是受物流服务中实体因素的影响，从而在心目中形成一个价值概念，并将这个价值同价格进行比较，判断是否物有所值。所以，物流企业在定价时，所考虑的主要是客户对物流服务价值的认识，而不是它的成本。一般来说，实体成分越高，定价时往往越倾向于使用成本导向方式。物流的非实体性也意味着提供服务比提供实体商品要有更多的变化，因此企业的物流服务水平、物流服务质量等可以依照不同客户的需要而调整，价格必然通过买主和卖主之间的协商来决定。

9.3 物流企业的定价方式和方法

物流服务定价同其他一般产品定价一样，有具体的定价方法，但是对物流服务这种特殊产品来说，定价方法和一般产品是有区别的，物流企业需要有特定的定价方式和方法。

9.3.1 物流企业定价方式

物流企业定价方式有按物流服务对象定价（产品重量或体积）、按物流服务距离定价、按物流服务项目定价（运输、包装、配送、理货等）、按物流服务时间定价等。

1. 按物流服务对象定价

按物流服务对象定价是指以所服务对象物品的重量、体积及其他特殊性质为标准的定价方式。表9-1中介绍的轻货价格（计价单位为每立方米体积货物的运输价格）和重货价格（每吨重量货物的运输价格）就是这种定价方式。

物流窗口 9-1

某物流企业服务价格

某物流企业服务定价如表9-1所示，表中的价格均是同一种运输方式下的价格。

表9-1 某物流企业服务定价

里程（km）	价格	
	轻货（元/m³）	重货（元/t）
700	110	380
875	110	530
	120	390
	110	525
985	120	450
	110	380
1 378	150	600
	170	680
1 540	160	600
2 121	170	600

续表

里程（km）	价格	
	轻货（元/m³）	重货（元/t）
2 199	180	675
	150	600
	240	900
	260	900
2 478	170	600
2 251	210	750

（长安大学物流与供应链研究所提供）

这种定价方式是常用的定价方式，主要是根据物流服务工具来定的，如运输服务价格依据运输车辆、轮船、飞机等的承载体积和重量来确定，体积大的货物所占运输工具的空间大，影响其空间利用率；而重量大的货物对运输工具的载重能力有要求，对运输速度和效率有影响。同样对仓储服务来说也一样，体积大的货物所占用仓库设施的空间大，重量大的货物所需耗费的装卸搬运时间长。

2．按物流服务距离定价

按物流服务距离定价是指以服务起点到终点的距离为标准的定价方式。

通常情况下，把按物流服务对象定价和按物流服务距离定价同时作为标准的定价方式比较常见。按物流服务距离定价方式主要运用在借助物流服务实现货物的空间转移的过程，如运输、配送等物流活动，常采用物流服务距离的里程作为计价的参考标准。另外，从表 9-1 中可以看出，物流服务距离远，价格就定得高；距离近，价格就定得低。也有部分价格不遵循这个标准。也就是说，采用物流服务距离定价方式不是完全依据距离来等比确定价格的，而是参考距离远近及特殊性来衡量和确定价格，如距离相同定价却不同，以及距离相差较大定价却相同，这是根据所服务货物的保价来决定的。

3．按物流服务项目定价

按物流服务项目定价是指依据所提供的物流服务项目的类型进行定价的方式，如运输服务定价、包装服务定价、配送服务定价、仓储服务定价、保管服务定价、理货服务定价、换单服务定价等。

这种定价方式有利于物流企业更好地满足客户对附加服务或个性化服务的需求。对物流服务项目进行细分定价，使客户可以选择自己需要的额外服务，也可以根据自身实际需求选择部分物流服务项目，同时可以清楚地了解物流企业所提供的服务内容，进而对价格产生公道合理的感性认识。表 9-2 为某物流企业服务价格单。

表9-2　某物流企业服务价格单

服务项目	服务单价
进境换单服务费	100 元/条形码
C、D 和 A 至 B 间集装箱/散货卡车运输包干费	450 元/3t，600 元/5t，700 元/8t，900 元/10t（A 到 B）
	450 元/3t，600 元/5t，700 元/8t，900 元/10t（C 到 D）
包干费（包括港口正常费用）	1 100 元/20，GP，1 500 元/40，GP（C 到 B）
	1 500 元/20，GP，2 000 元/40，GP（D 到 B）
包装检疫服务费	50 元/条形码
集装箱拆装箱费	300 元/20，GP，400 元/40，GP
卸货费	7 元/计费吨，最低收费 50 元，如货物未发生出库业务则每 3 个月加收一次装货费、卸货费、进库服务费、出库服务费
仓库仓储	0.8 元/立方吨/天
集装箱堆存费	40 元/天/20，GP，60 元/天/40，GP

（长安大学物流与供应链研究所提供）

4. 按物流服务时间定价

按物流服务时间定价主要用于快递、零担和邮政物流领域。对特快件、快件、普快件、慢件的分类，主要依据完成某项物流服务所需要的时间来确定。这里的"件"不只是指一个包装件，还包括某一客户所委托的全部服务对象包装件。只要这些服务对象的货物对应的需要一致，就可以记录在一张单证票据上，一次性进入物流服务领域。

📄 **物流窗口 9-2**

按物流服务时间定价

某物流企业依据物流服务时间对以下几种类型产品定价。

（1）特快件价格（见表9-3）。特快件的服务时间为 1~2 天。

表9-3　某物流企业特快件定价单　　　　　　　　　　　　单位：元

里　　程	1 天					2 天				
	重量（kg）					重量（kg）				
	<30（计件）	31~45	46~200	201~500	501~1 000	<30（计件）	31~45	46~200	201~500	501~1 000
A 城到 B 城	8.5	8.5	2	1.8	1.6	8.2	8	1.8	1.6	1.5
A 城到 C 城	6.5	6.4	2.9	2.9	2.9	5.8	5.8	2.5	2.3	2.2

（2）快件价格（见表9-4）。快件的服务时间为 3~4 天。

表 9-4 某物流企业快件定价单　　　　　　　　　　　　　单位：元

里　程	3 天					4 天				
	重　量（kg）					重　量（kg）				
	<30（计件）	31~45	46~200	201~500	501~1000	<30（计件）	31~45	46~200	201~500	501~1000
A 城到 B 城	7.5	7.2	1.7	2.6	2.5	20	1	0.8	0.8	0.7
A 城到 D 城	5.5	5.2	5.5	5.3	5.1	60	3.8	3.5	3.2	3

（3）普件价格（见表 9-5）。普件的服务时间为 5~6 天。

表 9-5 某物流企业普件定价单　　　　　　　　　　　　　单位：元

里　程	5 天					6 天				
	重　量（kg）					重　量（kg）				
	<30（计件）	31~45	46~200	201~500	501~1000	<30（计件）	31~45	46~200	201~500	501~1000
A 城到 C 城	7.5	7.2	1.7	2.6	2.5	—	—	—	—	—
A 城到 E 城	—	—	—	—	—	20	0.9	0.7	0.7	0.6

（4）慢件价格（见表 9-6）。慢件的服务时间为 7~9 天。

表 9-6 某物流企业慢件定价单　　　　　　　　　　　　　单位：元

里　程	7 天					8~9 天				
	重　量（kg）					重　量（kg）				
	<30（计件）	31~45	46~200	201~500	501~1000	<30（计件）	31~45	46~200	201~500	501~1000
A 城到 G 城	50	1.4	1.3	1	1	45	1.3	1.2	0.9	0.9
A 城到 F 城	55	1.4	1.3	1.1	1	50	1.3	1.2	1	0.9

（长安大学物流与供应链研究所提供）

9.3.2 物流企业定价方法

物流企业为了适应复杂多变的市场，在制定价格策略时需要了解并灵活运用各种定价方法，以提高市场竞争力。常见的定价方法主要分为 5 大类，在此基础上每一大类又分为许多小类。在定价时是采用一种方法还是将几种方法结合起来运用，企业必须根据物流服务产品的情况具体问题具体分析。

1. 客观定价法

所谓客观定价法，是指不考虑客户种类，而是先设定物流服务的单价，再乘以实际提供的服务单位数，即得该项物流服务的售价。例如，物流中心的计费标准是 3.0 元/托盘·天，不满 1 托盘者按 1 托盘计费，如果每天库存量为 10 托盘，则每天的存储费用是 30 元（10×3.0=30）。

物流服务的收费标准通常根据经验或市场价格来确定，但其前提条件是该项物流服务必须可以被分割，如按小时计费或按单位面积计费。客观定价法具有连贯性和易于计费等优点。

2. 认知价值定价法

认知价值定价法是物流企业根据客户对物流服务的感知价值和接受程度来制定物流服务价格的定价方法。这种定价法是将购买者对物流服务价值的认知作为定价的关键因素，而不是售卖者的成本。企业利用营销组合中的非价格变量来影响购买者头脑中对物流服务的感知价值，并制定适当的价格与购买者的感知价值相匹配。影响物流服务定价的主观因素包括物流服务效率的估计、物流企业的经验和能力、物流企业的知名度、物流工作的类型和难度、物流服务的便利性和可得性、客户对物流服务的感知价值与接受程度。

由于第三方物流企业提供的是多样化、个性化的物流服务，其服务对象和服务情况各种各样，所谓主观定价是根据主观判断进行定价。所以客观定价法必须结合客观依据进行定价。根据情况灵活地调整物流服务的价格。例如物流企业可以与客户进行沟通，根据客户对物流服务的需求和期望，以及客户的购买方便性来了解客户愿意支付的物流服务费用额度。例如，某物流企业公路运输和铁路运输（铁路运输有铁路行包运输、铁路五定运输）每立方米货物重于250kg按重货计费，每立方米货物轻于250kg按轻货计费；铁路行邮运输每立方米货物重于167kg按重货计费，每立方米货物轻于167kg按轻货计费。对于每立方米货物200kg的客户，可以与其沟通，了解货物、对物流服务的需求及时间、价格要求等情况，如果是普通货物，对时间要求不高，可以考虑铁路五定或行包运输，且能给客户一个优惠价格；如果客户对时间要求高且货物比较重要时，可以采用铁路行邮运输。当然，在选择运输方式的时候还要考虑货物数量，以数量的多少来定价。

3. 成本导向定价法

成本导向定价法是指物流企业依据物流服务的成本确定物流服务价格的定价方法。具体包括成本加成定价法、目标利润定价法、变动成本定价法、非标准物流服务合同定价法。

（1）成本加成定价法。成本加成定价法是按照物流服务的单位成本加上一定比率的利润来制定物流服务价格的定价方法。加成的含义就是一定比率的利润。成本加成定价法的计算公式为：

$$P=C(1+R)$$

式中，P 为单位运输价格；C 为单位运输总成本；R 为成本加成率或预期利润率。

成本加成定价法的主要优点，一是计算简单，大大简化了企业的定价程序；二是对于买卖双方较为公平，容易被双方接受，即卖方"以本求利"，可保持合理的收益，买方也不至于因需求强烈而付出高价；三是在一定条件下能缓和竞争，即在物流行业中，各物流企业在生产条件基本相同的情况下，成本和成本加成率或预期利润率接近时，采用成本加成定价法制定的价格也比较接近，因此可以缓和同行业之间的价格竞争。但该方法也存在明显的局限性，主要反映在定价过程中没有考虑市场需求的变化和市场竞争的影响，因而只适用于卖方市场条件下的物流服务的定价。

（2）目标利润定价法。这是根据企业所要实现的目标利润来定价的一种方法。同成本加成定价法相比，该方法主要是以企业想达到的利润目标为出发点来制定物流服务价格，而成本加成定价法是以物流服务成本为出发点来制定物流服务价格。目标利润定价法的基本公式为：

单位运输价格=（固定成本+变动成本+目标利润）/预计销量

例如，某公司 9 月计划周转量为 5 000（kt·km），单位变动成本为 150 元 /（kt·km），固定成本为 20 万元，目标利润为 30 万元，则：

单位运输价格=（200 000+150×5 000+300 000）/5 000
=250 元 /（kt·km）

这种方法的特点是有利于物流企业加强管理的计划性，可较好地实现目标利润，但要注意估算好物流服务售价与期望销量之间的关系，尽量避免确定了价格而销量达不到预期目标的情况。

（3）变动成本定价法。这种定价方法是以物流服务的变动成本作为定价的基础，只要是单位运输价格大于单位物流服务变动成本的价格，定价都是可以接受的。此定价方法的特点是不求盈利，只求少亏，其计算公式为：

单位运输价格=变动成本/预计销量

例如，某物流企业 7 月计划周转量为 4 000（kt·km），变动成本为 20 万元，固定成本为16 万元，则：

单位运输价格=200 000/4 000=50 元/（kt·km）

它表明当单位运价大于 50 元/（kt·km）时企业还是可以继续经营的，因为企业保本的单位运价为 90 元/（kt·km）[（160 000+200 000）/4000=90]，当 50 元/（kt·km）<单位运价≤ 90 元/（kt·km）时，企业尽管是亏损的，但是单位运价在此范围内存在着边际贡献，即销售收入与变动成本的差额，可以补偿固定成本，减少亏损。所以，企业仍然可以继续经营，只有当单位运价>90 元/（kt·km）时，企业才会盈利。

采用变动成本定价法所确定的价格一般要低于采用成本加成定价法确定的价格，由于物流企业容易迅速扩大市场，只要售价不低于单位变动成本，物流企业就可以维持经营。

（4）非标准物流服务合同定价法。这也是成本导向定价法中常见的一种方法。非标准物流服务合同定价法是指企业提供的非标准物流服务无市价可供参考，只能以成本为基础协商定价并签订合同的一种定价方法。合同又分为以下几种。

①固定价格合同。买卖双方对物流服务的成本计算均有一定知识和经验，经过双方协商得到一致同意的价格，将此价格作为明确的合同价格固定下来，不管今后卖方物流服务的实际成本高低，均按此固定价格结算。这种定价法能促使卖方努力降低成本，但合同的双方无论哪方缺乏经验都可能遭受损失，风险较大。

②成本加成合同。对买方迫切需要订购的物流服务，在与买方签订合同时，卖方成本（指实际生产成本）在合理的且允许的范围内实报实销，并按此成本和规定的成本利润计算卖方应得的收益，实际生产成本加应得利润即价格。采用这种方法时，卖方会故意抬高成本，使买方蒙受损失，一般较少采用。

③成本加固定费用合同。合同规定价格由实际成本加固定费用两部分构成。成本实报实销，固定费用在合同中写明具体金额。这种定价法使卖方无法提高成本，减小了买方的风险，同时能保证卖方取得一定的利润，但缺乏鼓励卖方降低成本的动力。

④奖励合同。合同明确规定预算成本和固定费用额，并规定实际成本超过预算成本时可以

实报实销。节约的成本则按合同规定的比例由双方分成，给卖方的即成为鼓励卖方降低成本的奖励。这种定价法有利于鼓励卖方尽力降低成本。

4. 需求导向定价法

需求导向定价法是指企业在定价时不是以企业的成本为基础，而是以市场需求的强度和客户对物流服务价值的理解程度为依据来确定物流服务价格的方法。当市场需求强度大时，企业可以适当提高价格；当市场需求强度小时，企业则适当降价。具体定价方法有理解价值定价法、区分需求定价法、习惯定价法和比较定价法。

（1）理解价值定价法。理解价值定价法是指企业根据客户对物流劳务价值的认识制定价格的定价方法，也就是根据物流服务在客户心目中的价值决定产品价格的定价法。这种定价不以卖方的成本为基础，而以买方对物流服务的需求和价值的认识为出发点。企业运用销售推广策略，特别是其中的非价格因素影响客户，让客户在头脑中形成一种价值观念，然后根据这种价值观念制定价格。

理解价值定价法的关键之一是要求企业对客户理解的价值有正确的估计和判断。如果企业对客户理解的价值估计过高，定价必然过高，从而影响销售量；反之，定价过低，则不能实现收益最大化。无论是定价过高或过低，最终都会给企业造成损失。为避免出现这种情况，企业在定价前要认真做好市场调研，将自己的物流服务与竞争者的物流服务进行仔细比较，并且与客户进行双向沟通，从而正确把握客户的感受价值，并据此制定合理价格。

（2）区分需求定价法。区分需求定价法就是企业在不同季节、不同时间、不同地区，针对不同买方，对价格进行修改和调整的定价方法。例如，物流企业按照从事业务运作的区域及主要物流业务的市场成交价，分线路、分类型、分业务量进行定价。它并不按照边际成本的差异制定不同的价格，而是根据不同的客户、物流服务的形式、时间、地点制定不同的价格。

同一种物流服务，对于不同客户，既可按价目表出售，也可以通过讨价还价的方式给予一定的折扣。在不同季节、时间企业可以规定不同的价格。企业采用这种区分需求定价法时，要特别注意一些细节，如市场要能够细分并能掌握其需求的不同；要确实了解到细分市场的其他竞争者不可能以更低的价格提供物流服务；差别价格不会引起客户反感等。

（3）习惯定价法。习惯定价法是物流企业依照长期被客户接受的价格来定价的一种方法。在物价稳定的市场上有许多物流服务，由于人们长期购买而逐渐形成一种习惯价格或便利价格，这种习惯的、便利的价格，在物流业中较为常见。对这类物流服务，任何企业要想打开销路，必须依照习惯价格或便利价格定价，即使生产成本降低，也不能轻易减价，因为减价容易引起客户对物流服务质量的怀疑；反之，生产成本增加，也不能轻易涨价，只能靠薄利多销弥补低价的损失，否则将影响物流服务的销路。例如，当每公里的运输价格确定后，即使燃料的价格发生变化，运输价格也不能轻易变动。

当市场上存在着强有力的习惯价格时，如果物流服务不具有特殊性，企业只能依照行业一般价格定价。甚至在由于原材料、燃料等涨价，原售价已无利润可言时，企业也只能通过技术革新、提高劳动生产率、降低成本来解决，或者舍弃原有物流服务的型号，推出改型换代的新的物流服务，以求获得一定的利润。

（4）比较定价法。比较定价法是企业根据对物流服务需求弹性的研究与市场调查来决定价格的一种方法。一般认为，价格高，获利则多；反之，获利就少。其实，根据市场需求情况，企业实行薄利多销的策略，定价虽低，销量却能增加，就可以获得较高的利润。

究竟是采取低价薄利多销的策略还是高价高利少销的策略，可以通过对价格需求弹性的研究与市场调查来决定。对于富有弹性的物流服务，可以采取降低价格的办法；对于缺乏需求弹性的物流服务，则应采取提高价格的办法。

5. 竞争导向定价法

竞争导向定价法是指企业根据同一市场或类似市场上竞争者的物流服务价格，来制定本企业物流服务价格的一种方法。这种方法只需要了解竞争者的物流项目和相应的价格即可，因而简便易行。其不足之处是当特殊市场没有参考价格时，很难对这种市场上的专门物流或特殊物流制定价格。竞争导向定价法主要有随行就市定价法、低于竞争者物流服务价格定价法、高于竞争者物流服务价格定价法、投标定价法、差别定价法、倾销定价法、垄断定价法。

（1）随行就市定价法。这是以同行业的平均现行价格或"市场主导者"（在相关物流服务市场上市场占有率较高的企业）的价格为标准来确定本企业物流服务价格的一种方法。在以下情况中企业可考虑采取这种定价方法：物流服务难以估算成本；企业打算与同行业其他企业和平共处；如果另行定价很难预估消费者对本企业的价格的反应。

当企业物流服务的质量等综合因素与同行业中大多数企业比较，没有较大差异时，即在同质产品市场条件下，无论此时是有较多的企业生产该类物流服务产品，还是由于专利权、特许经营、政府政策限制导致只有少数几家企业允许生产该类产品，企业都是按照同行业的平均价格水平来确定物流服务价格的，这就是所谓的随行就市定价法。它可使该企业的物流服务价格与大多数同行企业的物流服务价格保持一致，避免定价过高或过低，从而在和谐的氛围中获得平均报酬。

当某企业物流服务的质量、服务、销售条件等因素与同类企业有较大差异时，即在异质产品市场条件下，企业有较大的自由度决定其物流服务价格。物流服务的差异化会使购买者对物流服务价格差异的存在不甚敏感。对于竞争者，企业要确定自己的适当位置。总之，企业要在定价方面有别于竞争者，其物流服务策略及市场营销方案也应尽量与之适应，以应付竞争对手的价格竞争。此时，异质物流服务市场中物流服务价格的确定可采用如下公式计算：

$$本企业价格=用于比较的标准价格×（1±差异率）$$

另外，如果某种物流服务市场是完全垄断市场，即在该市场中由于专利权、政府规定等原因导致只有一家企业可以提供该类物流服务，因为没有竞争者，该企业物流服务定价就不能用竞争导向定价法。在这种情况下，垄断企业往往从自身利润的角度去确定价格。

（2）低于竞争者物流服务价格定价法。低于竞争者物流服务价格定价法是指那些成本低于同行业平均成本的企业准备推销物流服务，渗入其他企业已经建立牢固基础的市场或扩大市场占有率时所用的一种方法。当企业以低于竞争者物流服务的价格出售物流服务时，往往提供的服务项目较少。

（3）高于竞争者物流服务价格定价法。高于竞争者物流服务价格定价法是指那些能提供特种物流服务和高质量物流服务的品牌企业，凭借其物流服务或服务本身独具的特点和很高的声誉，以及能为消费者提供更高水平服务的保证等，而与同行竞争所采取的一种定价方法。这些按较高价格出售的物流服务，一般是受专利保护的物流服务。

（4）投标定价法。投标定价法一般是指由买方公开招标，卖方竞争投标，密封报价，买方按物美价廉原则择优选取，到期当众开标，中标者与买方签约成交的定价方法。这种方法往往是在买方市场（物流服务供大于求的市场）中由买方掌握主动权时运用。运用此种方法时，企业对物流服务的定价权实际上已在某种程度上转移到了买方。

对企业来说，为了能够以科学、合理的价格中标，必须认真选择和确定投标价格：一是分析招投标条件，确认企业的主客观情况是否符合招标项目的要求；二是计算直接成本，拟订报价方案；三是分析竞争者的特点和可能报价，估计中标概率；四是计算每个方案的期望利润，并据此确定投标价格。一般来说，期望利润与报价成正比，而与中标概率成反比，其计算公式为：

$$期望利润 = （报价 - 估计成本）× 中标概率$$

例如，某企业参与某项投标，估计总费用为 80 万元，在收集可能的竞争者的相关信息后，提出了 4 种可行的报价方案，其投标分析如表 9-7 所示。

表 9-7 投标报价期望利润分析

投标报价（万元）	估计成本（万元）	可获利润（万元）	中标概率（%）	期望利润（万元）
(1)	(2)	(3)=(1)-(2)	(4)	(5)=(3)×(4)
90	80	10	60	6
95	80	15	50	7.5
100	80	20	30	6
105	80	25	20	5

从表 9-7 中可以看出，较有利的报价是 95 万元，期望利润为 7.5 万元，它意味着中标概率与可获利润二者结合的效果最好，若报价 105 万元，虽获利多但中标概率极低。

（5）差别定价法。物流企业在提供物流服务的过程中，若提供与别的物流企业异质的服务，可以采用差别定价法制定价格。若该物流企业提供的服务比其他企业的服务质量差，可以制定较低的价格；当该物流企业提供的物流服务优于其他企业时，可以制定相对较高的价格。

（6）倾销定价法。倾销定价法是企业在控制了国内市场的情况下，以低于国内市场的价格向国外抛售，借低价打击竞争者而占领国外市场的定价方法。企业以低价基本控制国外目标市场后，继续实行薄利多销，以达到总体利润最大的目的，不断开拓国际市场。但是在实行倾销定价法时应注意进入国或进入地区对于市场监管的各项制度与法律。

（7）垄断定价法。当少数垄断企业控制了某项物流服务的市场时，会结成垄断同盟或达成垄断协议，使物流服务定价大大超过其价值，同时使非垄断企业的配套服务定价低于实际价值。

总之，在实际中，企业定价的方法并不一定局限在以上所列举的这几种。随着管理科学的发展、企业管理方法和经验的丰富、信息技术和数量分析技术等的日趋成熟，必然会产生更科学、更合理的定价方法。在运用定价方法进行定价时，不能过于刻板，不同的定价方法之间并不一定是相互排斥的。因此，要想使某种物流服务的价格科学、合理，企业还需综合分析物流服务本身的相关因素，运用相应的方法去定价。

本章小结

本章通过阐述物流服务的价格原理等基本概念，对影响物流服务定价决策的成本因素、需求因素、竞争因素、国家政策方针因素及其他相关因素等进行分析，依据物流企业定价的基本原则，分别阐述了客观定价法、认知价值定价法、成本导向定价法、需求导向定价法及竞争导向定价法等物流企业定价时使用的一般方法。

巩固复习

回答下列问题（达到深刻理解给 5 分，部分理解给 3 分，不理解给 1 分）

1. 简述物流服务价格的特点。
2. 简述影响物流服务定价决策的内部因素。
3. 什么是变动成本定价法？
4. 企业定价时应遵循哪几个目标？
5. 简述影响物流服务定价决策的外部因素。
6. 什么是成本导向定价法？
7. 物流企业定价方式有哪几种？
8. 物流企业定价的依据是什么？
9. 为什么物流企业要使用物流服务项目定价方式？
10. 为什么物流企业要使用随行就市定价法进行定价？

请把各小题分数相加，如总分为 42～50 分，请继续下面的题目；总分为 33～41 分，请对不足之处进行有针对性的复习；总分在 32 分以下，请重新学习本章相关内容。建议你在学习过程中多与老师和同学探讨不理解之处。

多项选择题

1. 对市场价格的形成有着重要影响的国家有关方针政策，归纳为手段的话包括（　　）。
   - A. 行政手段
   - B. 法律手段
   - C. 政治手段
   - D. 价格手段
   - E. 经济手段

2. 物流企业在用投标定价法确定各个方案的期望利润，选择投标价格时，要用到的资料是（　　）。
   - A. 投标报价
   - B. 总变动成本
   - C. 估计成本
   - D. 中标概率
   - E. 竞争者的报价

3. 影响物流服务定价决策的外部因素有（　　）。
   - A. 国家有关方针政策
   - B. 其他要素
   - C. 竞争要素
   - D. 营销组合战略
   - E. 需求要素

4. 需求导向定价法包括（　　）。
   - A. 理解价值定价法
   - B. 区分需求定价法
   - C. 习惯定价法
   - D. 比较定价法
   - E. 差别定价法

5. 非标准物流服务合同定价法中的合同包括（　　）。
   - A. 固定价格合同
   - B. 成本加成合同
   - C. 成本加固定费用合同
   - D. 奖励合同
   - E. 非标准价格合同

思维提升

1. 如何理解物流服务价格的形成？
2. 简述物流企业定价的方法。

拓展阅读

1. 董千里. 集成场理论：两业联动发展模式及机制[M]. 北京：中国社会科学出版社，2018：301-334
2. 董千里，等. 物流运作管理 [M]. 3 版. 北京：北京大学出版社，2022.

实例分析

物流企业定价策略分析

K 物流公司在某大城市对超市进行市内配送时，由于受到车辆进城作业的限制，转而寻求当地的搬家公司——M 公司提供配送车辆支持。但是 M 公司开出的配送价格是半天（6 小时）200km 以内为 200 元/车，大大超过了 K 物流公司可接受的 120 元/车的底线。

K 物流公司经过仔细调查分析后发现，M 公司 90%的搬家作业均在上午进行并在中午左右结束，这就意味着 M 公司的大部分车辆和人员在下午基本上处于空闲状态，其上午搬家作业的收益已经足够支持其成本的支出和期望得到的利润。K 物流公司的市内配送业务却基本在下午 2:00 以后进行，K 物流公司支付给 M 公司的费用除去少量的燃油费作为额外成本，其余的都应该是 M 公司得到的额外利润。如果按每天下午一辆车行驶 200km 计算，燃油费不应高于 50 元。从这个角度看，K 物流公司的市内配送业务带给 M 公司的不仅是新增加的业务和实在的收益，而且对其资源的合理应用也是非常有利的。

最后的结果是，经过 K 物流公司与 M 公司在价格和服务方面的仔细测算，双方就 80～90 元/车的价格达成了共识。

（长安大学物流与供应链研究所提供）

案例探讨

1. 试分析 K 物流公司与 M 公司形成价格共识的理论依据。
2. K 物流公司在达成共识的过程中考虑了哪些因素？

第 10 章

物流服务分销渠道策略

本章学习重点

- 物流服务分销渠道的含义、特点与作用
- 物流服务渠道行为及分销渠道系统
- 影响物流企业分销渠道决策的因素和分销渠道的选择
- 物流企业分销渠道的管理与完善
- 电子商务对分销渠道的影响

章首引例

"三只松鼠"坚果电商的物流分销渠道

移动互联网时代使物流渠道发生了深刻变化,大家纷纷转向 O2O 策略。"三只松鼠"是依赖线上电商渠道起家的互联网坚果品牌,成立于 2002 年。随着自身的发展,"三只松鼠"逐渐建立起完善的线上线下分销渠道。

1. 线上营销渠道

"三只松鼠"将线上平台作为主营销渠道,打造了"天猫旗舰店+微信社交电商"双线上平台,并借助与第三方快递公司的合作,快速实现了新产品的推广与销售。

2. 线下营销渠道

除线上零售外,"三只松鼠"还开设线下直营连锁的投食店和联盟店形式的松鼠小店,并使用专业的物流服务配送到各个门店,实现线下直接对接消费者进行销售。

零售商分销渠道方式是以零售通为代表,借助完善的零售渠道实现商品分销的。

企业通过打造线上线下双物流分销渠道,可以便捷地服务消费者,同时这些渠道的协同运行能够带来很好的品牌展示、消费体验和互动效果。

(根据网络新闻资料整理)

10.1 物流服务分销渠道

10.1.1 物流服务分销渠道的含义

分销渠道是指某种产品和服务在从生产向消费转移的过程中，取得这种产品和服务的所有权或帮助所有权转移的所有企业和个人。其中既有商人中间商——他们取得所有权，也有代理中间商——他们帮助转移所有权，还有处于渠道起点和终点的生产者和最终消费者或用户。分销渠道的作用是把由生产者制造的产品分类转变为满足消费者小批量需求的种类较宽的产品。

对于物流服务来说，考虑其产品的特性，物流服务分销渠道应是物流服务从物流企业向客户转移并实现其价值的途径及所包含的各类成员组织。对于物流服务分销渠道的成员来说，物流企业及最终用户是整个链条的起点和终点，也是关键点。考虑到服务企业的特性、生产与消费的同一性，销售渠道也是体现物流企业服务质量的重要环节。正因为如此，物流企业若需要中间商，即代理商参与到销售渠道中，应明确代理商在渠道中的作用，并对其进行严格管理和监督，只有这样才能保证服务质量。

10.1.2 物流服务分销渠道的类型与结构模式

1. 一般商品分销渠道结构

构成销售渠道的基本成员是生产者、中间商、零售商和消费者，按推进阶段，可以划分为0~3级销售渠道，如表10-1所示。

表10-1 一般商品销售渠道结构

渠道级别	销售渠道结构
0级销售渠道	生产者→消费者（电商直销模式）
1级销售渠道	生产者→零售商→消费者
2级销售渠道	生产者→批发商→零售商→消费者
	生产者→代理商→零售商→消费者
3级销售渠道	生产者→代理商→批发商→零售商→消费者
	生产者→批发商→中间商→零售商→消费者

显然，0级销售渠道是最直接的销售模式。戴尔公司的直销模式就是这种模式，非常诱人，但是要实现这个模式非常困难。企业需要考虑：怎样划分消费者市场？怎样正确地处理每个客户（大企业、分销商、小企业、家庭等）的需求信息？怎样把了解到的客户信息迅速传递到生产部门？怎样迅速采购到客户指定的零件？怎样在减少材料库存的同时又不降低生产速度？1级销售渠道到3级销售渠道分别增加了一些中间环节，如代理商、批发商及中间商。

2. 物流服务分销渠道的类型

（1）长渠道和短渠道。长渠道和短渠道应该是相对的，一般来说，分销渠道的长度按渠道环节的多少来划分，中间环节越少，渠道就越短，称为短渠道；中间环节越多，渠道就越长，则称为长渠道。长渠道具有市场覆盖面广、渠道占分销资源多等优点，但是企业对渠道控制能力相对较弱，服务难度大，渠道之间出现冲突的可能性大；短渠道具有企业对渠道控制能力强等优点，同时也存在在渠道上投入的资源多、渠道成本高、市场覆盖面狭窄等缺点。对于物流企业来说，产品的分销更多的是直销，或者依赖一层代理人进行分销，所以其渠道长度相对较短。

（2）宽渠道和窄渠道。宽渠道是指物流企业同时选择两个以上的代理人为其分销服务，从而扩大自身的分销面；窄渠道使用的同类中间商相对较少，只选择一个中间商为其分销服务，带来的结果就是分销面较窄。宽渠道具有市场覆盖面广的优点，但是较难管理；窄渠道具有容易管理的优点，可是由于缺乏竞争，客户满意度容易受影响，中间商反控制能力强，遇到冲突时，企业处于劣势。通常，物流企业对一些生产资料和少部分专业性较强或较贵重的物品提供物流服务时，适宜采用窄渠道。

> ⚠ **特别提示 10-1**
>
> ## 物流服务代理商的作用
>
> 物流代理的定义："物流渠道中的专业化物流中间人，以签订合同的方式，在一定期间内，为其他公司提供所有或某些方面的物流业务服务。"从广义的角度及物流运行的角度看，物流代理包括一切物流活动，以及发货人可以从专业物流代理商处得到的其他一些价值增值服务。提供这一服务是以发货人和物流代理商之间签订的正式合同为前提条件的。这一合同明确规定了服务费用、期限及相互责任等事项。目前，被广泛提及的无车承运人或无船承运人模式就是物流服务代理商的一种表现形式。
>
> 物流服务代理商对企业的作用主要表现如下。
>
> （1）集中于主业。企业能够将有限的人、财、物集中于核心业务，进行新产品和新技术的研究、开发，以提高自己的竞争力。
>
> （2）节约投资。根据对工业用车的调查结果，企业解散自有车队而寻求公共运输服务的主要原因是减少有关的固定费用，这不仅包括购买车辆的费用，还包括与车间、仓库、发货设施、包装机械及员工工资等有关的许多开支。
>
> （3）减少库存。物流代理服务商借助精心策划的物流计划和适时的运送手段，使企业库存开支减少，并改善企业的现金流量。
>
> （4）创新管理。物流代理服务商可利用物流服务商的创新性物流管理技术和先进的渠道管理信息系统为自己开辟业务发展道路。当企业计划在自己不熟悉的地理环境中开展业务时，可充分利用物流代理服务商的专有技术和经验来进行有关运作。
>
> （5）提升企业形象。
>
> 传统的货运代理业与现代物流服务的区别如下。
>
> （1）现代物流服务企业必须掌握先进的管理技术，与各有关单位沟通时全凭信息交换和信息处理的技术与设备；传统货运代理主要依赖货运设备，如仓库、车队等，在货运代理业务中，信息的来源主要依靠客户自行提供。
>
> （2）货运代理服务通常以客户指示为出发点，相比较而言，这种服务是被动的；现代物流服务的目标则是不断地满足客户的需要，帮助客户制定经营策略，因而是主动的，具有导向作用。
>
> （3）现代物流服务并不一定从事具体的货运工作。其主要任务是通过向有关客户推销先进的货运一体化管理技术，着重对整体运输环节进行控制，从而对客户提供运输管理服务。因此，他们不一定像货运代理人那样实际从事具体的货运工作，将客户的货物从某一点运到

指定的另一点。

（4）货运代理人仅参与和货运有关的活动，但现代物流服务还可能向客户提供全球性订货与供货服务。因此，现代物流服务的范围更广，与供应链上的企业联系更为紧密。

（5）现代物流服务企业更需要完善的物流网络，建立健全自己的物流网络比只从事货运代理的企业更加重要。企业没有完善的网络就无法做好供应链的管理与运输服务工作。

3．物流服务分销渠道的结构模式

物流服务分销渠道的结构模式，应根据服务产品和终端用户的不同，采用不同的分销渠道结构。对于高端客户及核心产品，因其要求的服务个性化、差异化明显，同时它们也涉及物流企业的核心竞争力，企业应选择短渠道、窄渠道，即采用直接销售，不依靠代理商。对于低端客户及附属产品，扩大市场占有率是提高销售额的关键，任何渠道的任何销售对于实现销售目标都有帮助，因此企业可采用长渠道、宽渠道，即通过代理商扩大销售范围。

结合上述对物流服务分销渠道类型的分析，可以得出物流服务销售渠道的结构模式。

（1）直接渠道。直接渠道是指物流企业直接将服务产品分销给客户，不需要中间商参与（见图10-1）。采用直接渠道有许多优点：① 物流企业可以对分销和促销服务过程进行有效的控制；② 可以减少佣金折扣，便于企业控制服务价格；③ 可以直接了解客户需求及其变化趋势；④ 便于企业开展促销活动；⑤ 有利于企业向客户提供个性化的服务。由于具备上述优点，所以直接渠道成为目前绝大多数物流企业首选的渠道模式。另外，由于互联网的迅速发展，许多物流企业都通过这个先进的媒介进行服务的宣传和推广。例如，美国的联邦快递公司（FedEx）在 1995 年开通网站，客户可以实时提交业务、跟踪运输情况、得知抵达时间等。当然，直接渠道也会耗费企业较多的精力、物力、财力和人力，企业营销覆盖面也较窄。

图 10-1　直接渠道

（2）间接渠道。间接渠道是物流企业通过一些中间商向客户分销物流服务的渠道模式（见图 10-2）。采用间接渠道具备如下优点：① 比直接分销投资更少、风险更小；② 代理商更容易适应某一地区或某一细分市场的客户的特殊要求；③ 有利于物流企业扩大市场覆盖面；④ 有利于延伸信息触角，拓展信息来源。间接渠道的缺点主要在于物流企业不能直接面对终端客户，同时代理人管理水平参差不齐、服务质量难以保证，出现问题时客户会将抱怨和不满归于物流企业。另外，代理人的忠诚度也将直接影响分销量。

图 10-2　间接渠道

4．现代分销渠道结构理论

（1）渠道结构系统化理论。该理论强调在销售渠道中，看似独立的机构完成的任务其实是相互依赖的。物流企业需要依靠代理商帮助自己将服务产品传送到最终用户；代理商依赖物流企业的品牌或其他资源为其提供生存空间，从而实现其盈利目标；客户依赖物流企业或代理商为其提供物流服务。由于渠道结构组织间的这种相互依赖性，分销渠道可以被视为一个网络系统，因此也就应该遵循系统运行的基本特征：整体性、有序性、相关性和开放性。

（2）渠道结构扁平化理论。传统的渠道结构模式也称为金字塔渠道结构模式，主要强调代理商的作用。这种模式以其强大的辐射能力，为扩大市场份额做出了卓越的贡献。随着新形势的要求及物流服务的特殊性，渠道结构扁平化由于适应性强及反应快速，受到物流企业的推崇。

（3）战略伙伴理论。渠道冲突总是不可避免的，于是发展渠道成员间密切伙伴关系（又称战略伙伴关系）的观点开始出现，即渠道内各成员之间应发展和保持密切的、固定的合作关系，使传统渠道关系由"你"和"我"的关系变为"我们"的关系。通过建立战略伙伴关系，可以对有限资源进行合理配置，降低渠道总成本，提高渠道的经营绩效，使分散的渠道成员形成一个整合体系，渠道成员为实现自己或大家的目标共同努力，追求双赢（或多赢）。对于物流企业来说，在选择代理商的过程中，就应以实现"共同发展"为主要目标，与代理商构建共赢的合作关系。

（4）渠道对角线理论。渠道对角线理论是由著名营销学专家舒尔茨提出的。这一理论研究是对渠道成员的渠道地位转移规律进行动态研究的一种新的尝试。研究表明，随着时代的变化，渠道主导地位由初期的生产商拥有过渡到发展时期的由中间商拥有，最终在步入成熟期时由消费者拥有。整个演变过程呈对角线状。因此，舒尔茨把这种渠道地位转移现象称为渠道对角线转移。对于物流服务分销渠道来说，渠道的控制权主要掌握在客户手中，即需求决定物流企业的服务内容及水准；物流企业与代理商之间，或多或少地存在一定的博弈，这就需要物流企业明确代理商在销售渠道中的作用并注意对其的管理方式和强度。

现代分销渠道结构理论不仅揭示了物流服务分销渠道结构模式的发展趋势，也深刻地剖析了渠道结构成员之间的关系。对于物流企业来说，在渠道构建及管理控制的过程中，应以上述理论为指导，创建适合自己企业的最优分销渠道。

10.1.3　物流服务分销渠道的特点

1. 层次少

物流服务作为物流业的产品，由于与其他产业的产品不同，即产品的生产与消费同时发生，所以在分销渠道的层次上，物流服务的分销渠道绝大多数为 0 级销售渠道，即直接分销渠道（产品从生产者流向最终消费者的过程中不经过任何中间商转手的分销渠道）。同时，即使存在中间商，其作用也是非常有限的。

2. 可控性强

由于物流服务分销渠道具有层次少的特点，所以在日常的运作过程中，物流企业可以对自身产品的营销进行直接控制，而不像其他产品的营销活动那样，受其他因素影响过大从而导致分销行为不能达到最初的营销期望。

10.1.4　物流服务分销渠道的作用

1. 一般分销渠道的作用

从经济理论的观点来看，分销渠道的基本职能在于把自然界提供的不同原料，根据人类的需求转换成有意义的产品组合。分销渠道对产品从生产者转移到消费者所必须完成的工作加以组织，目的在于消除产品（或服务）与使用者之间的分离。分销渠道的作用主要有以下几点。

（1）研究。帮助企业收集制订生产经营计划和进行交换所必需的信息。

（2）促销。进行关于所供应产品的说服性沟通。

（3）接洽。寻找可能的购买者并与之进行沟通。

（4）配合。使所供应的产品符合购买者的需求，包括分类、分级、装配、包装等活动。

（5）谈判。为了转移所供产品的所有权而就其价格及有关条件达成最后的协议。

（6）物流。从事产品的运输、储存。

（7）融资。为补偿渠道工作的成本费用而导致的资金取得与支出。

（8）承担风险。承担与渠道工作有关的全部风险。

2．物流服务分销渠道的具体作用

根据物流服务的特点，分销渠道主要具备以下作用。

（1）服务传递。将物流服务最终送达用户。

（2）服务实现。物流服务的传递过程也是物流服务实现的过程。

（3）信息反馈。将终端用户的意见与需求通过渠道传递给物流企业。

物流窗口 10-1

"智能时代"京东物流供应链渠道服务解决方案

在智能时代，京东通过运用大数据、云计算等技术深耕传统仓储，提供仓配一体化解决方案，实现上下游全流程联动，全程可视、可控、可查；满足商家对安全性、时效性、准确性的高要求，提升核心竞争力。同时京东结合京东商城的业务需求，针对不同行业的不同销售渠道，提出不同的解决方案。如数码3C物流供应链服务、服饰家居物流供应链服务、消费品物流供应链服务、图书物流供应链服务、大件智慧供应链服务。如图10-3所示，以消费品为例，完整地展示了消费品物流供应链渠道服务模式。

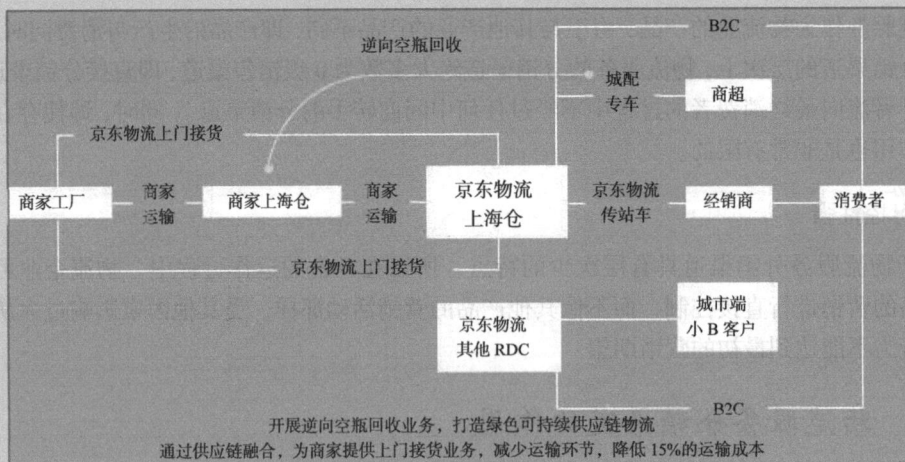

图10-3　京东消费品物流供应链渠道服务模式

（根据京东物流官网资料整理）

10.2　物流服务分销渠道系统

10.2.1　物流服务渠道行为的特点

物流服务作为物流企业销售的产品，是附带一定设施、设备的服务，所以分销渠道与有形产品的分销渠道有所不同。物流企业采取渠道行为，最大的目的是通过渠道的构建和行为的实施使物流产品以最经济的方式到达需求者手中。物流服务的渠道行为应具备以下 3 个特点才能称得上是一项成功的物流服务渠道行为。

1．经济性

加强对销售渠道经济性的分析是物流企业的必要之举。因为对于企业来说，既要加强对物流渠道的控制，又要获得利润，这些都需要企业对销售行为进行经济分析，以决定渠道行为的具体实施方式，即使用自己的推销力量还是使用代理商的力量。

2．可控性

可控性主要是针对销售渠道中有中间商时而言的。加强对中间商的控制，使物流企业达到最初的销售目的，也是很重要的。一般来说，如果物流企业利用代理商来进行物流服务的营销活动，就使得销售渠道的长度增加，物流企业对渠道的控制能力就会有所下降。因此，加强物流企业和中间商之间的配合程度，是决定这种销售渠道行为成功的关键。

3．适应性

物流服务渠道行为要具备一定的适应性，即企业无论是自身营销还是采用代理商，无论是采用长分销渠道策略还是短分销渠道策略，都要适应企业自身情况及市场需求的变化。也就是说，物流企业的渠道行为必须具备相当好的弹性。

10.2.2　物流服务分销渠道系统类型

物流企业的服务分销渠道系统是渠道成员之间形成的相互联系的统一体系，这一体系的形成是物流运作一体化的产物。

1．纵向市场营销系统

纵向市场营销系统也称垂直市场营销系统，是由物流企业及其代理商组成的一种统一的联合体。这一联合体由有实力的物流企业统一支配、集中管理，有利于控制渠道各方的行动，消除渠道成员为追求各自利益而造成的冲突，进而提高成员各方的效益。纵向市场营销系统主要有公司式纵向市场营销系统、契约式纵向市场营销系统和管理式纵向市场营销系统 3 种，如图 10-4 所示。

（1）公司式纵向营销系统。它是指物流企业在分销渠道中拥有属于自己的渠道成员，并可以对其进行统一管理和控制的营销渠道系统。在这个系统中，有专门、正规的组织对销售过程中各个渠道成员之间可能产生的一切合作与冲突进行有效的控制。例如，中国储运总公司在推行现代企业制度过程中，建立了以资产为纽带的母子公司体制，理顺了产权关系，其所属的 64

个仓库遍布全国各大经济中心和港口，形成了覆盖全国、紧密相连的庞大网络，成为其跻身物流服务市场的强大基础。由于同属于一个资本系统，公司式纵向营销系统中各成员之间的联系极为密切，物流企业对分销的控制程度也最高。

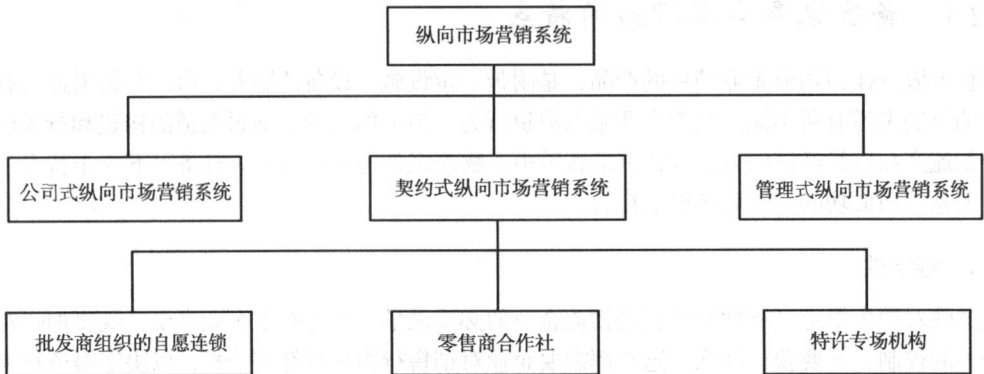

图 10-4 纵向市场营销系统

（2）契约式纵向市场营销系统。它是指物流企业考虑到自身经营需要投入大量人力、物力和财力，同时希望取得更好的经济利益或销售效果及对销售渠道能有良好的控制时，与其渠道成员之间以契约形式结合形成的营销系统。例如，物流企业同时授予多个代理企业代理权，这一系统的紧密结合程度要低于公司式纵向市场营销系统。

（3）管理式纵向市场营销系统。它是指不通过共同所有权或契约，而是由渠道中规模大、实力强的物流企业来统一协调物流服务销售过程中渠道成员各方利益的营销系统。

2．横向市场营销系统

横向市场营销系统是指通过本行业中各物流企业之间物流运作管理的合作，开拓新的营销机会，以提高物流效率，获得整体上的规模效益的一种市场营销系统。例如，上海集装箱船务有限公司是由中远集团和长航集团共同组建的，它的成立使长江中下游干线与上海始发的国际干线相连，对中远集团增强其在国际航运市场上的竞争力起到较大的作用。

横向市场营销系统可以较好地集中各相关企业在分销方面的相对优势，从而更好地开展分销活动。例如，各企业都有自己的分销网络，联合起来就可以同时扩大各企业的市场覆盖面；或者各企业有各自不同的分销技术优势，联合起来这些技术就可以共享；建立共有的分销渠道还能在一定程度上减少各企业在分销渠道方面的投资，由于协同作用而降低各自的经营风险，提高分销活动的整体效益。

3．网络化市场营销系统

网络化市场营销系统是纵向市场营销系统与横向市场营销系统的综合体。当某一企业物流系统的某个环节同时是其他物流系统的组成部分时，以物流为联系的企业就会形成一个网络，即物流网络。这是一个开放的系统，企业可自由加入或退出，尤其在业务最忙的季节最有可能用到这个系统。物流网络能发挥出规模经济作用的前提是物流运作的标准化和模块化。

10.3 物流企业分销渠道决策

10.3.1 影响物流企业分销渠道决策的因素

物流企业分销渠道决策是指为实现企业发展目标，对各种渠道结构进行评估和选择，进而决定是采用直接渠道还是采用间接渠道的过程。一般来说，物流企业分销渠道的选择会受多种因素的影响和制约，下面从市场因素、产品因素、物流企业因素、中间商因素进行分析。

1. 市场因素

市场因素对物流企业选择分销渠道的影响，主要从两个方面考虑：一方面，要考虑市场的宏观环境。当市场规模呈增长趋势，即物流服务需求较为旺盛时，物流企业可以尽可能地使用渠道成员，增加渠道的宽度及长度，以适应市场需求。另一方面，要考虑目标市场的特点。经过市场细分，对于高端客户来说，其对服务水准要求较高，且有时需要定制服务，间接渠道或长渠道不利于物流企业提供差异化服务，所以企业适合使用短渠道进行销售；相反，对于服务要求较低的低端客户，企业可采用相对较长的渠道进行销售，以更大程度地扩大销售范围。除此之外，目标客户的购买习惯也直接影响物流企业对分销渠道的选择，如果客户需要的是方便、快捷的服务，则物流企业需要与代理商合作，广泛地设立自己的服务网点。

2. 产品因素

对于物流企业的核心产品或高端产品，由于其提供服务的多样性和差异化程度高，往往需要很强的专业预定设计和服务技术能力，所以更适合使用短渠道进行分销，同时短渠道也会帮助物流企业在这部分产品上获得更大的利润。对于一些非核心服务产品，因所提供服务的差异化程度低，企业可使用较长的渠道进行分销，如利用代理商进行揽货，提供简单的运输、仓储等物流服务。

3. 物流企业因素

物流企业的自身因素是进行分销渠道决策的内部制约因素。物流企业的自身情况，如规模、财力、品牌、知名度及营销策略等，都会影响分销渠道的选择。

（1）物流企业的经营实力。经营实力包括企业的规模和财力状况。如果企业的规模较大并且财力雄厚，其选择分销渠道的余地很大，可依据具体情况自由选择分销渠道。相反，实力较弱的企业比较适合选择间接渠道，依靠代理商的力量开拓市场。

（2）物流企业品牌的知名度。品牌知名度高的物流企业的分销渠道可以有多种选择，既可以利用品牌直接吸引客户，也可以利用品牌优势发展与代理商的合作。不具备较高品牌知名度的企业需要经验丰富的代理商来帮助其打开市场，适合采用间接渠道。

（3）物流企业的营销能力。如果物流企业的营销机构拥有经验丰富的销售人员，销售能力较强，就可以依靠自己的销售能力，采用直接渠道进行销售活动。如果情况相反，则物流企业适宜采用间接渠道进行销售活动。

（4）物流企业控制渠道的愿望。如果物流企业希望能有效地控制分销渠道，就应该建立自己直接的销售渠道。但是，这样会使企业付出大量的人力、物力和财力。没有控制渠道的愿望和能力的物流企业应该选择间接渠道。

4．中间商因素

企业在确定分销渠道类型时，还必须考虑中间商的优缺点及可控性。一般来说，中间商在执行运输、广告、储存及接纳客户等方面，以及在信用条件、退货特权、人员训练和送货频率方面，都有不同的特点。如果市场上有成熟的代理人网络，物流企业可更多地考虑间接渠道。

10.3.2　物流企业分销渠道选择的原则

1．畅通高效的原则

这是物流企业渠道选择的首要原则。任何正确的渠道决策都应该符合物畅其流、经济高效的要求。畅通的分销渠道应以用户需求为导向，将产品尽快、尽好、尽早地通过最短的路线，以尽可能优惠的价格呈现给客户。

2．覆盖适度的原则

物流企业分销渠道应及时、准确地送达物流服务，应足以覆盖目标市场，并有较高的市场占有率。因此，企业选择渠道时要注重市场覆盖率。同时，企业在分销渠道模式的选择中，应避免扩张过度，分布范围过宽、过广，否则易造成沟通和服务困难，导致无法控制和管理目标市场。

3．稳定可控的原则

物流企业分销渠道模式一经确定，便需要花费相当大的人力、物力和财力去建立和巩固，整个过程往往是复杂而缓慢的。所以，企业一旦确定了物流分销渠道，一般情况下不会随意转换渠道模式。但是，影响分销渠道的各个因素总是不断变化的，一些原来的分销渠道难免会出现某些不合理的情况，这时，需要分销渠道具有一定的调整功能，以适应市场的新情况、新变化，保持渠道的适应力和生命力，企业在调整时应综合考虑各个因素并加以协调，使渠道始终都在可控制的范围内保持基本的稳定状态。

4．协调平衡的原则

物流企业在选择、管理分销渠道时，不能只追求自身的效益最大化而忽略其他渠道成员的利益。由于渠道成员之间存在合作、冲突、竞争关系，要求渠道的领导者对此有一定的控制能力，统一、协调、有效地引导渠道成员充分合作，鼓励渠道成员之间有益的竞争，减小冲突发生的可能性，解决矛盾，确保总体目标的实现。

10.3.3　物流企业分销渠道选择过程

1．选择渠道模式

物流企业在进行分销决策时，首先需要解决的问题就是渠道模式的选择。不同的渠道模式有其各自的优缺点，如直接渠道的优点是可以保证快速服务，并使物流企业直接与客户接触，第一时间了解到客户的需求和市场的变化，缺点是需要构建完善的销售网络；间接渠道可以帮助物流企业扩大销售范围，缺点是需要加强对代理人的管理。因此，物流企业应根据自己的企业目标、特点、自身实力及市场、产品、竞争环境等因素，设计和选择最适合自己的渠道模式。

2. 选择渠道成员

如果选择间接渠道进行物流产品的推广和销售，物流企业就要选择代理商及确定代理商的数量。代理商可以帮助物流企业实现组织货源、传递物流信息、提供咨询服务及参与物流服务等。物流企业应根据分销渠道发展规划，有重点、有步骤地招募渠道成员，筛选依据包括代理商的信誉度、资金实力、经营能力等。同时，物流企业要根据需要，确定是采用密集型分销策略、选择性分销策略还是独家分销策略。密集型分销策略是指物流企业尽可能多地选择代理商和利用代理商提供的服务，扩大与已有客户及潜在客户的联系，更多地组织货源，但要注意对代理商的可控性。选择性分销策略是有选择地确定几个具有实力的代理商从事本企业的分销活动，该策略相对来说有利于物流企业对渠道的控制，并与中间商保持良好的合作关系，目前使用该策略的物流企业较多。独家分销策略则是企业只选择一家经验丰富、信誉好的代理商推销产品、组织货源，考虑到物流企业的特点，独家分销势必会因为销售力量的不足而失去客户，因此该策略使用较少。

3. 确定销售渠道控制方式

物流企业通过建立分销渠道，整合、吸纳了社会资源，降低了成本；另外，分销渠道也存在一定的风险。因此，物流企业在建立分销渠道时，需要通过庞大的体系来支撑渠道管理，使分销渠道的运行处于可控状态。企业对分销渠道的控制，应从开始建立渠道时就着手进行，明确代理商进入渠道体系的门槛，同时加强对代理商的管理。此外，物流企业除要对渠道成员进行必要的考评外，还要更加侧重对渠道成员的援助，以实现"双赢"的目标。

10.4　物流企业分销渠道管理

物流企业在对各种影响因素进行分析并选择了渠道模式后，就要对渠道进行管理。渠道管理工作包括对直接渠道的完善及对间接渠道中的中间商的管理、激励与评价等。

10.4.1　物流企业直接渠道的管理

在物流业蓬勃发展的今天，直接渠道的作用从为公司销售产品扩大到优化间接渠道、节省代理费开支、确保渠道控制权上。

对于物流企业来说，直接渠道目前面临的问题有以下几点：首先，直销网点少，不能形成强大的销售网络。反观国外的物流企业，其对直销网络的构建往往有其独到之处，如 FedEx 选择与加油站合作建立营业网点，在迅速构建销售网络的同时节省了投入，最重要的是从客户需求出发，给客户带来便捷，客户在汽车加油时就可发运快件，可谓一举多得。其次，我国物流企业的产品竞争力不足，企业有时无法满足客户多样化的需求，而通过代理人可以实现服务的整合，但这又会凸显直销不能更加有效地吸引客户的缺点。由此，对于物流企业直接渠道的管理和完善，可以从以下几方面入手。

（1）以客户需求为导向，推出方便、快捷、完善的服务，提高自身的综合竞争能力。

（2）采用多样化的销售手段，构建完善的销售网络。例如，开展网上销售，利用互联网和电子商务，建立货运信息管理系统，在系统中为客户提供服务项目、价格、服务定制、货物跟踪等信息。网上销售的目的在于为客户提供一个便捷的网上服务窗口，为客户提供个性化服务和一对一服务，提升物流企业的服务层次。

（3）与其他物流企业结成联盟，提高竞争能力。在日趋激烈的市场竞争中，物流企业单靠自己的力量不可能提供客户满意的产品。物流企业之间可以结成联盟，实现服务产品的整合，依靠整体的力量开展销售，提高产品的综合竞争力。

10.4.2　物流企业间接渠道的管理

中间商选定之后，还需要进行日常的管理、监督和激励，使之不断提高业务经营水平，以促进物流企业的发展。

📖 **物流窗口 10-2**

茶叶销售中的中间渠道商管理策略

我国是茶的故乡，拥有源远流长、博大精深的茶文化，也是名副其实的茶叶生产、消费大国。茶叶销售直接关系到我国整个茶叶产业的发展。

在茶叶销售过程中，中间渠道商具有至关重要的作用。有效管理中间渠道商，能促使他们进一步发挥作用。管理中间商的策略有以下几点。

（1）选择适合的中间渠道商。首先，严格挑选中间渠道商，构建完整的管理制度，在销售渠道方面设立专门机构考察中间商的综合条件。其次，选出中间商后要定期进行评价，实现优胜劣汰。

（2）制定合适的激励机制。首先，茶叶生产企业要深入中间渠道商群体中，与他们进行亲密接触，了解他们的真正需求，了解他们所面临的困难。其次，茶叶生产企业要为中间渠道商提供更多的支持。一方面，茶叶生产企业要帮助中间渠道商进行培训。另一方面，茶叶生产企业要为中间渠道商积极提供适销对路的优质产品，使中间渠道商获得良好的市场信誉。再次，茶叶生产企业可以与中间渠道商建立战略联盟，即建立更长远的合作关系。企业可以给中间渠道商提供一定的优惠政策，如将独家经销权给予合适的中间渠道商。最后，茶叶生产企业还应该与中间渠道商实现共同促销，实现利益共享、风险共担。

（根据《茶叶销售中的中间渠道商管理的若干问题探讨》整理）

1. 中间商的管理

（1）为中间商提供业务培训和相关业务帮助，做好服务控制。针对中间商从业人员专业性不高、业务知识欠缺的特点，物流企业可利用自身的资源优势主动为中间商提供业务培训，并可借机将本公司的企业文化、经营理念、品牌战略传输给中间商。通过业务培训和适时的帮助和指导，很容易使中间商的经营战略在不知不觉中与物流企业合拍，并主动配合物流企业战略发展的需要。

（2）与中间商建立"共赢"的合作关系。物流企业对中间商应当贯彻"利益均沾、风险分担"的原则，尽力使中间商与自己站在同一立场，作为分销渠道的一员来考虑问题，而不要使他们站在对立面，这样，就可以减少并且缓和两者之间的矛盾。双方密切合作，共同做好营销工作。

（3）与中间商做好信息交流。物流企业应不断地与中间商交流信息，这样既可以使中间商及时、准确地了解企业情况及发展规划，还可以使企业的制度、策略得以顺利地贯彻执行，并及时得到客户的信息反馈。

2．中间商的激励

中间商作为物流企业销售渠道的重要成员，企业适当地对其进行激励，可增加服务产品的销售量。值得注意的是，物流企业必须尽量避免激励过分和激励不足。一般来说，对中间商的基本激励水平，应以交易关系组合为基础。如果对中间商激励不足，则物流企业可采取两条措施：一是提高佣金，使之有利于中间商；二是采取人为的方法来刺激中间商，使之付出更大的努力。如安能在 2018 年安能全国网络大会、物流科技创新发展论坛大会上举行了 2018 优秀网点颁奖仪式，公司高层领导为获奖网点一一颁奖，奖项丰厚。

3．中间商的评价

定期评价销售渠道成员是物流企业对销售渠道进行管理的一项重要内容，其中主要是测量中间商的绩效（见表 10-2）。

表 10-2　中间商绩效的评价内容

项　　目	评价内容
对销售额的贡献	是否成功地为物流企业实现销售量，取得较高的市场渗透度
中间商业务能力	是否具有经营一项业务所必需的经营才能，是否对物流企业产品与服务的特性及品质有充分了解，是否了解其他竞争者的产品和服务
忠诚度	是否频繁地违反其与物流企业所达成的合同或协议
中间商适应能力	对市场领域内的长期趋势是否有充分的认识并及时调整其销售实践，是否对物流企业产品和服务的销售具有较强的创新能力，是否努力迎接其领域的竞争变化
客户满意度	物流企业是否经常收到客户针对该中间商的投诉，在解决与物流企业产品与服务有关的问题时，中间商能否为客户或最终客户提供良好的支持

4．渠道冲突的管理

物流企业与中间商的关系，在一定程度上是"命运共同体"，即所有成员的利益，只有在谋取共同利益目标下才能更好地去实现。但由于中间商是独立的，有着各自的利益，所以渠道成员之间容易产生各种矛盾和冲突。其中一些冲突是正常的、健康的，另一些冲突则需要协调，以免给渠道成员造成不必要的损失。

（1）渠道冲突的类型有垂直渠道冲突、水平渠道冲突和多渠道冲突。

①垂直渠道冲突。这种冲突指同一渠道中不同层次中间商之间发生的利益冲突。这类冲突最为常见，如同为一家物流企业做代理的一级货代和二级货代之间的冲突。

②水平渠道冲突。这种冲突指为同一目标市场服务的同类中间商之间为争夺货源而发生竞争。在一定限度内，这种竞争是有益的，它能使客户在产品价格和服务等方面有更多更好的选择。但是，若竞争过于激烈，则会使经济效益下降，这时受到影响的物流企业需要出面协调。

③多渠道冲突。多渠道冲突是指物流企业建立网络化营销系统后，不同渠道服务于同一目标市场时所产生的冲突。随着客户细分市场和可利用的渠道不断增加，越来越多的企业采用网

络化营销系统，即对渠道进行组合和整合。

（2）渠道冲突解决办法。解决渠道冲突的办法多种多样，在大多数渠道中，解决问题的方法或多或少地依赖领导权。下面是解决冲突的几种方法。

①在利益共享的基础上实行长期目标管理，即构建共赢的发展目标。对渠道共同利益达成共识并建立长期目标，为达成共同的长远目标互相合作，合理分配利益，追求共赢。

②有效的信息沟通。通过信息沟通达到疏通渠道的目的，为存在冲突的渠道成员提供沟通机会。

③建立协商谈判机制。物流企业和代理商一起商讨解决冲突的办法，保证继续合作，避免冲突升级。

④法律诉讼途径。如果冲突通过上述途径都解决不了，就要诉诸法律来解决问题。

⑤考虑更换分销商或退出渠道。当物流企业和代理商之间或不同代理商之间发生严重冲突，且寻求不到好的解决方式时，就要考虑是否继续保持合作关系。这种方法在现实中是不得已而采取的，带有一定的风险性。

10.4.3 物流企业分销渠道的调整

1. 分销渠道调整的原因及步骤

物流企业在设计了一个良好的分销渠道后，不能对其放任自流。为了适应企业营销环境等的变化，必须在评价的基础上对分销渠道加以修正和改进。

（1）分销渠道调整的原因。

①现有分销渠道未达到发展的总体要求。企业发展战略的实现必须借助企业的分销能力，现有的分销渠道在设计上有误、中间商选择不当、在渠道管理上不足等均会促使企业对其进行调整。

②客观经济条件发生了变化。当初设计的分销渠道对当时的各种条件而言很科学，但现在各限制因素发生了某些重大变化，因此企业有必要定期地、经常地对影响分销渠道的各种因素进行监测、检查和分析。另外，企业若能准确预测和把握某些影响分销渠道的因素发生的变化，则应提前对分销渠道进行调整。

③企业的发展战略发生变化。任何分销渠道的设计均围绕着企业的发展战略进行，企业的发展战略一旦发生变化，自然也要求企业调整分销渠道。

（2）分销渠道调整的步骤。

①分析分销渠道调整的原因。分析这些原因是否是导致分销渠道调整的必要原因。

②重新界定分销渠道的目标。在对分销渠道选择的限制因素重新研究的基础上，重新界定分销渠道目标。

③进行现有分销渠道评价。如果企业通过加强管理能够达到新分销渠道目标，就无须建立新分销渠道；反之，应考虑建立新分销渠道的成本与收益，以保证经济上的合理性。

④组建新分销渠道并进行管理。

2. 分销渠道调整的策略

渠道调整的形式有五种：增加或减少分销渠道中的个别中间商；增加或减少某条分销渠道；系统调整整体分销渠道；调整渠道成员功能；提高渠道成员素质。前三种是结构性调整，后两种属于功能性调整，是指改变原分销渠道的功能。

（1）增加或减少分销渠道中的个别中间商。在调整时，既要考虑由于增加或减少某个中间商对企业盈利产生的直接影响，也要考虑可能引起的间接反应，即分销渠道中其他中间商的反应。例如，当增加某一地区的中间代理商时，会引起地区内原有中间商的抵制和反对。当企业由于某一渠道成员业绩或服务很差而撤销其经营代理权时，虽然减少了企业的短期盈利，但也向其他中间商发出警告，督促其改善业绩或服务。

（2）增加或减少某条分销渠道。市场环境各方面的变化常常使物流企业认识到，只变动分销网络成员是不够的，有时必须变动整个分销网络才能解决问题。企业可以根据市场变化，削减某条不能再发挥作用的分销渠道。通过增减分销渠道来调整分销网络是相对的，企业往往在增加新的分销渠道的同时，减少原有的分销渠道。

（3）系统调整整体分销渠道，即重新设计分销渠道。由于企业自身条件、市场条件、商品条件的变化，原有分销渠道模式已经制约了企业的发展，就有必要对它进行实质性的调整。这种调整涉及面广、影响大、执行困难，不仅要突破企业已有渠道本身的惯性，而且由于涉及利益调整，会受到某些渠道成员的强烈抵制。对于这类调整，企业应谨慎从事，筹划周全。

（4）调整渠道成员功能，即重新分配分销渠道成员所应执行的功能，使之最大限度地发挥自身潜力，从而实现整个分销渠道效率的提高。

（5）提高渠道成员素质，即通过提高分销渠道成员的素质和能力来提高分销渠道的效率。可以采用培训的方法来提高分销渠道成员的素质水平，也可以采用帮助的方法提高分销渠道成员的素质水平。

10.5　电子商务对物流企业分销渠道的影响

随着电子商务的快速发展，物流企业除可以选择传统营销渠道外，还可以选择网络营销渠道直接面对用户。

10.5.1　电子商务对分销渠道的影响

1．促进分销渠道结构调整

传统的分销渠道建立在中间商组成的垂直渠道上。在电子商务环境下，一个全新的交流模式使物流企业或中间商可以通过互联网与最终客户进行直接的沟通，低成本地向客户提供定制化服务，实现一对一营销。电子商务使分销渠道直接化，减少了流通环节，缩短了流通渠道。

2．进一步完善分销渠道的功能

传统渠道的功能单一，仅仅是商品从生产者向消费者转移的一个通道，分销中的通路大多数不透明。在新型网络时代，企业可以把电子商务系统引入分销渠道，通过引进信息系统，为客户提供动态的、可视的物流过程，使客户可以及时了解渠道是否畅通、商品是否畅销。新型渠道提高了物流效率，又增加了客户的满意度，进一步完善了渠道的功能。

3．充分实现渠道信息的互通

在电子商务环境下，由于虚拟渠道、虚拟企业的介入，分销渠道间的竞争加剧，渠道成员之间需重新建立关系，加强沟通与合作，从单独活动逐步走向合作双赢。在此环境下，生产者可以通过网络与最终客户直接沟通，渠道成员的生产或销售信息都通过网络传递到所有成员那里，其他成员据此进行调度，协调一致，使各方面利益达到最大化。

4. 拓展分销渠道的范围

分销渠道不再仅仅是实体的，而是虚实结合，甚至是完全虚拟的。虚拟渠道中的电子商务在线销售、网上零售等新的销售形式使分销渠道呈现出多元化态势，分销渠道由宽变窄，由静止变成双向互动。由于互联网打破了国界和地域限制，基于互联网的电子商务使全球范围内的流通都变得简单容易，分销渠道得以打破市场的地域限制，更加高效、快捷地扩展到更广阔的全球市场。

10.5.2 电子商务下物流企业分销渠道的应对策略

针对电子商务对物流企业分销渠道的影响，物流企业可以采取以下具体措施。

（1）构建网络平台，宣传企业所提供的服务产品。例如，通过建立本企业的网站，为客户提供全面的、可靠的信息，以方便客户了解企业及双方进行有效的沟通。

（2）对传统渠道中的中间商信息进行全程网络化管理。时刻把握中间商服务的状态，以提高服务产品和物流企业的竞争力。

10.5.3 网络营销渠道的应用

网络营销渠道是指企业借助互联网技术提供产品或服务信息，供客户进行信息沟通、资金转移和产品转移的一整套相互依存的中间环节。

网络营销渠道有三种类型：① 从物流企业直接到达客户的直接网络营销渠道；② 通过信息中介商或商务中心的间接网络营销渠道；③ 两者兼有的双网络营销渠道。

网络营销改变了传统营销渠道的静态和单向特征，同时，网络营销渠道具有迅速、高效与低成本等优势，这些正是传统营销渠道的劣势。如果能将网络营销渠道与传统营销渠道相结合，则能弥补传统营销渠道沟通能力的不足，降低沟通成本，提高沟通效率，从而使企业拥有更多的时间和精力来进行核心业务的提升，实现两者的优势互补。因此，很多企业在保留传统营销渠道的同时，纷纷开拓新型的网络营销渠道，使分销渠道的范围被拓宽，分销渠道呈现多元化、动态化特征。

📄 **物流窗口 10-3**

基于电子商务技术的跨境电商的网络营销策略

随着上海、天津、广东、福建四大自贸区揭牌，以及"互联网+"国家战略的推行，跨境电商业务也随之呈现"井喷式"增长。在传统的对外贸易模式下，我国的商品出口海外需要经过多个环节，包括寻找客户、交易磋商、签订销售合同、生产备货、安排海运大批量运输、报检报关等。在买方进口货物之后，再经过海外市场的多级分销最终才到达消费者的手中。其中的流程运作烦琐复杂，成本高，耗时多。

如今，基于电子商务技术，企业通过 B2B、B2C 网络平台可以直接准确地搜寻客户，即不需再花大量精力和时间进行漫长的贸易磋商，从而有效地降低了成交成本。因此，在多样的产品营销模式中，企业只需专注于网络营销，买卖双方无须经过中间商代理转售，省去了传统营销渠道必经的批发商、零售商等环节，而进行点对点的直销，由此可减少中间环节，降低价格迎合消费者，大幅度地提高销售净利润。据估算，由于除去中间代理商，跨境电商的外贸净利润率可以从传统的 5% 提高到 50%。

（摘选自期刊文章《基于跨境电商的新型营销组合策略的思考》）

本章小结

分销渠道是指某种产品和服务在从生产者向消费者转移的过程中，取得这种产品和服务的所有权或帮助所有权转移的所有企业和个人。所谓物流服务分销渠道，是指物流服务从供应商向客户转移所经过的通道。设计和选择正确的分销渠道，对物流企业服务产品的推广起着至关重要的作用；加强对分销渠道的管理也是物流企业服务产品推广成功的关键所在。对于物流服务这一具有特殊性的无形产品来说，在进行市场销售的过程中应充分考虑它特有的性质，进而保证服务产品以最短的通道到达需求者的手中。

巩固复习

回答下列问题（达到深刻理解给 5 分，部分理解给 3 分，不理解给 1 分）

1. 物流企业一般商品销售渠道的结构中有哪些级别？
2. 简述传统的货运代理业与现代物流服务的区别与联系。
3. 现代分销渠道结构理论对物流服务的营销策略有何启发？
4. 物流服务分销渠道的特点有哪些？
5. 物流服务的渠道行为具备哪些特点？
6. 哪些因素会影响物流企业分销渠道的决策？
7. 依据什么原则进行不同类型分销渠道的选择？
8. 如何实施对中间商绩效的评价？
9. 物流企业分销渠道调整的原因及策略有哪些？
10. 电子商务的发展对物流企业分销渠道有哪些影响？应如何有效地利用电子商务开展网络营销渠道？

请把各小题分数相加，总分为 42～50 分，请继续下面的题目；总分是 33～41 分，请对不足之处进行有针对性的复习；总分在 32 分以下，请重新学习本章相关内容。建议你在学习过程中多与老师和同学探讨不理解之处。

单项选择题

1. 下列不属于物流服务分销渠道系统的是（　　）。
　 A. 纵向市场营销系统　　　　　　　　B. 水平市场营销系统
　 C. 横向市场营销系统　　　　　　　　D. 网络化市场营销系统

2. 下列（　　）不属于物流企业分销渠道类型选择的原则。

   A. 畅通高效的原则　　　　　　　　B. 稳定可控的原则

   C. 统一适度的原则　　　　　　　　D. 协调平衡的原则

多项选择题

1. 物流服务分销渠道的特点有（　　）。

   A. 层次少　　　　　B. 成员数量多　　　　　C. 长度较长

   D. 灵活性差　　　　E. 可控性强

2. 物流服务分销渠道的作用有（　　）。

   A. 服务传递　　　　B. 服务实现　　　　　　C. 宣传

   D. 信息反馈　　　　E. 创新服务产品

3. 物流企业分销渠道选择的原则有（　　）。

   A. 畅通高效的原则　　　　　　　　B. 覆盖适度的原则

   C. 稳定可控的原则　　　　　　　　D. 动态适应的原则

   E. 协调平衡的原则

4. 影响物流企业分销渠道决策的因素有（　　）。

   A. 市场因素　　　　B. 政府因素　　　　　　C. 物流企业自身因素

   D. 中间商因素　　　E. 产品因素

5. 物流企业调整分销渠道的原因包括（　　）。

   A. 选择的中间商无法实现物流企业既定的运营目标

   B. 客户的需求发生了改变

   C. 物流企业调整了原有的经营战略目标

   D. 市场环境发生了变化

   E. 涌现了全新的分销结构理论

思维提升

1. 思考不同物流服务分销渠道的结构模式分别适用哪种场景。

2. 简述纵向市场营销系统的类别与特点。

3. 如何进行物流企业分销渠道设计？

4. 如何对物流企业的分销渠道进行有效的管理？

拓展阅读

1. 董千里. 集成场理论：两业联动发展模式及机制[M]. 北京：中国社会科学出版社，2018.

2. 郝苹. 基于电子商务的商品流通渠道发展策略探讨[J]. 商业经济研究. 2016（7）：58-60.

🎨 实例分析

中国邮政北京分公司商品分销渠道

1．"I LOVE 邮"微信商城

"I LOVE 邮"微信商城是北京邮政为适应移动互联网发展而推出的邮政业务营销推广公众号。商城包含全国特色食品、京郊优质农产品，以及酒水饮料、日用百货、家居优品、手机、家用电器等各类产品，实现了所有分销商品的在线销售功能，还可提供生活缴费、车险投保、预订商旅票务的服务，并具备微信支付、业绩统计等多种实用功能，已成为北京邮政线上分销的主要工具。

2．"邮乐网"购物平台

邮乐网是中国邮政集全网之力打造的互联网综合购物平台，商品涵盖全国所有省域的名特优产品，包括生鲜农品、家居生活、厨卫清洁、食品保健、家用电器、手机数码、母婴玩具、办公用品、美妆洗护等十余个大类，商品数量达数十万种，并与"邮掌柜""邮乐小店"等系统对接，实现多种使用功能和推广方式。

3．"邮乐小店"App

邮乐小店是中国邮政为个人客户开发的一款个人店铺 App，用户安装注册后即可成为店主，拥有自己的店铺。邮乐小店与邮乐网对接，店主从邮乐网选择商品并添加在店铺中，通过微信转发到朋友圈进行推广，实现销售后还可获得佣金。

4．邮政网点及专业营销队伍

北京邮政现有遍布城乡的邮政网点 700 余个，借助邮政电子商务信息平台和物流配送网络，实现了信息流、资金流、业务流的汇集，为广大市民提供多种便民服务。利用网点地理位置和亲民惠民优势，邮政自营网点中还开设了上百个"邮乐购"体验店，展示、销售实物商品，开展金融客户"优惠购"活动。

5．邮政惠民生活驿站

"邮政惠民生活驿站"结合"邮政菜单"平台，对周边社区、商厦提供预订和配送服务，满足用户"线上查询、线下购买""线下体验、线上购买"等不同的消费习惯。驿站作为"邮政菜单"的线下自提点，还可为用户提供 3 公里内免费配送服务，让用户足不出户就可以品尝到新鲜蔬菜。

6．邮乐购社会加盟渠道及"邮掌柜"系统

"邮掌柜"系统是中国邮政为社会加盟渠道量身打造的电商平台，是服务于社会商超、便民服务站的软件客户端，集合了进货批发、商品销售、商品代购、便民缴费、交易查询、库存管理、会员管理、互联网金融等服务功能。目前北京邮政拥有社会加盟店三千多家，主要由便民服务站、商超便利店等各类实体经营站点组成，遍布社区、村镇、学校、商圈等各个角落。加盟渠道可自主选择销售邮政分销商品，并利用"邮掌柜"系统经营管理店铺，在为用户提供商品销售的同时，还能提供代收、代缴、代投、代购、助农取款等一站式邮政便民服务。

（摘选自中国邮政北京分公司网站）

案例探讨

结合上述资料，谈谈北京邮政分销渠道的发展对你有何启示。

第11章

物流服务促销策略

章首引例

如何构建电商与物流的产业网链升级机制，以确保电商物流信誉和商品质量，是一个值得探索的问题。微观集成体协同的微观经济动能和集成主体的宏观政策势能如图11-1所示。

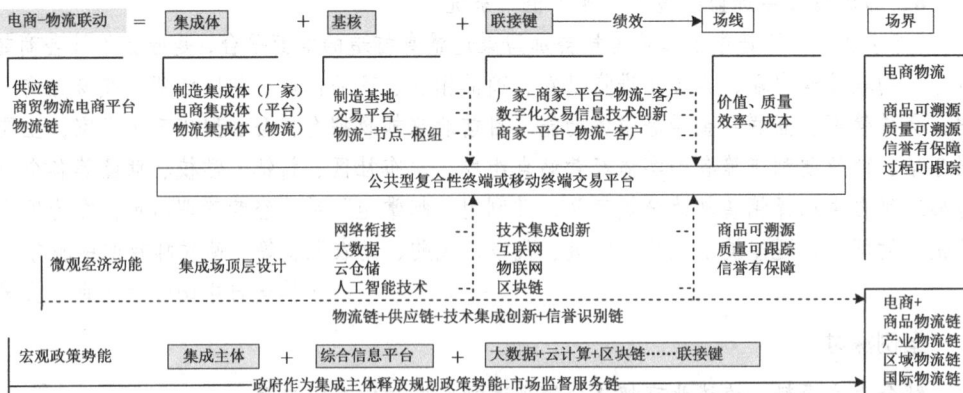

图 11-1　电商—物流转型升级所涉及的营销策略构成

两业联动、产业联动是产业间构建长期合作关系的业务逻辑，可以通过电商+物流转型升级来促进物流服务实时化、网络化、智慧化。

（根据长安大学物流与供应链研究所梳理的案例整理）

11.1　物流服务促销概述

11.1.1　物流服务促销的概念和特点

1．物流服务促销的概念

物流服务促销是物流企业在经营过程中，为了争取、维持和巩固适合自己的客户、扩大业务量，采用多种措施和手段把本企业所能提供的服务的一切有用信息，如服务的内容、方式、特色、价位等，传递给客户的一种综合经营活动。通过物流服务促销活动，客户可以对物流企业有一定的认识，进而才可能选用企业提供的服务。因此，物流服务促销是企业与客户沟通的一座必不可少、至关重要的桥梁，它直接影响着物流企业的运营效益，所以进行物流服务促销活动非常必要。

2．物流服务促销的特点

（1）无形服务的有形化。现代物流企业通过一系列物流活动，一方面，向客户提供产品运输、仓储、配送等服务；另一方面，向客户提供更为重要的增值服务和信息服务等。这些物流服务都具有一定的非实体性和不可储存性。针对物流服务的这些特征，企业在促销活动中，通过一定的促销手段和措施把无形化的物流服务尽量地有形化。例如，宣传物流企业的信息系统、优化方案、设施设备等有形技术支撑，这样才能让物流服务的需求者更好地了解企业的产品，也才能更好地激起他们购买产品的欲望。

（2）促销过程的长期性。由于物流企业提供的服务不像其他产品那样容易被非常理性的企业客户所感知，这就使得服务产品的促销需要一个长期过程，也只有这样，才能使企业物流服务的理念更加深入人心。物流企业需要在促销过程中进行长期积累和不断努力，才能取得成功促销物流服务产品的效果。

> 📁 **前沿话题 11-1**
>
> ### 如何解决电商促销使物流爆仓问题
>
> 电子商务快速发展，网购群体迅速增长，电商平台为抢占市场推出了一系列促销活动，在电商促销极速发展的同时带来了物流量的急剧增加。电商促销吸引了消费者集中购物，引发物流需求井喷。在此期间各地出现的货损量大、退货率高、爆仓等问题说明现在的末端物流配送服务影响了消费者的购物体验，末端配送环节成了遏制电商发展的最大瓶颈。快递业务量在短时间内呈爆炸式增长，超出物流企业所能承受的范围。物流企业的配送能力、货物储存能力、分拣效率如何满足电商促销时高效配送的要求，是一个亟待解决的问题。

案例分析 11-1

物流一体化是递送给客户一个整体的服务

通过物流一体化进行服务促销是一个重要手段。在网络购物之初，网上购物价格昂贵的现实是使客户摒弃电子商务而坚持选择实体商店购物的主要因素，也是导致电子商务公司失去客户、经营失败的重要原因。在电子商务经营处于"高天滚滚寒流急"的危难时刻，亚马逊独辟蹊径，大胆地将物流作为促销手段，薄利多销，低价竞争，招揽客户，扩大市场份额。显然，此项策略是正确的，因为抓住了问题的实质。某市场调查公司的一项客户调查显示，网上客户认为，在节假日期间送货费折扣的吸引力远远超过其他任何促销手段。同时这一策略也被证实是成功的，自2001年以来，亚马逊把在线商品的价格普遍降低了10%左右，从而使其客户群达到了4 000万人次，其中通过网上消费的达3 000万人次。亚马逊的促销策略不仅很好地诱导了需求，而且在一定条件下也创造了需求。在强化了亚马逊自身经营特色的同时，也提高了亚马逊在客户中的信誉和知名度。

11.1.2 物流服务促销的目的和作用

1. 物流服务促销的目的

物流企业促销的目的在于通过运用各种促销手段，达到销售物流服务产品、提高本企业在物流服务市场的占有率、争夺更多客户的目的。同时，对于物流企业来说，在不同的发展阶段，其服务促销的目的也会有所差异，具体包括以下几方面内容。

（1）通过促销活动来达到加深客户对本企业所提供产品的认识的目的。物流企业通过信息传递，使客户对本企业的状况和企业提供的服务项目等有所了解，以加深客户的印象。这种促销方式一般以广告为主，如在报纸、杂志上定期刊登广告宣传企业经营范围、服务网络等，并配合使用人员推销和公共关系等策略。

（2）通过促销活动来达到说服客户使用本企业所提供的服务的目的。当客户已经进入需要购买物流服务产品的阶段时，促销的目的就是使客户对本企业提供的物流服务形成一定的偏好，如果客户要选择物流服务提供商，就一定会优先考虑本企业。在这一阶段，应注重向客户广泛宣传本企业服务产品的优势，如它能为客户带来哪些利益，以及本企业提供的服务与竞争者所提供服务的主要差异有哪些等，从而吸引客户。因此，这一阶段促销活动的重点应放在突出企业的特点上，大力宣传企业自身的核心竞争力。

（3）通过促销活动，达到稳定客户、建立企业信誉的目的。物流企业要想长远地发展，拥有稳定的客户是至关重要的。因此，在生产经营过程中，物流企业应该在客户心目中树立良好的形象，建立企业的信誉，这样才能实现企业的长期发展。在这一阶段，物流企业要利用各种促销手段培养与客户的关系，以提供良好的、优质的客户服务为工作重点，同时做好公共关系工作。

2. 物流服务促销的作用

物流服务本身是一种无形的服务产品，使需求者真正感受到本企业所提供的物流服务的优越性，是物流服务促销的主要任务。同时，正因为物流服务产品的独特之处，使得物流服务促销的作用与其他产品促销的作用有所不同。

（1）通过促销活动可以沟通信息。沟通信息是争取客户的重要环节，物流企业促销的目的之一是提高本企业在物流服务市场上的占有率。要达到这一目的，物流企业必须及时地将本企业的服务信息提供给客户，让客户尽量全面地了解本企业经营的业务项目、费用水平及在各地的分支机构、代理网络等信息，吸引客户的注意，为扩大销售打下基础。

（2）通过促销活动可以刺激需求。物流企业的促销活动不仅可以诱导需求，而且能在一定条件下创造需求。在促销活动中，物流企业侧重宣传其从订单处理、仓储保管、运输配送、装卸到包装、流通加工、信息反馈等的一连串作业活动，都能创造商品的附加值，为客户企业提供增值服务。这样有利于潜在的客户企业转变传统的"大而全"的观念，改变其完全自行处理物流业务的做法，外包物流业务，进而形成对物流企业服务的巨大需求。

（3）通过促销活动可以突出特色。在激烈的市场竞争中，企业的生存和发展越来越需要强化自身的经营特色。物流企业服务的领域十分广阔，不同企业提供的服务的差别往往不易被客户所了解。在这种情况下，物流企业通过促销，突出宣传本企业的服务特色及可以给客户带来的特殊利益，显然有助于客户加深对本企业的了解。

（4）通过促销活动可以稳定客户关系。追求稳定的市场份额是企业营销的重要目标之一，物流企业稳定的市场份额源自稳定的客户关系。物流企业通过促销活动可以加深推销人员与客户的感情，提高企业在客户中的信誉和知名度，有利于与客户建立长期、稳定的合作关系。

11.1.3　物流服务的促销策略

物流服务的促销策略总体来说有 3 种，在物流企业实际的生产经营过程中，如何应用这些策略来促进物流企业的发展是十分重要的。企业应将各种促销策略有机组合，使其发挥综合作用，以取得最佳的促销效果，从而实现促销目标。

1．推式策略

推式策略是物流企业利用推销人员将产品推向客户的促销策略（见图 11-2）。其是一种面向客户的促销活动，只是采用的思维和营销方式有所不同。企业使用这一策略，需要利用大量的人员推销产品，适用于传统的物流服务项目，如运输服务、配送服务的推广。这类推销策略风险小、推销周期短、资金回收快。

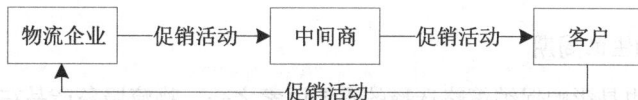

图 11-2　推式策略

物流企业采用推式策略，即通过介绍和推广企业自己的产品给客户而进行促销，常用的方法主要有人员推销、营业推广等。

2．拉式策略

拉式策略（见图 11-3）是企业针对客户展开广告攻势的促销策略。因此，它以客户为中心，关注并满足客户在物流成本、便利方面的需求，加强与客户的沟通（4C 理论），把服务产品的信息介绍给目标市场的客户，使客户产生购买的欲望，形成市场需求，然后引导需求者消费本企业提供的产品。这类促销策略较适用于具有创新意识的物流服务的推广。

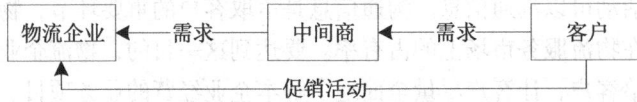

图 11-3　拉式策略

物流企业采用拉式策略，即通过了解客户需求、满足需求来销售自己的产品，常用的方法是通过了解客户需求，有针对性地进行价格、广告、试销等方面的促销活动。

3．推拉结合策略

在通常情况下，物流企业也可以采用上述"推式"营销风格和"拉式"营销风格结合起来运用的策略，在向中间商进行大力促销的同时，通过广告刺激市场需求。

在推式促销的同时进行拉式促销，用双向的促销努力把服务产品推向市场，这比单独地利用推式策略或拉式策略更为有效。

另外，与上述促销策略方式侧重角度不同，在实际的促销策略实施过程中，常用的方式还有物流人员销售、物流服务广告、物流企业的营业推广和物流服务的有形展示。

11.1.4　影响物流服务促销策略的因素

不同的物流服务促销策略各有特点，适用于不同的物流企业，以及处于不同发展阶段的物流企业。因此，物流企业在制定、选择物流服务促销策略时，应综合考虑物流产品的特点、物流产品的生命周期、市场状况、促销费用因素。

1．物流产品的特点

物流企业为满足各类客户的需求，应提供不同类型的物流服务产品，并针对各类产品的特点，采取不同的促销策略。一般来说，基本的物流服务形式，如传统的运输服务、配送服务、仓储服务等，由于存在的时间较长，而且运作起来也有一定的基础，所以可以采用推式促销策略。对于一些可以突出自己企业运营特点的服务形式，如一些个性化的创新式服务、通过数据库和咨询服务提供的以管理为基础的物流服务、物流战略规划的服务等，企业应更多地利用拉式促销策略，才能满足客户的需求。

2．物流产品的生命周期

产品生命周期也是影响促销策略选择的重要因素之一。物流服务产品在生命周期的不同阶段，其促销目标也有差异，所以在促销策略的选择和组合上也都有相应的变化。在投入期，产品刚刚面世，鲜为人知，企业的促销目标是提高现有客户和潜在客户对产品的认知程度。因此，这一阶段应以广告宣传和人员推销为主要的促销方式，同时在促销策略上可以选择推式促销策略。在成长期，产品畅销，但竞争者开始出现，物流企业的促销目标是进一步吸引潜在客户，力求与老客户建立稳定的业务关系，所以此阶段的促销策略应以拉式策略为主，即把工作重点转移到个性化服务的推广上，一方面使老客户对产品和企业产生进一步信赖，另一方面也可通过新的服务方式的增加，吸引更多的新客户。在成熟期，需求趋向饱和，竞争日益激烈，物流企业的目标是尽量维持与现有客户的业务联系，保持企业的市场份额。因此，在成熟期，企业可采用推拉结合的策略进行物流服务的促销，以提高企业和产品的声誉，同时，要注意更加侧重于拉式促销策略。在衰退期，企业的目标主要是使一些老客户仍然信任本企业及产品，坚持购买。因此，促销策略仍可采用推拉结合的策略。

3．市场状况

由于各物流企业目标市场的规模和类型不同，故应采用不同的促销策略。对于规模比较大的目标市场，物流企业可以采用推拉结合的促销策略，以满足客户的不同需求。对于一些较易接受新鲜事物的目标市场，物流企业可以更加侧重于采用拉式促销策略，从而推动企业个性化服务的发展。

4．促销费用

企业在制定、选择促销策略时，还应考虑促销费用的因素。任何一种促销方式或促销组合都要支付一定的费用，促销费用常常制约促销策略的制定。各种促销策略的费用也不尽相同。物流企业在选择促销方式和制定促销策略时，应全面衡量、综合比较各种促销方式的费用与效益，以尽可能低的促销费用取得尽可能高的促销效益。

➡ **快速链接 11–1**

物流营销最有效的方式之一是人员销售

人员销售的目标是通过两业联动、产业联动构建稳定的物流链服务体系。第三方物流商需要获得长期稳定的业务，在生产者市场进行物流营销时最有效的方式之一就是人员销售。通过促销人员与客户企业的负责人联系，分层次建立长期合作关系。当然，在人员销售中，营销人员除要很好地了解客户需求、客户成本，方便客户购买和双向沟通外，还要很好地把握关联关系、响应速度、关系营销和价值回报等营销要素，按照物流领域人员销售模型去运作。

11.2　物流营销逻辑训练："3-4-3-2"销售模型

物流服务营销属于高级领域的营销，物流营销人员应当熟练运用 4C 营销思路，掌握基本的营销模式，采用物流 4V 营销组合方式，落实满足客户需求的物流方案设计、运作与监控的全过程。

为实现客户对物流服务的购买行为，物流营销人员在进行物流服务营销过程中，应针对物流需求，根据物流服务营销的多项营销逻辑，以合理的方式实行相应的逻辑行为。物流营销中常用的"3-4-3-2"销售模型是运用 3 项营销逻辑、选择 4 类提问方式、采用 3 种陈述方式和做出 2 种承诺行为的整体概括。它能够很好地用于培训物流领域中的销售人员。

11.2.1　运用 3 项营销逻辑

所谓物流服务的 3 项营销逻辑，是指可以用式（11-1）、式（11-2）、式（11-3）表示出来的逻辑过程。

$$清晰的问题+解决问题的欲望=客户的需求 \tag{11-1}$$

式（11-1）表明物流营销人员在进行物流服务促销时，首先要搞清楚客户存在的问题，然后帮助客户分析问题，让客户产生解决问题的欲望。这一逻辑过程是物流服务促销前的重要环节，尽管它的实现有时需要多次营销活动，却是必须进行的一个过程。反之，如果找不到客户的问题或不能提起客户解决其问题的兴趣，物流企业的营销人员就无法获得客户的需求，只能退出此次营销活动，放弃对此次物流服务的促销。

$$客户需求+产品性能=客户的潜在需求 \tag{11-2}$$

式（11-2）中所指的产品包括服务，该公式是在式（11-1）的逻辑过程实现的基础上提出的，它同样是开展物流服务的重要前提。式（11-2）表明，企业只有针对客户的需求展示自己的产品、服务的性能和优点，才能获得客户的潜在需求，并继续向销售物流服务的方向努力。如果企业自己的产品或服务不能满足客户的要求，也应该主动退出营销活动，以免对物流企业形象造成损害。

$$客户的潜在需求-购买的风险=客户的现实需求 \tag{11-3}$$

式（11-3）同样是在前两个逻辑过程顺利完成的基础上进行的，它是进行物流服务促销的最后一个保证环节。它表明，只有消除客户购买产品或服务的后顾之忧，如提供售前培训、售后服务之后，客户才能下决心购买。如果营销人员不能消除客户的购买风险，也应该退出此次营销活动。

11.2.2 选择4类提问方式

针对式（11-1）发掘客户需求的目的，物流营销人员一般可通过以下4类提问方式实现：背景提问、问题提问、结果提问和价值提问。

（1）背景提问。这主要是对客户经营的产品、类型、数量及主要的市场范围、业务往来等的提问。通过这些提问，物流营销人员可以初步推断出客户的需求。

（2）问题提问。这主要是指对客户目前存在的问题的提问，以问卷或面对面等方式进行，通过对所收集答案的整理来推断客户的实际需求。

（3）结果提问。这主要是调查已接受过物流服务的客户对服务的满意程度，通过此类提问不断地改善和提高企业自身的服务水平，来发掘更多的客户。

（4）价值提问。这主要是指对客户关于物流服务价值的提问，以此来确定合理的价格水平，吸引更多的客户，使企业盈利。

11.2.3 采用3种陈述方式

随着社会生产进一步细化，企业竞争逐渐加剧，越来越多的企业选择将物流业务外包。作为提供这一服务的第三方物流企业，针对式（11-2）的使客户确认购买物流服务可获得利益的目的，可通过3种陈述方式实现：性能介绍、优点展示和利益陈述。

（1）性能介绍。这主要是指第三方物流的功能介绍，即物料的装卸搬运、运输、配送、库存控制、订单处理和废弃物处理等。

（2）优点展示。这主要指第三方物流的特点展示，即信息网络化、关系合同化、功能专业化和服务个性化。

（3）利益陈述。介绍第三方物流给客户带来的利益可以突破企业资源瓶颈，改善企业客户服务质量，提升客户满意度和降低企业成本等。

11.2.4　做出 2 种承诺行为

式（11-3）的着重点是排除客户决定购买产品或服务的最后障碍，物流营销人员可以通过承诺行为使客户的潜在需求转变成现实需求，具体有以下 2 种实现方式。

（1）服务功能的承诺。这主要是对质量的承诺，这种承诺在某些时候是不易显现的。例如，某物流企业已经因质量高而有了很好的声誉，就没必要再做一个形式上的承诺，其实它在无形地保证着这一服务质量，已将这一承诺隐含其中了。

（2）售后服务的承诺。这可以认为是一种特别的补救工具，许多企业发现有效的售后服务承诺可以补充企业的服务补救策略。这样不仅可以降低客户在接受物流服务时的不确定性及减小购买服务的风险，而且在许多企业的认识中，它还是企业内对物流服务水平进行定义、培养和维护的一种方法。

> 📁 **前沿话题 11-2**
>
> ### 人员销售成功的标志是获得长期稳定的物流服务合同
>
> 人员销售的任务不是销售一次性运输或仓储服务，而是谋求与客户之间的长期或大批业务量销售合同。只有长期稳定的业务量才能支撑物流企业的生存与发展。
>
> 获得长期稳定的物流服务合同是人员销售成功的标志，当然，有时需要从企业高层到具体业务层的共同努力才能做到。

11.3　物流服务人员销售管理及其策略

11.3.1　物流服务人员销售的特点、作用和过程

物流服务人员销售是指物流企业的销售人员根据物流企业的经营目标，采用各种销售手段把物流企业的服务推向目标市场的客户及潜在客户的一种经营活动。人员销售以其独特的优势成为物流企业生产经营活动的重要内容和主要环节，也成为物流促销组合中最不可缺少的促销方式，它在现代物流企业市场营销中占有相当重要的位置。

1. 物流服务人员销售的特点

（1）人员销售具有信息沟通的双向性。销售人员通过与客户联系、接触洽谈，一方面向客户传递有关物流企业及其提供服务的信息，另一方面可以及时了解客户对物流服务的要求，因此在销售人员与客户之间存在双向的信息沟通。

（2）人员销售可以使促销方式更具有灵活性。销售人员与客户保持直接的联系，使得销售人员可以根据各类客户对物流服务的不同需求，设计不同的销售策略，并在销售过程中随时加

以调整。在与客户进行交流的同时，还可以及时发现和挖掘客户的潜在需求，通过努力扩大对客户的服务范围，尽量满足客户的需求。

（3）人员销售可以使物流服务的沟通对象更具有针对性。销售人员在每次销售之前，可以选择有较大购买潜力的客户，有针对性地进行销售，并可事先对未来客户做一番调查研究，拟订具体的销售方案、销售目标和销售策略等，以强化销售效果，提高销售的成功率。

（4）人员销售可以使物流服务的销售过程更具有情感性。销售人员在销售过程中与客户面对面地接触，双方可以在单纯的买卖关系的基础上交流情感，增进了解，产生信赖，从而建立深厚的友谊。销售人员与客户之间感情的建立，有利于企业与客户之间建立长期的业务关系，保持企业的市场份额。

（5）人员销售也可以使物流企业更容易及时获得市场信息。销售人员在销售物流企业服务产品的过程中，可以充当两种角色：一方面，销售人员在向客户销售本企业的产品时是销售员；另一方面，他还能及时听取和观察客户对企业及服务的态度，收集市场情况，了解市场动态，并迅速予以反馈，使企业的经营更适合客户的需求。此时，销售人员又成了企业的市场调查员。这样，两种角色的转换可以赋予物流企业获得最新市场动态信息的能力。

2. 物流服务人员销售的作用

人员销售的主体是物流企业的销售人员，虽然各个企业销售人员因企业经营范围和经营规模不同而有所不同，但物流服务人员销售所起到的作用基本是相同的。

（1）有利于物流企业寻找潜在的客户。销售人员不仅要维持与已有客户的业务联系，更重要的是在市场中寻找机会，挖掘和发现潜在需求，创造新的需求，寻找新的客户，进一步开拓市场。

（2）有利于物流企业向客户传递信息。物流企业的销售人员应及时将本企业提供服务的信息传递给客户，为客户提供相关资料，帮助客户进行购买决策。

（3）有利于物流企业销售新产品。销售人员在与客户接触过程中，分析客户现实和潜在的需求，并通过运用各种销售策略和技巧，满足客户的需求，引导客户进行购买决策，实现购买行为。

（4）有利于物流企业收集到有用的信息。物流企业经营所需的信息有很大一部分源于客户，销售人员是联系企业与客户的桥梁和纽带，是企业收集信息的重要渠道之一。销售人员在销售过程中可以及时了解客户需求的变化情况，收集市场信息并及时反馈，为企业的经营决策提供第一手资料。

（5）有利于物流企业为客户提供各种服务。销售人员在销售过程中可以向客户提供各种服务，如咨询服务、解决技术问题、向客户提供相关信息等。

3. 物流服务人员销售的过程

物流服务人员销售的过程要按照人员销售模型，即式（11-1）～式（11-3）的逻辑，并参考如图11-4所示的作业程序进行。

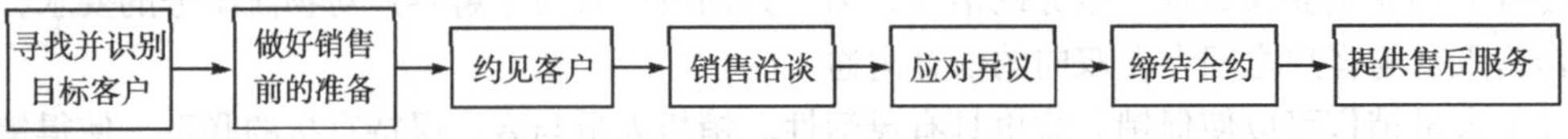

图11-4 物流服务人员销售的过程

（1）寻找并识别目标客户。首先要找出潜在的有购买力的客户。寻找的方法很多，既可以向现有客户了解，也可以利用老客户介绍或通过社会团体与销售员之间协作等方式间接寻找。销售员寻找到潜在客户以后，通过了解他们的经济实力、交易额、特殊需求、地理位置及发展前景等确定适合发展物流业务关系的潜在客户。

（2）做好销售前的准备。在接洽一个潜在客户前，销售员必须做好销售前的准备工作。首先应收集该客户的有关资料，包括客户的经营范围、经济实力、可能对物流服务产生需求的业务项目、拥有购买服务决策权的人员等，在此基础上，按照人员销售模型设计各种提问，选择相应的服务信息、说服方式、销售方案等，把握销售活动的积极性、主动性。

（3）约见客户。在做好了充分的准备以后，销售员就要按计划约见客户。在接触客户时，销售人员要注意礼节、保持自信，争取给客户留下良好的第一印象。

（4）销售洽谈。销售人员按照式（11-1）的逻辑了解客户需求，在确定客户是企业物流服务适合的客户时，才可运用各种销售技巧说服客户购买。按照式（11-2）的逻辑介绍本企业物流服务时，关键是要针对本企业提供服务的特点及其能为客户带来的好处进行说明。在介绍时如果能借助有关服务的宣传册、配套图片等，效果会更好。

（5）应对异议。在进行销售洽谈的过程中，客户总会对企业提供服务的某些方面产生疑虑甚至异议，销售员应及时发现客户的疑问，按照式（11-3）的逻辑，采取主动的方式向客户提供更多的信息，为客户排除疑虑。

（6）缔结合约。销售员成功地消除了客户的疑虑之后，应抓住时机，促使客户形成购买行为。

（7）提供售后服务。双方达成交易，并不意味着销售过程结束。跟踪售后服务能加深客户对企业和服务的依赖，促使客户重复购买；同时可获得各种反馈信息，为客户决策提供依据。

📁 **前沿话题 11-3**

要使客户满意，先要使员工满意

物流服务价值链是由企业、员工、服务过程和客户构成的紧密关系衔接而成的。要使客户满意，就要使设施设备、技术和员工充分发挥作用，而设备、技术等都是由人掌握的，物流服务过程是通过员工来传递的。因此，若要使客户满意，首先要使员工有积极性、主动性和创造性，即提升员工素质。培训是提升员工素质的一个重要途径。

🌐 **知识链接 11-1**

物流价值链构成要点

物流业服务的价值实现是靠物流价值链。物流服务销售环节是物流服务价值链形成并实现的最重要的环节。在建立物流服务价值链时，必须注意客户和员工在物流服务价值链中的地位和作用（见图 11-5）。

物流企业要想获得长期稳定的业务，就要制定销售人员和物流运作人员的统一管理机制、激励机制和政策所支持的物流价值链要素体系。

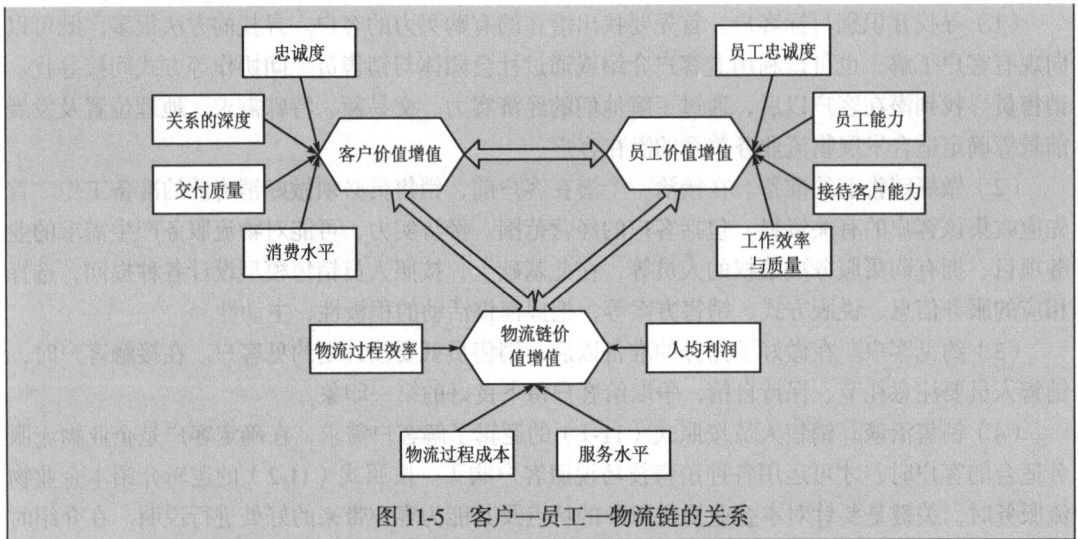

图 11-5　客户—员工—物流链的关系

11.3.2　物流服务人员销售的管理

人员销售的管理是企业对销售人员的活动进行分析、计划、实施和控制的过程。它包括规划人员销售的组织结构，以及对销售人员的选聘、培训、激励与评估等机制。企业只有通过一系列的管理和控制活动，才能使销售人员全身心地投入整个经营过程中，使之为实现企业目标而努力。

1. 人员销售的组织结构

通常，物流企业都设有负责销售业务的专职部门——销售部或称业务部、市场部等。销售部的主要职能就是为物流企业获取更多的业务。目前，大多数物流企业销售部的设置和工作通常是在企业营销总监的领导下进行的。根据物流服务市场的特点，物流企业人员销售的组织结构可以分为以下类型。

（1）地区型组织结构。在这种结构下，每名销售人员负责一个区域，与那个区域的所有客户联系并向其销售本企业提供的服务。这种组织结构的优点是销售人员责任明确，对所管辖地区的销售业绩负有直接责任；有利于销售人员与当地客户建立固定联系，提高销售效率；由于每个销售人员所辖客户相对集中，可以节省一部分费用。

（2）客户型组织结构，按照客户类型分配销售人员。通常可以按照行业类型、客户规模等对客户进行分类。这种结构的优点是销售人员可以更加熟悉和了解自己的客户，掌握客户对物流服务的特殊需求。其缺点是每个销售人员所负责的客户都比较分散，这样工作起来会花费一些额外的差旅费用。

（3）业务型组织结构。它是按照物流企业提供的服务类型分配销售员。这主要是针对提供综合物流服务的企业设计的组织结构类型。通常，这类企业可以提供包括仓储、运输与配送、流通加工、物流咨询等在内的服务，企业可以按照不同业务选派不同的销售人员。这种类型组织结构的优点是销售人员比较专业化，其销售活动更具有针对性。缺点是销售工作缺乏整体观念，易产生多头领导和部门间的冲突。

第 11 章　物流服务促销策略

2．销售人员的选聘和培训

（1）销售人员的选聘。销售人员的素质对于实现企业促销目标、开拓市场具有举足轻重的作用。销售人员的选聘中尤其应重视对这些人员素质的考核。物流企业对销售人员素质的要求具体包括思想素质、知识素质、业务素质、身体素质、心理素质等。物流企业在选聘销售人员时，应主要从这几个方面对应聘者进行综合考核，择优录用。

（2）销售人员的培训。为提高销售人员的工作能力，使其适应销售工作的要求，物流企业一般都应对销售人员进行严格的培训。培训的内容包括企业情况的介绍、相关业务知识的介绍、客户情况的介绍、销售方法和技巧培训等。

3．销售人员的激励与评估

（1）销售人员的激励。物流企业要达到良好的促销目标，必须建立以奖励和监督为主的激励机制来促使销售人员努力工作。奖励主要包括经济报酬和精神鼓励两种。监督的主要手段有销售报告、沟通情况汇报等。

（2）销售人员的评估。销售人员的评估是企业对销售人员工作业绩进行考核、评估与反馈的过程。它不仅是分配报酬的依据，而且是企业调整市场营销战略、促使销售人员更好地为企业服务的基础。企业对销售人员的评估应做好以下工作：首先，要掌握和分析相关的评估信息，评估信息的主要来源是销售报告；其次，要建立评估的指标；最后，实施正式评估。可以从两个方面对销售人员进行评估：一方面，是比较不同销售人员在一定时期内的销售绩效；另一方面，是将销售人员目前的绩效与过去的绩效进行比较，比较的范围包括销售额、销售费用、新增客户数、失去客户数等。

11.3.3　物流服务人员销售策略

销售人员可以运用的策略有很多种，主要策略有以下几种。

（1）刺激—反应策略。它基于刺激—反应这一心理过程，在销售人员不了解客户需求的情况下，通过使用正确的刺激性语言、图片、条件和行动说服客户进行购买。这种策略在上门销售和电话销售物流服务时效果较好。

（2）启发—配方策略。这也是基于刺激—反应这一心理过程，首先，销售人员与客户一起讨论客户的业务项目，弄清客户的需求和态度；其次，销售人员再向客户介绍本企业所能提供的服务，说明企业的服务项目如何满足客户的需求，从而引起客户的兴趣，推动交易的达成。

（3）需要—满足策略。这种策略是销售人员通过与客户的交流，使客户了解自己的真正需求，并希望满足这些需求。销售人员再站在客户的立场上向客户推荐本企业提供的服务，使客户感到销售人员成了他们的参谋，从而较顺利地达成交易。

11.4　物流服务广告策略

11.4.1　广告的概念和功能

1．广告的概念

美国市场营销协会对广告的定义是：广告是由明确的发起者以公开支付费用的做法、以非人员性的形式，对产品、服务或某项行动的意见和想法等的介绍。从这种定义中不难看出，构成广告的要素有：广告主必须是营利性的组织或个人；广告须支付费用；广告的内容涉及企业、产品和劳务等；广告传播是以非人员推销的手段进行的。据此，我们可以界定物流企业广告的内涵：物流企业广告是指物流企业通过各种传播媒介，以付费的形式，将本企业的产品和服务等信息传递给客户的一种以促进销售为目的的非人员推销方式。

2. 广告的功能

广告的基本功能是促进销售，它是以迅速性、全面性、深入性和权威性为特征的信息传递行为。物流企业的广告活动就是利用广告的基本功能，对企业产生有利的作用。总体来说，物流企业的广告具有以下功能。

（1）广告具有传递信息、促进销售的作用。通过广告，物流企业可以把有关服务的信息传递给客户，引起客户的注意和兴趣，促使其购买。因此，广告的信息传递能迅速沟通供求关系，促进物流服务的销售。

（2）广告可以介绍商品，引导消费。随着物流业的不断发展，物流企业提供的服务种类繁多，而且新的服务产品不断推出，客户很难准确、及时地了解和辨别各种产品的具体情况。通过广告宣传，企业可以向客户介绍企业的服务信息，使客户较全面地掌握各种服务产品的特点，有利于客户鉴别和选购自己需要的服务。

（3）广告有利于树立企业形象，提高企业知名度。物流企业进行广告宣传，不仅可以促进其业务量的扩大，而且有利于企业树立良好的公众形象，提高企业在社会上的知名度，这也会间接地促进产品的销售。

11.4.2　物流企业广告决策

物流企业广告决策的内容主要包括确定广告目标、选择广告媒体、决定广告预算、评价广告效果。这些内容相互关联，共同构成广告的主要决策活动。

1. 确定广告目标

具体的广告目标是企业对广告活动进行有效决策、指导、监督及对广告活动效果进行评价的依据。物流企业要实施广告决策，首先应确定广告活动的目标。广告目标主要有创造品牌目标、保牌目标和竞争目标3种。

（1）创造品牌目标。物流企业以此为广告目标，目的在于开发新产品和开拓新市场。它通过对物流服务的性能、特点和增值作用的宣传介绍，提高客户对服务产品的认知程度，着重提高新产品的知名度、理解度和客户对厂牌标记的记忆度。

（2）保牌目标。物流企业以此为广告目标，目的在于巩固已有市场阵地，并在此基础上深入开发潜在市场和刺激购买需求。它主要通过连续广告的形式，加深客户对已有商品的认识。广告诉求的重点在于保持客户对广告产品的好感、偏好和信心。

（3）竞争目标。这类广告的目的在于加强产品的宣传，提高其市场竞争能力。广告诉求重点是宣传本产品的优势，使客户了解本产品能给他们带来的好处，以增强客户的偏好度并指名购买。

2．选择广告媒体

广告媒体是广告者向广告对象传递信息的载体，是支撑广告活动的物质技术手段。一般来说，企业在市场营销活动中可以选择的广告媒体主要有印刷媒体、电子媒体、流动媒体、邮寄媒体、户外媒体、展示媒体等。其中，报纸、杂志、广播、电视是常见的四大广告媒体。近年来，互联网在广告促销中的作用日益突出，已被人称为第五大广告媒体。

不同的广告媒体，在覆盖范围、反应速度、可信性等方面有不同的特点（见表 11-1）。

表 11-1　常用媒体主要特点

媒体种类	覆盖范围	反应速度	可信性	寿命	保存价值	信息容量	制作费用	吸引力
报纸	广	好、快	好	较短	较好	大而全	较低	一般
杂志	较窄	差、慢	好	长	好	大而全	较低	好
广播	广	好、快	较好	很短	差	较小	低廉	较差
电视	广	好、快	好	很短	差	一般	很高	好
邮寄	很窄	较慢	较差	较长	较好	大而全	高	一般
户外	很窄	较快	较差	较长	较好	较小	低	较好
互联网	广	较快	较好	短	差	大而全	高	一般

广告媒体选择是广告决策的重要内容之一，媒体选择是否科学合理直接影响广告费用开支与广告效果。因此，物流企业在选择广告媒体时，除了要认清各种媒体的特点，扬长避短外，还应考虑物流企业及产品的特性、目标客户的媒体习惯、媒体的传播范围及影响力、媒体成本等因素。

3．决定广告预算

广告预算是物流企业根据广告设计，对在一定时间内开展广告活动所需费用的估算，是企业进行广告宣传活动时投入资金的使用计划。目前，常用的编制广告预算的方法主要有量力而行法、销售额百分比法、目标任务法、竞争对比法等。

4．评价广告效果

企业制定广告决策的最后一个步骤是评价广告效果。广告效果是广告信息通过媒体传播之后所产生的影响。对其评价一般包括如下两个方面的内容。

（1）广告传播效果，即物流企业广告对于客户知晓、认知和偏好的影响。它以客户对物流企业认知程度的变化情况或客户接受广告后的反应等间接促销因素为根据，来确定效果。

（2）广告销售效果，指物流广告推出后对企业产品销售的影响。销售效果评价是指考核和评价物流企业推出广告后的业务增长情况。对这项内容的考核和评价是比较困难的，目前常用的方法有历史比较法和实验法两种。

一般来说，广告的销售效果要比传播效果更难评价，因为除了广告因素，产品的特色、价格、竞争等因素均影响销售额。这些因素越少或者越容易被控制，广告对销售效果的影响就越容易测量。对广告本身效果的评价可以从两个方面进行：一是对沟通过程进行评价；二是对沟通结果进行评价。对沟通过程进行评价是指对广告接受者的反应进行评价，通常可以采用测试评价法和试验评价法。对沟通结果进行评价是指广告推出后客户能否有效地取得物流企业本身

及物流服务的信息，并测试其对物流企业及服务的认知程度，一般可以采用跟踪研究法。

11.5 物流企业的营业推广和物流服务的有形展示

11.5.1 物流企业营业推广的含义和特点

1. 物流企业营业推广的含义

物流企业营业推广是指物流企业在特定目标市场中，为迅速刺激需求和鼓励购买而采取的非经常发生的推销努力。其最大作用是通过某种营销刺激，以极强的诱惑力，使中间商或消费者迅速做出购买决策，产生即时购买效应。

2. 物流企业营业推广的特点

（1）刺激需求效果明显。营业推广以"机不可失，时不再来"的较强吸引力，给客户提供了一个特殊的购买机会，可以促使客户立即购买。它针对性强，见效快。

（2）形式具有局限性。营业推广形式较多，如提供咨询服务、现场示范、赠送纪念品等，但是这些形式如果运用不当，攻势过强，容易引起客户的反感，且有损企业和产品形象。因此，营业推广只适用于一定时期、一定产品，而且推广措施的选择也应慎重。

11.5.2 影响物流企业营业推广的因素

物流企业进行营业推广时应考虑的因素主要包括以下几个方面。

（1）营业推广的目标。营业推广必须有明确的目标，物流企业应根据目标市场的特点和企业的整体营销策略来确定营业推广的目标，依据推广的目标制订周密的计划。

（2）营业推广的对象。各种营业推广的手段对不同的客户、中间商、推销人员所起的作用是不同的。因此，企业在进行营业推广时，应根据已确定的目标，因时、因地制宜地选择推广对象。

（3）营业推广的手段。物流企业应根据企业业务的覆盖面及营业推广的预算费用，选择既能节约推广费用，又能收到最佳效果的营业推广手段。

（4）营业推广的时机。营业推广的时机很重要，如果时机选择得好，能起到事半功倍的效果。物流企业应综合考虑产品的生命周期、市场竞争情况、客户及中间商的营业状况等来制订营业推广实施方案。

（5）营业推广的期限。营业推广期限的选择必须符合企业市场营销的整体策略，并与其他经营活动相协调。时间太短，会使一部分客户来不及购买；时间太长，又会使人产生变相降价的印象，从而影响企业的声誉。因此，推广期限的选择必须恰到好处。

（6）营业推广的费用。营业推广是企业促销的一种重要方式，通过营业推广可以使企业的营业额增加，但同时增加了销售成本。企业应权衡推销费用与企业收益的得失，把握好费用和收益的比例，确定好营业推广的规模和程度。

11.5.3　物流服务有形展示的含义和内容

1. 物流服务有形展示的含义

物流产品具有不可感知的特点，即在人们消费它之前是无法感受到的。服务的这一特点使得客户在购买服务时总会心存疑虑，这给企业有效地推广其服务产品带来了难题。但是，任何服务又都或多或少地需要某些物质因素的支持，这些支持物是有形的，它与服务内容及服务水平密切相关，成为人们判断服务标准的一些有形的线索。对这些有形因素的利用，便成为服务企业开展营销活动的一项重要策略——有形展示。服务企业恰当地运用有形展示策略，无疑会有利于促进服务产品的销售。

2. 物流服务有形展示的内容

物流企业有形展示的内容十分丰富，从外到内大致可以分为物质环境、信息沟通和价格展示 3 类。

（1）物质环境。物质环境主要包括设施因素、设计因素和社会因素。

①设施因素。物流企业的这类因素通常被客户认为是构成物流服务产品内涵的必要组成部分，如运输配送服务中的车辆及网络分布、仓储服务中的仓库及装卸设备、物流系统的计算机设备等。如果失去这些因素或者这些因素达不到客户的期望，就会削弱客户对服务的信心。

②设计因素。设计因素是物流企业用于刺激客户视觉的环境因素。这类因素被用于改善物流服务产品的包装，使产品的功能更为明显和突出，以建立有形的产品形象。例如，配送中心的设计、企业形象标识等便属于此类因素。设计因素是主动刺激，它比设施因素更易引起客户的注意。因此，设计因素有助于培养客户积极的感觉，而且鼓励其采取接近行为，有较大的竞争潜力。

③社会因素。这类因素是指在物流服务场所内一切参与及影响服务产品生产的人，包括物流企业管理人员和其他在物流服务场所出现的企业员工。他们的知识水平、言行举止都会影响客户对服务质量的期望与判断。

（2）信息沟通。信息沟通是另一种服务展示形式，来自物流企业自身及其他渠道的信息通过多种媒体传播，引起人们的注意，就会起到展示服务的作用。从赞扬性的评论到成功的广告，从客户口头传播到企业标识，这些不同形式的信息沟通都传达着有关服务的线索，影响着企业的营销策略。物流企业应通过强调现有的服务展示并创造新的展示来有效地进行信息沟通管理，从而使服务和信息更具有有形性。

物流企业通过信息沟通进行服务展示的方法有以下两种。

①物流服务有形化。为了使物流服务更加实实在在而不是那么抽象，物流企业可以在信息交流过程中强调与服务相联系的有形物。

②信息有形化。信息有形化就是鼓励对企业有利的口头传播，使物流企业在客户中树立良好的信誉，拥有较好的口碑。客户在其业务交流中会对物流企业的潜在客户进行宣传，客户之间口头传播的信息要比广告的作用大得多。

（3）价格展示。物流企业准确地定价十分重要。不仅因为价格是营销组合中唯一能产生收入的因素，而且因为价格使服务水平和质量具有可见性，所以成为消费者判断服务水平和质量的一个依据。

物流企业的营销人员应利用恰当的定价来培养客户对物流服务的信任。当营销人员把价格定得过低时，就暗中贬低了他们提供给客户的价值，会使客户怀疑企业提供的服务；当价格定得太高时，会给客户留下价值高估、不关心客户的印象。所以，价格也传递着有关服务的线索。企业制定正确的价格，不仅能获得稳定的收益，而且能传递恰当的信息。价格的高低直接影响着物流企业在客户心中的形象。

11.5.4 物流服务有形展示管理

物流企业市场营销活动成功的关键是管理与无形服务相关的有形因素，通过服务展示管理向客户传送适当的线索，使客户更好地知道"买什么产品"，理解"为什么买这种产品"。因为客户总要在服务设施、信息沟通和价格中寻找服务的有形线索，根据有形线索推断服务的质量、价值和特点，以此来指导其购买选择。鉴于有形展示在物流企业营销中的重要地位，物流企业应善于利用组成物流服务的有形元素，突出服务的特色，使无形的服务变得相对有形和具体化，让客户在购买服务时，能够把握并判断服务的特征，并能享受提供服务后所获得的利益。因此，加强对有形展示的管理，努力借助这些有形的元素来改善服务质量、树立独特的物流企业形象，无疑对物流企业开展市场营销活动具有重要意义。

物流企业采用有形展示策略时，应充分考虑服务产品的不可触及性和难以从心理上进行把握这两个特点，一方面使服务有形化，另一方面使服务让人易于把握。服务有形化就是使服务的内涵尽可能地附着在某些实物上，典型例子就是银行信用卡，一张小小的信用卡代表着银行为客户提供的各种服务。

除使服务有形化外，物流企业还应考虑如何使服务更容易为客户所把握。通常有以下两个原则需要遵循。

（1）把服务同易于让客户接受的有形物体联系起来。服务产品的本质是通过有形展示表现出来的。运用此种方式时要注意：①使用的有形物体必须是客户认为很重要的，并且也是他们在此服务中所寻求的。②必须确保这些有形实物所暗示的承诺，在服务被使用的时候一定能兑现。如果这两点不能做到，那么创造出来的有形物体与服务之间的联结，必然是不正确的、无意义的和具有损害性的。

（2）把重点放在发展和维护企业同客户的关系上。企业使用有形展示的最终目的是建立同客户之间的长久关系。服务业的客户通常都被鼓励去寻找和认同服务企业中的某一个人或某一群人，而不只是认同服务本身。因此一定要注重与客户关系的培养。

物流服务展示管理并不仅仅是营销部门的工作，虽然营销部门应该唱主角，但每个人都有责任传送有关服务的适当线索，所有的管理人员都应定期考虑有形展示管理的问题。具体执行可以分为以下几个方面：

- 在员工中强调有形展示的重要性，使企业的每位员工都充分重视服务中的细微之处。
- 通过不间断的、有针对性的调查，制订有形展示计划和改进管理。在管理中突出创新，以强调本企业的服务特色。
- 采用有形因素来指导员工完成其服务角色。

本章小结

物流企业要想取得市场营销活动的成功，不仅要发展适销对路的产品、制定合理灵活的价格、设计成功有效的分销渠道，还必须采取适当的方式促进销售、传播信息。因此，促销成为物流企业市场营销活动的重要内容。通过促销活动可以使物流企业的服务产品有效地展示在需求者的面前，更好地促进物流服务产品的销售。同时，企业在物流服务促销的过程中，不仅要注意销售人员的管理，还要根据物流企业的不同发展阶段选择适合企业产品的广告媒体，从而更好地促进物流企业的良性发展。

巩固复习

回答下列问题（达到深刻给 5 分，部分理解给 3 分，不理解给 1 分）

1. 拉式策略与推式策略有哪些不同？
2. 制定物流市场促销策略要考虑哪些因素？
3. 物流服务的三种促销策略有何不同？
4. 营业推广有哪些作用？存在哪些需要注意的问题？
5. 物流服务有形展示的过程和要点是什么？
6. 主要广告媒体有哪些？对物流营销起什么作用？
7. 简述物流服务人员销售的过程。
8. 物流市场营销与促销策略之间有什么关系？
9. 3 项营销逻辑的主要内涵是什么？
10. 建立物流服务价值链时，客户与员工的作用和地位是什么？

请把各小题分数相加，总分为 42～50 分，请继续下面的题目；总分是 33～41 分，请对不足之处进行有针对性的复习；总分在 32 分以下，请重新学习本章相关内容。建议你在学习过程中多与老师和同学探讨不理解之处。

单项选择题

1. 第三方物流商需要获得长期稳定的业务合同，因此在生产者物流市场进行营销，最有效的方式是（   ）。
    A. 街头传单   B. 广告宣传   C. 电视宣传
    D. 人员销售   E. 营业推广
2. 在以下物流市场营销方式中，能迅速并全面地促进销售的营销方式是（   ）。
    A. 书报杂志   B. 广告宣传   C. 电视宣传
    D. 人员销售   E. 营业推广

多项选择题

1. 针对"清晰的问题+解决问题的欲望=客户的需求"的思路发掘客户需求的目的，物流营销人员一般可通过（　　）方式实现。

    A. 背景提问　　　　B. 问题提问　　　C. 结果提问

    D. 价值提问　　　　E. 困难提问

2. 针对"客户需求+产品性能=客户的潜在需求"的思路，使客户确认购买物流服务可获得利益的目的，物流营销人员可通过（　　）行为实现。

    A. 互致问候　　　B. 性能介绍　　　C. 优点展示

    D. 利益陈述　　　E. 友谊陈述

3. 针对"客户的潜在需求–购买的风险=客户的现实需求"的思路，物流营销人员可以通过（　　）的承诺方式实现。

    A. 价格合理　　　B. 掌握性能　　　C. 售后服务

    D. 长期友好　　　E. 竞争合作

思维提升

1. 物流服务促销的目的是什么？
2. 4C、4V、4R 可以体现在物流促销的哪些方面？
3. 影响物流服务促销策略的因素有哪些？
4. 人员销售"3-4-3-2"模型的基本逻辑关系是什么？
5. 如何奖励物流营销人员？
6. 物流广告、物流企业营业推广的含义是什么？

拓展阅读

1. 董千里. 集成场理论：两业联动发展模式及机制[M]. 北京：中国社会科学出版社，2018：215-238

2. 董千里，等. 物流运作管理 [M]. 3 版. 北京：北京大学出版社，2022.

实例分析

电商"造节"促销模式能否继续

电商的造节创新，是促销的有力手段。据不完全统计，2017 年全年，以促销为目的的电商"造节"近 40 个，消费者平均 10 天就会迎来一个所谓的电商节。电商"造节"分为两类：一类是利用已经存在的节假日"搭便车"营销；另一类是自己"造节"，最典型的是天猫的"双 11 购物狂欢节"、京东的"6·18 年中大促"和苏宁易购的"8·18 发烧购物节"。各大电商也在结合自身的特点进行品质营销。以苏宁为例，其和竞争对手的差异化优势在于全国铺设线下店、强大的供应链，以及正在逐步向社会开放的仓储物流。

电商如此频繁地"造节"，究竟能否点燃网购达人的消费热情，进而激发额外的消费行为呢？从短期来看，电商购物节只是在预支消费者的购买力，对增加电商交易额有一定作用，但对全年的交易额、营收和利润没有太大影响，消费者的收入与实际购买力是相对稳定和有限的。

案例探讨

1. 简述电商"造节"中的物流服务促销策略。
2. 电商"造节"的物流服务促销策略有何利弊？应如何避免？

第12章

大市场营销组合策略

本章学习重点

- 大市场营销策略要点
- 物流集成与大市场营销的联系
- 大市场营销的政治权力策略及应用
- 大市场营销的公共关系策略

章首引例

韩国三星在西安的投资项目进入到设备运输阶段。一天,专门为韩国三星项目提供国际物流服务的韩国物流经理来到长安大学物流与供应链研究所。该经理向所长董教授提出一个问题:"我们的设备物流要求很高,需要从韩国首尔、仁川空运到郑州,如何进行公铁物流选择运到西安项目基地,是通过铁路还是公路运输为好?"董教授反问道:"为什么不直接从韩国首尔、仁川空运到西安空港?"该经理回答:"韩国首尔、仁川到西安没有国际货运航班。"董教授讲:"据我所知,西安国际空港货运机场是具有承接国际货运能力的,是可以接受从韩国空运到西安空港任务的。"董教授提出建议,可以与陕西省政府洽谈韩国到西安的航空货运及海关监管等方面的合作。

韩国三星正是通过173架次航空货运包机,将所需要的设备运到西安国际空港货运机场。当货运包机每次凌晨时刻到达西安国际空港货运机场时,西安海关上机查验,顺利完成了韩国三星从韩国到西安的设备运输任务。该项目达到国际物流高精度、高时效要求,双方取得共赢。

这一例子说明了一个通过政府职能部门的行政职权、新闻机构报道宣传,从而有效地组织国际物流大市场营销活动的过程。集成场理论就是提倡微观经济动能与宏观政策势能的辩证统一，实现"上下同欲者胜"的"双赢"机制。

12.1　大市场营销的基础

12.1.1　物流集成业务发展需要大市场营销

开发物流集成业务，需要物流企业面对制造业、商贸业开展产业联动物流业务，物流企业也需要从区域物流业务走向全国物流业务、全球物流业务。在跨区域、跨国境物流业务的运作中，需要物流专业化、信息化、网络化和集成化的支持。这种跨界的产业联动、跨区域的物流集成运作也需要物流集成理论、大市场营销策略的支持，以解决新市场的"看门人"问题。例如，争取获得当地政府、企业高管和海关等公共部门的支持。它不仅体现了物流企业经营发展的需要，而且体现了物流业转型升级的需要。

（1）物流专业化。物流企业形成为客户企业服务的物流链，这种物流链的基本特点是客户企业打造自身核心竞争力，将非核心业务外包，交给第三方物流企业运作。这样就将专业化与协作相联系，企业间长期协作，建立战略合作伙伴关系。

（2）物流信息化。物流信息化是指在物流功能、业务信息化的基础上，企业间、部门间形成一些特定职能的网络系统，以提高物流运作效率，监控物流质量，做好应急管理。更大范围的物流信息化需要国家、行业协会等的介入，建立物流信息技术与业务标准，以及与其相关联的合作与管理关系。

（3）物流网络化。物流网络化是指在交通运输通道和节点构成基础设施网络的基础上，形成物流业务及组织运作网络，即构建跨企业运作、跨行业运作、跨区域运作、跨国境和边境运作的物流。物流网络化是一个综合表现，需要建立由物流链串联的企业、行业、区域和国家之间的合作关系。

（4）物流集成化。物流集成理论是物流高级化发展的核心理论，也是物流高级化实践过程的重要理论指导。物流集成机制是指理念—技术—管理综合协同关系和运作方式，不同主体间的沟通、联系、合作都需要大市场营销策略。

> **知识链接 12-1**
>
> ### 时间周转量
>
> 　　时间周转量就是一批货物进入国际物流系统到离开该系统所经历的全部时间。这一指标对衡量国际物流通道、枢纽、网络效率高低具有积极的指导意义。要提高"一带一路"国际物流系统的效率，就需要进行物流通道、枢纽、网络的集成优化，这样包含通道、枢纽和网络在内的国际物流的全程物流绩效、效果，就可以用时间周转量指标进行测量。例如，以西安集结中心为始点，向西、向北，常态化开行了西安至乌兹别克斯坦塔什干、俄罗斯莫斯科、波兰马拉舍维奇、德国汉堡等 15 条干线通道，各自所经历的全部时间（天），就是以时间周转量为测量指标的。

12.1.2 物流集成机制的形成

物流集成化发展常常表现为跨企业、跨地域、跨产业、跨部门、跨边界的物流运作过程，不仅需要集成物流理论的指导，而且需要形成相应的物流集成机制来促使其实现。在这一机制形成的过程中，需要用到物流大市场营销理论。

物流集成形成机制包括物流集成形成机理、形成过程的作用关系和物流集成实现方式。物流集成形成机理是指物流集成演化、生成和协同运作的原理，是进一步研究和建立物流集成理论体系的基础。物流集成形成机制不仅涉及对物流集成形成机理的理解，而且体现在物流服务市场需求拉动和市场供给竞争的互动关系上，使关联主体能够在足够大的范围内实现资源、信息共享和协同运作，进而影响集成物流商进行物流系统设计、运作方式选择、物流全程系统监控和重点管理等。

📁 **前沿话题 12-1**

物流集成的主要方面

物流集成商为了满足客户物流的关键绩效指标（Key Performance Indicator，KPI），在构建一体化物流服务过程中涉及以下因素的集成活动。

（1）资源集成。这包括仓库、货场、承载器具、装卸设备等的优化应用。

（2）技术集成。这包括信息技术、载运技术、装卸技术、仓储技术、分拣技术、配载技术等，以及技术与技术之间的匹配。其中包含承载器具与载运工具、载运工具与装卸设备、装卸设备与物流设施、装卸工具与集装单元等的匹配等。

（3）过程集成。这包括人员、设备、设施、技术、环境构成的物流作业过程集成。

（4）信息集成。这包括企业资源计划系统、仓储管理系统、客户关系管理系统等的集成。

（5）组织集成。这包括物流、制造等组织之间的协同。

（6）文化集成。这包括供应链上不同经营主体的文化融合，这是建立长期战略合作的基础。

资源、技术、过程等的经营主体是企业，进行相关方面集成，有时就像进入新市场、新领域，很有可能遇到市场看门人或物流壁垒，因此，需要采用物流大市场营销策略解决相关问题。

12.1.3 物流集成过程中的国内与国际物流集成

物流从单一因素向多因素集成，可以取得物流集成协同效果。物流集成跨企业、跨地域、跨产业、跨国界运作的目的是使企业在更大范围内获得较优条件和资源，往往是对各方有利的供应过程。物流集成需要信息技术支撑，这也是产业升级的重要途径。

物流集成过程具体实现方式和机制形式很多。例如，实现跨企业运作的供应链管理、跨地域经济的产业集群区构建、跨部门的物流规划和政策制定的部际联席会议制度等，都是物流集成实践的运行机制。当集成过程涉及企业外部经营主体时，这种集成需要解决跨界运作的市场壁垒问题，需要舆论的支持和权力的推动，需要大市场营销策略。

物流市场需求与物流服务供给的匹配，往往在供应链物流的不同主体之间存在竞合关系，在供应链总体价值增值供应前提下的竞合关系不断地激发物流集成商的集成动力。这一机理表明，在物流服务处于买方市场条件下，物流集成商必须主动进行资源、技术、过程、组织、文化等的有效集成，才能在市场竞争中获得有利地位。这一过程体现了物流集成需求以及物流企业运用大市场营销组合策略实现集成物流服务的必要性。

📂 **前沿话题 12-2**

物流集成运作的结构模型

物流集成商是物流链形成的主导者。以物流集成商为主导者的物流集成运作的结构模型如图 12-1 所示。

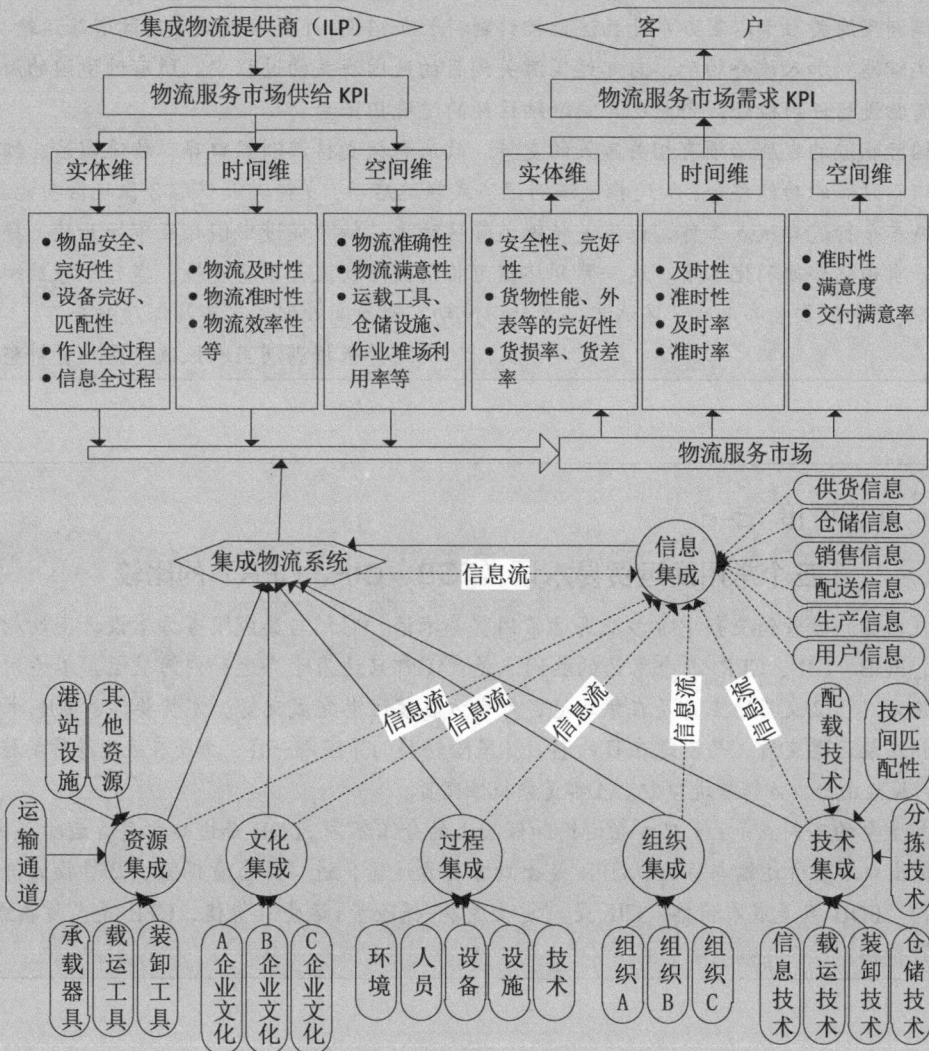

图 12-1 物流集成运作的结构模型[1]

---

[1] 董千里. 物流集成形成机制探讨[J]. 物流技术，2009(3).

📖 **案例分析 12-1**

满洲里口岸——海关改革的一个缩影

满洲里公路口岸出境货车通道里车流不断，呈现出一派繁忙景象……满洲里海关驻十八里办事处物流监控科副科长正在对4车出口苹果进行查验。与其他出境车辆不同，这4辆货柜车悬挂有显眼的"TIR"标识。该批货物从大连起运，抵达满洲里公路口岸，在海关的监管下顺利起运出境。这批重达43.01吨的苹果从满洲里口岸启程，横穿俄罗斯腹地，大约9天后终抵新西伯利亚，运输全程5 500公里。该票货物是TIR公约在我国正式实施后的首票运输货物，标志着我国在便利化通关和国际道路便利化运输领域的发展进入了一个新阶段。

满洲里海关驻十八里办事处物流监控科副科长介绍说：TIR公约是《国际道路运输公约》的英文缩写。加入该公约后，自起运国海关到目的地国海关的过程中，所有过境国的海关都不对货物进行任何检查，企业也无须缴纳巨额的过境担保金。

国际物流的发展必须有相关政策的支持。政府积极支持满洲里口岸、物流园区、铁路集装箱中心站等的功能整合，加速推进满洲里多式联运启动，支持满洲里综合保税区功能放大，支持汽车平行进口试点工作，以海关特殊监管区域之"特"促进中俄相互市场开放，提高贸易投资自由化和便利化水平。这一系列举措可推动国际物流大市场发展，提升草原丝绸之路经济带、"中俄蒙经济走廊"区域内要素自由流动、资源高效配置、市场深度融合。

（根据满洲里人民政府网站资料整理）

🌐 **知识链接 12-2**

三个常用海运贸易术语（FOB、CIF、CFR）的比较

在国际物流营销业务中常涉及海运常用贸易术语，它们与集成服务方案设计密切相关。其中，FOB、CIF、CFR三个术语的共同点是：①都只适用于海运和内河航运，不适用于其他运输方式。②交货地点都是在装运港，即卖方在装运港完成交货。尤其要注意CIF术语，它是指在装运港交货，而不是在目的港。③风险转移的界限都一样，都是在装运港货物越过船舷时，风险由出口方转给进口方。④都是象征性交货。

其主要的不同点是：①双方在运输和保险上的分工不同。FOB是进口方负责运输与保险；CIF是出口方负责运输与保险；CFR是出口方负责运输，进口方负责保险。②货物的价格构成不同。FOB只是成本价格，CIF是"货物成本+保险费+运费"价格，CFR是"货物成本+运费"价格。

知识链接 12-3

国内网链与国际链网

以物流市场需求→物流服务升级→以两业联动为代表→实施集成创新→产业物流→区域物流→国内物流（国内网链）—国际物流（国际链网）对接与合作，奠定高质量的发展基础（见图 12-2）。

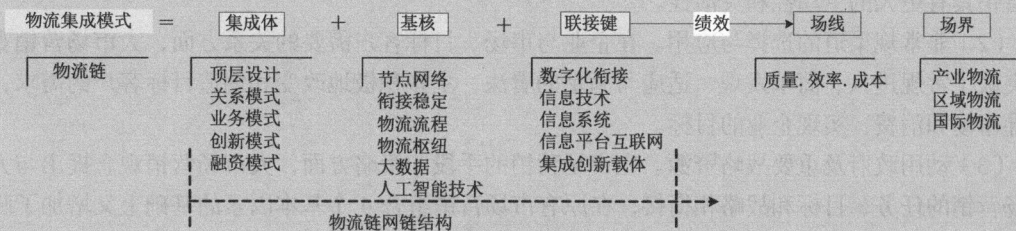

物流集成模式	=	集成体	+	基核	+	联接键	绩效	场线	场界
物流链		顶层设计 关系模式 业务模式 创新模式 融资模式		节点网络 衔接稳定 物流流程 物流枢纽 大数据 人工智能技术		数字化衔接 信息技术 信息系统 信息平台互联网 集成创新载体		质量.效率.成本	产业物流 区域物流 国际物流

物流链网链结构

图 12-2　物流大市场营销所涉及的基本因素

案例分析 12-2

物流集成促使企业提高物流效率、降低物流成本

物流系统是一个多环节、多领域、多功能的全方位开放系统。这从根本上要求企业进行成本控制时，必须遵循全面控制的原则。首先，无论是产品设计、工艺准备、采购供应，还是生产制造、产品销售，抑或是售后服务，都会直接或间接地引起物流成本的变化。为此，要求企业对整个生产经营活动实施全过程控制。其次，物流成本的发生直接受制于企业供、产、销各部门的工作，为此，要求企业实施物流成本的全部门和全员控制。再次，物流成本是各物流功能成本所构成的统一体，各物流功能成本的高低直接影响物流总成本的升降。为此，要求企业实施全功能的物流成本控制。最后，从构成物流成本的经济内容来看，物流成本主要是由材料费、人工费、折旧费、委托物流费等构成的，为此，要求企业实施物流成本的全因素控制。强调物流成本的全面控制，并非要将影响成本升降的所有因素事无巨细、一律平等地控制起来，而是企业应按照例外管理的原则，实施重点控制，加强物流资源集成、技术集成、过程集成、信息集成、组织集成、文化集成，在降低物流企业总体成本的同时力求提高物流服务水平。

12.2　大市场营销观念及其发展

12.2.1　大市场营销观念

大市场营销是指物流企业为了进入特定市场，如目标市场、新市场、新的经营领域，而进行的涉及时间长、面临因素多的业务经营，为此企业综合运用包括政治权力和公共关系等手段在内的组合策略。

12.2.2　大市场营销观念的新发展

大市场营销观念（也称大市场营销理论）是传统的市场营销观念的新发展观念，主要表现在以下 3 个方面。

（1）主动适应外部不可控环境。在企业与外部环境的关系方面，大市场营销观念突破了被动适应的观点，认为企业不仅可以影响甚至有必要控制和改变某些外部环境因素，使企业的市场营销具有更大的主动性和灵活性。

（2）非常规渠道的选择与应用。在企业与市场、目标客户需要的关系方面，大市场营销观念突破了常规进入、简单发现、适应与满足的看法，主张积极地改变和创造目标客户的需求，引导市场和消费，实现企业的目标。

（3）动用政府及重要战略资源。在市场营销的手段和策略方面，大市场营销观念提出与大市场营销的任务、目标和战略相衔接，在原有市场营销组合 4 个基本因素的基础上又增加了政治权力和公共关系这两个重要的因素，从而形成了市场营销组合 6P，以确保企业市场营销活动的有效性。大市场营销观点认为，企业不但应关注内部可控制的 4P，还必须结合外部环境因素（如政治、经济、文化等因素），尤其是"保护性的壁垒"（如地方保护主义等）。因此，"大营销"理论在传统的 4P 以外，又加上"政治权力"和"公共关系"这两个因素。

12.2.3　大市场营销理论的内容

大市场营销从运用一般手段与策略发展到运用政治手段与策略，突出表现为"政治中心论"，其主要内容如下。

（1）企业不应消极被动地顺从和适应外部环境，而必须采取适当有效的措施，积极主动地影响外部环境，促使其向着有利于企业的方向转变，并在一定程度上对其加以控制，以确保营销的成功。

（2）企业为了成功地进入特定市场或在特定市场经营，要积极地利用经济、心理、政治、公共关系等因素与运用相关技能，赢得若干参与者的合作。

大市场营销观念提出，企业可以运用能够控制的方式或手段，影响造成营销障碍的人或组织，争取有关方面的支持，使之改变做法，从而改变营销环境。这种能动的思想不仅对开展国际市场营销活动有重要的指导作用，而且对国内跨地区的市场营销活动也有重要意义。

12.3　构建战略合作关系与大市场营销

在物流企业与客户企业构建供应链物流战略合作伙伴关系时，除传统的商业关系外，有时也需要促使政府权力机构、新闻媒体等的介入，这正是大市场营销观念中"大"的深层内涵。

12.3.1　加强国家政府间的合作

国家之间的"政治""技术"边界比地理边界在贸易壁垒方面的障碍大得多。国际物流运作往往涉及信息技术标准壁垒、管理制度壁垒，对国际物流效率和质量会有很大影响。例如，在美国，1 206.75 千米的运输所需时间不到 2 天；在欧洲共同体成立前的西欧，相同距离的跨边境运输通常需要 4 天以上。显然，为了适应政治上的要求，企业既增加了时间成本又增加了物流成本，但并没有因此给最终的消费者带来增值。尽管地区化的努力旨在便利贸易，但政府的限制和要求仍会使各种物流活动遇到障碍。

12.3.2　争取政府部门及企业高层的认可

不同行业的企业间结成战略合作伙伴关系，除需要得到政府部门的支持外，最重要的是需要企业高层领导者介入，高层领导者价值观要相近。企业最高领导权力在推动企业内部管理层达成共识方面会起到重要作用。有时企业需要通过权力关系来协调企业内部与企业之间的关系，进而协同物流链运作，达到共赢。

12.3.3　获得政府的允许与支持

区域经济布局内大企业间的合作往往涉及地方利益，因此必须得到相关法律允许和地方政府管理机构的认可，至少得到默许，这样跨国界、跨区域的合作才容易建立和稳固地发展。科特勒曾举例说，假设某家百货公司拟在美国某城市开设一家商店，但是当地的法律不允许开设商店，在这种情况下，企业只能运用政治力量来改变法律，才能实现企业的目标。

12.3.4　关注企业文化融合及其他相关问题

构建一体化物流服务系统，不仅要求企业在技术、组织、信息系统方面要有共同标准，能够协同运作，而且在企业文化方面，也要求能够相互包容和融合，包括企业人员的价值观和经营理念的相互认可和接受。

12.4　国际物流大市场营销策略

随着市场经济的全球化发展，物流企业也正在向跨国市场经营及跨区域市场经营发展，但是由于各国家、地区的政治经济等因素的差异，物流活动在跨国、跨区域的大市场运作过程中不可避免地遇到各种障碍。本节先就跨国市场经营的物流壁垒和跨区域市场经营的物流瓶颈问题进行分析，然后在此基础上提出清除这些物流障碍、解决市场看门人的策略，是物流大市场营销组合策略，并具体从物流全球化发展趋势角度来说明物流大市场营销的必要性。

12.4.1　跨国物流经营的壁垒

尽管有许多力量正在促进无国界作业，但仍有许多重大壁垒在影响全球化物流的发展，其中的三大壁垒是市场和竞争壁垒、金融壁垒及配送渠道壁垒。进行全球化物流管理，必须对这些壁垒的实际成本与国际贸易的潜在利益进行权衡，以期通过成功的国际运作获得实际利益。

1. 市场和竞争壁垒

从认识和实践来讲，市场和竞争壁垒包括市场准入限制、信息可得性的缺乏、定价壁垒、关税等。

（1）市场准入限制往往是一些国家和地区通过立法或司法实践对进口商品制造壁垒来限制市场准入。例如，欧洲实施当地实际到位制度，该项制度要求以市场为基础的制造工厂和配送设施在进入市场前就必须安置完毕。日本实施当地零售商"投票"制度，以反映是否愿意接受新的零售商特别是外国零售商进入该市场。

（2）信息可得性的缺乏是全球物流的又一壁垒。除有关市场规模、人口和竞争状况等信息的可得性有限外，用于明确进口业务和有关单证方面的信息往往很难获取，这方面的要求通常会因不同的政府甚至特定的情况而异。绝大多数政府要求，相关单证在货物装运前必须备齐和处理完毕。这样，在许多情况下，如果单证有瑕疵，装运就会延迟，货物甚至会被扣押。显然，合理的单证流程对所有的装运来说都很重要，而对国际运输来说更是至关重要。

（3）定价壁垒。国际上的定价受汇率影响很大，经营德国汽车零件的美国配送商所遭遇的境况就能说明汇率是如何影响物流需求的。美国配送商的通常做法是尽可能地推迟订购补充零件，以减少风险和投资。然而，如20世纪90年代初期，当德国马克对美元的比价上升时，采取低成本战略的厂商就会储备零件，以充分利用有利的汇率销售产品。

（4）关税是另一种传统壁垒。设置关税，目的是通过提高进口货物的价格来保护国内的产业。关税在两个方面使国际贸易变得复杂。首先，在评估外国供给来源时必须把关税看作其附加的成本要素；其次，关税是政治手段，随政府政策的改变而变化。由于贸易流量和流向会不断地随关税变化，所以关税会对物流计划起到阻碍作用。尽管北美自由贸易协定和欧盟协定已规定在北美和欧洲取消了许多关税，但大量的关税依然在各地区发挥作用。关税的差异依然是国际物流的实际壁垒。

绝大多数国际厂商在高度竞争的环境下饱经风霜，有关竞争的不同规则仍对全球化物流起着壁垒作用。例如，美国政府在鼓励私人企业的同时，坚决与企业保持一种按市价进行交易的关系，并禁止价格勾结。然而，这种经济政策并不是全球标准。以美国的波音公司为例，它必须与诸如空中客车之类的厂商进行竞争，而这些厂商在欧洲有主场优势，因为法国政府拥有大部分物权。显而易见，竞争性壁垒既归因于对全球规则缺乏了解，也归因于在特定地理区域内缺乏必须遵守的规范。

2. 金融壁垒

金融壁垒就是一国对外国的商品和服务进口的限制政策。2008年的金融危机演变为经济危机，而金融始终是国际物流最重要的相关因素。金融壁垒使得在任何情况下进行预测都不容易，而在全球环境下预测尤其困难。国内预测面临的挑战是要在客户趋势、竞争行为和季节性波动的基础上进行销售量和销售金额的预测；在全球环境下，这些预测还必须结合汇率、客户行为及复杂的政府政策等。

机构的基础结构壁垒产生于如何协调中间人在作业方面的差异，其中包括银行、保险公司、法律顾问和运输承运人等。比如，在美国十分普通的金融、保险和法律系统以及无所不在的运输系统，在不太发达的国家里尚处于萌芽阶段。再如，在东欧即便在同一个城市，货款的支付、收取和处理也需花费两三个星期。漫长的处理时间在经济上引起的月度波动往往超过5%。这类延迟使订货处理大大复杂化，并令金融风险和存货风险陡增。

金融方面的不确定因素加上机构预测的不确定因素，使得企业难以规划其产品需求和金融需求，其结果是：物流经理不得不增加存货，增加运输的前置时间，从而导致全球作业的金融资源增加。

3. 配送渠道壁垒

配送渠道壁垒表现在物流基础结构标准和贸易限制等方面的差异。例如，交通基础设施、载运工具、承载器具等方面的标准差异是物流企业面对的主要物流渠道壁垒。

（1）物流基础结构标准差异是指运输和材料搬运设备、仓库设施和港口设施及通信系统中应用标准的差异。尽管近年来物流企业努力通过集装箱来提高标准化运作，但在全球运输设备中，诸如运输工具的尺度、能力、重量和轨道规格等方面依然存在较大的差异。在美国，州与州之间就能够找出在运输设备的长度和重量限制方面的差异。当基础结构未被标准化时，如果产品需要跨越国界，就必须在不同的运输工具之间转换，这势必增加运输成本和运输时间。

（2）贸易限制方面的壁垒会影响渠道决策，如有些规则规定，当某些商品已达到特定的规模时就将被予以进口量限制或增加关税。例如，从美属萨摩亚进口金枪鱼到美国就有协议，这个协议规定：当金枪鱼年度进口总量超过一定数量时，将征收 15%的关税。于是，当金枪鱼到达规定的数量时，进口商就会在保税仓库里存货，作为第二年年初放行装运的货物。对美国大陆保税仓库的使用，意味着在产品未装运到当地的仓库之前还不能审核关税。虽然使用保税仓库的策略可以减少关税费用，但同时增加了物流活动的复杂性及成本，因为它需要存货和建立临时仓库。这个例子说明了贸易限制方面的壁垒增加了国际物流的复杂性。

> **知识链接 12-4**
>
> #### 共同配送
>
> 共同配送也称共享第三方物流服务，是指为了提高物流效率，多个客户联合起来共同安排一个第三方物流服务公司来提供配送服务，从而实现横向联合、集约协调、求同存异及效益共享。共同配送的本质是通过作业活动的规模化降低作业成本，提高物流资源的利用效率。
>
> 共同配送的主要追求目标，是使配送合理化。共同配送有很多种创新模式，如统一配送模式，即由一个配送企业综合某一地区内多个用户的要求，统筹安排配送时间、次数、路线。例如，循环取货共同配送模式：在送货环节上先将多家用户待运送的货物混载于同一辆车上，然后按照用户的要求分别将货物运送到各个接货点，或者运到多家用户联合设立的配送货物接收点上，等等。

12.4.2　跨区域物流经营的营销问题

将全球市场看作一个整体，企业可将其划分为若干个大区域，每个大区域又可划分为若干个次区域，每个次区域还可以划分为若干个小区域，以此类推。区域是基本贸易单位。它能够成为基本贸易单位，取决于两个条件：①该区域的生产要素分布及其移动关系与其他区域存在差异；②该区域的各小区域之间的生产要素分布及其移动关系的差异较该区域与其他区域的差异更小。

在开放的经济条件下，不同区域的生产要素价格有均等化的趋势。这种趋势主要取决于生产要素和商品的区域间移动。但是转运等相关物流服务费用（包括运输物流服务费用和克服贸易壁垒的费用）的差异使各区域之间的生产要素和商品价格差距扩大。

1．地区政府对跨区域物流经营发展的阻碍

开辟新市场以维持增长的需要，是"离乡背井"的企业在国外寻找客户的主要动力。有扩张计划的企业，最初的选择往往是本国附近的一些国家。为促进地区贸易和保护贸易伙伴免遭外部竞争，各国开始通过签订条约的方式使合伙形式组织化。

日本学者大前研一认为，当今的世界正在演化为三大贸易区域：欧洲、北美地区和环太平洋地区。虽然各区域并不限制与其他地区的贸易，但它们的协定在强烈地鼓励和促进区域内的贸易。在作业上，全球物流系统所面临的种种挑战在不同的作业地区变化很大。北美地区的物流环境如同一片开放地，到处酝酿着对水陆运输的需求和相对有限的边境贸易需求；对于欧洲的物流业者来说，则需要对相对比较紧凑的地理特征加以考察，其中涉及大量政治、文化、规章制度及语言上的障碍；考察环太平洋地区的物流要具备一种岛屿视角，那里广泛需要水路或空中的运输以跨越广阔的地理距离。显而易见，全球作业的不同情况要求物流企业开发各种相关能力，掌握专门知识。

这种地区化趋势正在导致工业化在欧洲、北美地区和环太平洋地区形成"三足鼎立"的局面，即各个区域具有大致相当的人口和经济实力。这些地区通过降低关税、缩减海关要求、减少通用货运单证及支持公共运输和搬运系统等措施来便利区域内的贸易，最终目的是使区域内的运输待遇如同起运地和目的地在同一个国家内一样。

2．跨区域物流企业经营需适应本土化

成功企业也需要经常对标准化的产品或服务进行一些本土化改变，因为每个国家都有一些在其他地方没有的规则，如一个国家可能需要一些其他国家市场不需要的包装上的产品信息。在全球化的营销中，一个重要因素就是致力于产品的本土化才是真正的适应。本土化是指企业在一个新的市场环境中对一个产品或服务在功能上进行改变。当产品被改变时，消费者趣味和偏好就能得到满足。

在许多方法中，本土化与兼容性是相同的。它代表企业在外国的市场上调整产品与服务，以使其能与该市场本土的企业产品与服务相兼容。

当前的许多产品与服务，其本土化是通过建立多种相互兼容的系统实现的。多系统并存既保证满足本土化要求，又能充分体现企业的优势特色，以便让客户更容易接受，而且更易打入该市场。

12.4.3　解决市场看门人的途径

在上述物流营销活动过程中，物流企业不仅会遭遇壁垒或瓶颈，不同国家、不同地区的物流市场之间还有一扇门，而且每扇门都有市场看门人。看门人的作用就是限制或约束门外市场的物流活动进入。但是目前全球物流发展的趋势是企业的无国别化、无地区化，为了顺应全球物流发展趋势，物流企业就必须寻找解决市场看门人问题的途径。传统的营销活动已经不能适应市场发展的需要，而且随着科学技术的迅速发展，消费者和客户不了解或不知道的新技术、新产品必然会日益增多。因此，企业不能只是消极被动地适应消费者和客户的需要，而是必须积极主动地采取适当的措施，引导、改变或创造客户的需要，只有这样，才能实现潜在交换、扩大销售，更好地满足目标客户日益发展的需求。

正是在上述背景之下，美国著名的市场营销学家菲利普·科特勒在 20 世纪 80 年代中期提出了大市场营销这一营销观念和营销战略思想。大市场营销理论应用于物流市场营销领域，是解决跨国、跨区域物流市场看门人问题的一个较好的途径，它可以运用物流企业自身的能力来打破跨国市场经营的物流壁垒，突破跨区域市场经营的物流营销瓶颈。

12.5　大市场营销权力策略及其应用

为了进入某一市场并开展经营活动，企业必须经常得到具有影响力的企业高级职员、立法部门和政府官员的支持。例如，一家制药公司欲把一种新药打入某国，就必须获得该国卫生部的批准。因此，企业必须运用政治上的技能和策略。具体来讲，就是在产品、价格、分销渠道和促销组合上再加上"权力"与"公共关系"。前者国内企业早有涉足，只是一直处于不自觉状态，现在需要从企业战略的角度去认识它。

12.5.1　大市场营销的权力策略

大市场营销理论把影响或控制他人行为和事态发展的能力称为权力。因此，消费者的购买过程受到权力的影响是很明显的。特别是对于物流企业而言，其客户主要是工商企业，受到地方政府、主管部门的权力影响是很大的。如果物流营销者能正确、充分地运用自己所拥有的权力或借助他人的权力对消费者、客户企业的购买行为实施正面影响的话，那么权力就成为营销组合的影响因素之一，这就是权力营销。

权力可分为法定权力、专家权力、信仰权力、参照权力，这些权力都可能为营销活动创造机会。

（1）法定权力。这是指在社会或组织中处于一个法定地位所具有的权力。例如，一个城市的教育行政部门可以决定全市的中小学生都要有一套统一的校服，如果哪个服装厂家能借助这个权力的话，就获得了一个巨大的市场机会。

（2）专家权力。这是指被公认为某个领域里的专家所具有的权力。例如，医生自然是识别药物的专家，制药厂请有名的医生在大众媒体上为它的产品做宣传，就是在运用专家权力进行营销。

（3）信仰权力。这是指由于人们对某种思想深信不疑而形成的权力。例如，食品业的奥里伊达食品公司进军日本市场时，决心让日本人把美国土豆当成日常食品，但日本人不爱吃土豆，如何改变这个习惯呢？该公司抓住日本人崇尚欧美名牌的心理，把土豆肉末饼说成奥里伊达产品，并把它列入麦当劳的早餐菜单广为宣传，终于促使日本人纷纷去超市购买土豆，并依照奥里伊达公司的做法烹制土豆。现在，有 10%的日本人认为，土豆是早餐中不可缺少的食品。

（4）参照权力。这是指人们心中的偶像或社会中的思想领袖对人们的影响力与控制力。营销学中常把"早期采用者"或"喜新厌旧者"当作参照系。最典型的例子是歌星、影星成为一代青少年的崇拜偶像，如何借助他们的影响力开展营销活动，早被许多商家所关注。

12.5.2　大市场营销权力策略的应用

权力策略在国际营销中如何应用，才能达到企业所期望的效果呢？在国际市场竞争中，企业需要进行充分的调查研究，不仅要了解当地的法律、文化、习惯等，还需要了解本国与其他国家的政治经济关系，善加利用。

物流窗口 12-1

大市场智能物流营销制胜法则

随着科技的进步和创新，人工智能与大数据技术的应用结合给营销界带来了新的变革，人工智能在改善企业营销能力上的角色越来越重要。智能营销时代里，充分利用人工智能与大数据的五步制胜法则如下。

（1）制定一个持续有效的数据策略：在智能营销时代，数据策略需要持续配合营销市场的变化，尽可能多地扩大数据来源，以捕捉更多信息点，同时保证能够识别和挖掘出最有价值的信息。

（2）应用一个集中的数据分析方法。

（3）聚焦在大数据输出对市场的洞察力并转化为具体行动：根据大数据输出可以得到物流的货源和终端的关系，可以在货源处规划配送中心，提高配送和交付能力。可见，任何数据驱动的最终目的都是输出可转化为行动的洞察力，从客户整个消费流程开始，分析消费体验中每个可优化的点。

（4）驾驭数据的力量以达到与客户个性化互动的效果：越来越多的消费者愿意贡献数据以获得更个性化的体验，企业提供基于数据的智能推荐和个性化互动的能力也逐渐提升，这就需要策略、技术及统一整合数据多方面的共同配合。

（5）探索 AI 在营销中的驱动力：人工智能技术的成熟，逐渐在形式和精准度上对营销进行了优化和提升：一方面，优化营销展示形式和交互方式，为新的创意提供了技术支撑；另一方面，通过人工智能跟大数据的结合，让大数据的营销更精准，更人性化。

12.6 大市场营销公共关系策略

权力策略是一种推的策略，公共关系则是一种拉的策略，与权力相对应。话语权对形成舆论需要较长时间，然而一旦舆论的力量强大了，就能够起推动作用，帮助企业识别和占领市场。只靠权力策略可能不足以使企业进入一个目标市场并巩固其在该市场中的地位，此时，运用公共关系策略将有助于企业巩固其市场地位。

12.6.1 物流营销与公共关系

物流营销就是指以物流服务建立、维持、强化物流活动中的客户关系并使之商品化，通过识别不同的物流服务市场来设计营销方案，以客户的满意为中心来优化物流的作业和管理。物流营销为物流业务的内部和外部的合作伙伴建立了一种"供应链关系"，这些供应链关系明确了实现价值的策略和方法。物流行为与整个供应链中与之关联的群体的需求保持步调一致，从而使物流营销更具以下特点。

（1）供应商与客户之间相互作用的重点正在从交易转向关系。

（2）物流营销的重点在于使客户和客户群自始至终实现价值的最大化。

（3）物流营销战略重视与几个关键"市场"建立和扩展关系。它重视组织中的"内部"市场，同时重视与客户、供应商、销售渠道、影响市场和招聘市场建立广泛深入的外部关系。

（4）质量、客户服务和市场营销是紧密联系的，然而对它们的管理往往各自单独进行，物流营销把这些因素集合起来，使之联系更加紧密。

公共关系是一个主要的大众宣传工具，即通过有利的公共宣传而与公司的不同客户建立良好的关系，树立良好的企业形象，应对或消除不利的谣言、传闻或事件。

公共关系是一项长期性的促销活动，其效果只有在一个很长的时期内才能得到实际的反映，但不管怎样，在物流营销中它仍是一个不可轻视的营销方式。在跨国、跨区域市场的物流营销中，物流企业面对陌生的市场环境，不仅要与当地的客户、供应商、中间商、竞争者打交道，还要与当地政府协调关系，如果在当地设有子公司，还需积累如何与文化背景截然不同的本地员工共创事业的经验。一个跨国、跨区域经营的物流企业如果不能为公众所接受，其物流服务产品也就不可能为这些公众所采用。

物流企业在与东道主的所有公共关系中，与当地政府的关系可能是最重要的。因为如果没有当地政府的支持，物流企业很难进入该市场。当地政府对海外投资、进口产品的态度，特别是对某一特定企业、特定产品的态度，往往直接决定着物流企业在该市场的前途。所以跨国、跨区域经营物流企业要利用各种媒体加强对企业有利的信息传播，扩大社会交往，不断调整企业行为，以获得当地政府和社会公众的信任与好感，这样物流企业才有望在当地市场站稳脚跟并不断壮大。

集成物流系统管理是一个资源整合过程，物流专业人员比过去任何时候都更多地被要求与更广泛的组织和非组织成员接触，这就是所谓的物流"跨边界"的职能。国际物流几乎涵盖了组织中每个单一的职能（通关、商检、采购、运输、代理、保管、存货控制、配送、包装、装卸、流通加工及相关物流信息）。企业每次与特定的职能部门接触，都可能要求具备不同层次的市场营销专业知识，这就需要企业不断地与不同的部门沟通，建立良好的客户关系，通过建立客户档案，发现和分析客户的需求，并及时加以满足。

12.6.2　物流沙龙

物流沙龙是指物流界或物流领域中有着丰富理论知识与实践经验的人们自发地定期集会，目的是互相交流经验体会和讨论一些与物流相关的问题。一些物流企业经理或高层管理人员认为这也是一种物流营销的公关策略。通过举办或参加物流沙龙、交流会，企业可以树立良好的企业形象，推出自己的物流产品，对本企业的物流活动起到一定的营销作用。

📖 **物流窗口 12-2**

产学研共商煤炭运销物流市场开发

2014 年 4 月，陕西煤业化工集团有限责任公司（以下简称陕煤）煤炭运销论坛召开。此次论坛是在我国煤炭销售遇到瓶颈时召开的，邀请了陕西省煤炭运销协会会长、西安铁路局总调度长、长安大学教授等作为嘉宾参加。

陕煤总经理以"逆势进取加快营销转型，创新驱动打造物流强企，为煤化集团产业链发展提供坚强的供应链管理支撑"为题进行主题演讲。总经理分析了陕煤现今面临的市场形势、运销现状，阐述了陕煤所建立的大物流系统的六个保障体系和应对策略。长安大学教授从集成场理论顶层设计的视角回答了听众的提问，针对当前局势提出了稳固市场与开拓市场并举、降低成本与提升价值并举、行业公关宣传与进行顶层设计并举的看法，并进一步建议在大集团物流企业化的基础上，做强（煤炭物流企业）集成体、布局建设（集市场、信息、运力、增值服务等资源为一体的煤炭物流运作格局）基核、精铸（集成体间、基核间用信息、资源、技术、功能和过程）联接键，进而在以集成物流商为主导的物流链切入煤电一体化、煤电铝一体化、煤电路港航一体化和煤路港航一体化的集成物流服务过程中，形成良好的产业联动机制。

通过此次产学研合作活动，陕煤外运与其他产业物流统一协调运作大系统开始正式布局。

（长安大学物流与供应链研究所整理）

12.6.3 主要的公关工具

物流企业应根据以下公关工具的特点合理选择合适的公关工具。

（1）公开出版物。物流企业大多依靠各种传播材料去接近和影响其目标市场，包括年度报告、小册子、文章、视听材料、商业信件和杂志等。

（2）事件。物流企业可通过安排一些特殊的事件来吸引公众对其新产品和其他服务的注意。这些事件包括记者招待会、讨论会、展览会、竞赛、周年庆祝活动、运动会和文化赞助等。

（3）新闻。物流企业公关人员的一个主要任务是发展或创造对企业及其产品、人员有利的新闻。新闻在编写时要求善于构建故事，广泛开展调研活动，争取用新闻稿宣传企业，这需要公关人员有良好的营销技巧和人际交往技巧。

（4）演讲。演讲是创造产品及物流企业知名度的另一项公关工具。例如，山姆·沃尔顿在许多听众面前发表具有超人魅力的演讲，大大推动了沃尔玛百货有限公司的销售。物流企业负责人应经常通过宣传工具圆满地回答各种问题，并在同业峰会和销售会议上发表演说。这些做法有利于树立企业形象。

（5）公益服务。物流企业可以通过向某些公益事业捐赠一定的金钱和物资来提高其公众信誉。大物流企业（公司）通常要求其经理支持一些社会活动，或者为某项特定的事业捐赠金钱。越来越多的物流企业应该用相关营销来建立公众信誉。

（6）形象识别媒体。在一个高度交往的社会中，物流企业不得不努力去赢得市场的注意。物流企业至少应努力创造一个公众能迅速辨认的视觉形象。视觉形象可通过零售企业的标识、文件、小册子、招牌、企业模型、业务名片、建筑物、制服标记等来传播，即 CIS（企业形象识别系统）策划所用到的载体。

12.6.4 公共关系决策

在考虑何时和如何使用公共关系时，企业管理层应当制定公关目标，选择公关主体及载体，执行公关计划及评估公关效果。

1. 制定公关目标

首要任务是制定公关目标。多年以前，加利福尼亚某造酒厂雇用了一家公关公司制定两个主要市场目标：一是使美国人相信饮酒是幸福生活的一部分；二是提升加州酒在各品牌酒中的形象和所占市场份额。依据公关目标，该公关公司创作出一些有关酒的故事，并将它们登在一些著名的杂志如《时代周刊》《美丽居家》和报纸食品专栏上，找出一些饮酒有助健康的事例，并引入酒的药用价值。另外，该公司为争取年轻人、大学生、政府机构和各少数民族区域市场，还专门发布了特别的广告。这些目标随后变成了具体的项目，并方便对最后的结果进行评估。

2. 选择公关主体及载体

企业下一步应该选择公关广告的主体和载体。公关主体要服从企业整体的营销和宣传战略。公关是企业整体营销和宣传系统的一个重要部分。因此，公关广告词要与企业的广告、人员销售、直销和其他宣传手段结合好。

在一些情况下，对公关广告词和载体的选择比较容易。在更多情况下，公关必须去创新，创新在非营利性组织的集资中尤为重要。集资者会举办大量的特别活动如艺术展、拍卖、义演晚会、书市、竞赛、舞会、宴会、定期集市、时装表演、捐赠物品甩卖等。当一种竞赛如步行马拉松产生后，竞争者们又可持续创新出许多其他新形式，如读书马拉松、自行车马拉松和慢跑马拉松。

3. 执行公关计划

执行公关计划需要小心谨慎。公关人员需要将撰写好的故事登上传播媒体。特别好的故事容易上媒体，但大多数故事有可能过不了编辑那一关。公关人员的一个重要财富就是他与传媒编辑的关系。事实上，公关人员通常都当过记者，认识许多传媒编辑并知道他们需要什么。公关人员知道必须让传媒编辑满意，才有可能使故事不断地被采用。

4. 评估公关效果

公关效果很难评估，因为公关一般与其他促销工具一起使用，而且它的影响往往是间接的。如果公关先于其他促销工具使用，它的作用便很容易估价。

一种较好的评估方式是自广告运作后，考察人们在产品知晓、了解和态度上的转变。对这个转变需要评估一下采取这些广告以前和以后的变化情况。例如，土豆膳食部门得知，在实施公关后，相信"土豆富含维生素和矿物质"的人数比例由36%上升到67%。这一变化代表了目标客户在产品了解上的一个飞跃。

如果可以得到的话，销售和利润的数字是公关努力的最好体现。例如，在一次被称作"莫利斯猫"的广告战役结束后，企业所宣传的产品的销售量增加了43%。

📖 **案例分析 12-3**

宝供物流企业集团有限公司的公共关系策略

宝供物流企业集团有限公司（以下简称宝供物流）是国内注册成立的物流企业集团。为了在物流业激烈的市场竞争中占得先机，宝供物流做了大量的社会性工作，如从1997年开始，宝供物流和大学合作，每年召开一次"物流技术与管理发展高级研讨会"，邀请国内外物流界专家和一些客户代表为中国物流业的发展出谋划策，以期扩大物流业内部的信息交流和沟通；2000年8月18日，宝供物流在北京钓鱼台国宾馆召开新闻发布会，独家设立我国第一个由企业出资、面向物流领域的公益性的"宝供物流奖励基金"，每年出资100万元用于奖励科技界、企业界和新闻界对中国物流业发展做出贡献的团体和个人；此外，宝供物流还筹资1 000万~2 000万元用于对相关物流研究项目的资助。

　　如同中国电影百花奖见证着中国电影事业的发展一样，宝供物流奖见证着中国现代物流的发展，为中国物流界输出了大量先进的管理理念、创新技术、行业人才。同时，通过这些活动，企业树立了良好的形象，进而挖掘出更多的客户资源，在市场竞争中逐渐站稳脚跟并争取到了更大的市场份额。

　　这一案例表明，除物流服务过程本身外，企业还需要树立物流服务品牌、企业形象，新闻报道、公益事业、公共关系等都是树立企业形象及服务品牌的重要载体和工具。

（根据宝供物流企业网站资料整理）

本章小结

　　本章通过阐述跨国、跨区域市场经营的物流壁垒和障碍，提出了解决跨国物流市场看门人问题的策略是物流大市场营销策略，阐述了涉及大市场营销的权力策略，运用大市场物流营销和公共关系的关系说明了物流大市场营销的必要性，最后用案例验证了"一带一路"物流枢纽、通道和网络建设涉及的主要公关工具及公共关系决策。

巩固复习

回答下列问题（达到深刻理解给5分，部分理解给3分，不理解给1分）

1. 物流大市场营销组合策略的含义是什么？
2. 影响物流全球化发展的因素有哪些？
3. 物流集成的主要方面有哪些？
4. 物流集成为什么能降低企业物流成本？
5. 权力策略有哪些分类？对物流营销有哪些推动作用？
6. 物流沙龙对物流营销有什么帮助？
7. 公共关系营销的含义是什么？
8. 简述物流营销与公共关系的关系。
9. 简述主要的公共关系策略。
10. 公共关系有哪些主要工具？对物流营销有哪些作用？

　　请把各小题分数相加，如总分为42~50分，请继续下面的题目；如果总分为33~41分，请对不足之处进行有针对性的复习；如果总分在32分以下，请重新学习本章相关内容。建议你在学习过程中多与老师和同学探讨不理解之处。

单项选择题

1. 全球物流中的（　　）产生于预测和机构的基础结构。
   A. 定价　　　　B. 关税　　　　C. 金融壁垒
   D. 配送渠道　　E. 市场竞争

2. 企业可以运用可控的方式或手段，影响造成营销障碍的人或组织，争取有关方面的支持，使之改变做法，从而改变营销环境，这种策略是（　　）。

    A. 公共关系　　　　B. 政治权力　　　　C. 物流沙龙

    D. 配送渠道　　　　E. 大市场营销

3. 不仅可以对本企业起到宣传作用，而且可以促进各物流企业间的交流与合作的很好的物流营销方式是（　　）。

    A. 演讲　　　　　　B. 物流沙龙　　　　C. 公益服务活动

    D. 定价策略　　　　E. 渠道策略

多项选择题

1. 大市场营销中，涉及的权力可能为营销活动创造机会，这些权力的类型可分为（　　）。

    A. 法定权力　　　　B. 专家权力　　　　C. 信仰权力

    D. 参照权力　　　　E. 奖惩权力

2. 大市场营销策略是在传统的"4P"基础上，再加上（　　）这两个因素的策略。

    A. 政治权力　　　　B. 物流沙龙　　　　C. 公共关系

    D. 配送渠道　　　　E. 定价和关税

拓展阅读

1. 董千里. 集成场理论：两业联动发展模式及机制[M]. 北京：中国社会科学出版社，2018：150-214.

2. 董千里. 物流集成场：国际陆港理论与实践[M]. 北京：北京大学出版社，2013.

实例分析

菜鸟网络科技有限公司和顺丰速运科技之间的一场博弈

缘起于 2017 年 6 月 1 日下午，菜鸟网络科技有限公司（以下简称菜鸟）在其官网上将数据接口事件公之于众，随后顺丰速运（以下简称顺丰）做出回应，披露菜鸟基于推销阿里云的商业诉求，有针对性地封杀顺丰的物流数据接口。6 月 1 日下午至 2 日上午，双方相互进行了三轮回应。众多互联网企业"主动"卷入这场事件。

这件争端甚至引发了国家邮政局的介入。6 月 1 日夜间，国家邮政局连夜发文《关于近期快递服务消费的提示》称，受今日菜鸟与顺丰关闭互通数据接口影响，少量快件信息查询不畅，时下樱桃、荔枝、杨梅、杧果等生鲜农产品寄递业务受到一定影响。国家邮政局对此事高度重视，及时与当事双方高层进行沟通，强调要讲政治、顾大局，寻求解决问题的最大公约数，切实维护市场秩序和消费者合法权益，绝不能因企业间的纠纷产生严重的社会影响和负面效应。

国家邮政局的介入并没有让事件终止，6 月 2 日，京东宣布全面接入顺丰旗下丰巢自提柜，苏宁则坚决站在菜鸟一边。美团外卖王慧文则公开发文支持顺丰。6 月 2 日晚，网易 CEO 公开表示，站在顺丰一边，旗下网易考拉、网易严选均与顺丰有密切合作。6 月 3 日晚，国家邮政局再度发布公告。前一晚，国家邮政局召集菜鸟和顺丰高层来京，就双方关闭互通数据接口问题进行协调。双方表示将从讲政治、顾大局的高度出发，积极寻求解决问题的最大公约数，共同维护市场秩序和消费者合法权益，并同意从 6 月 3 日 12 时起，全面恢复业务合作和数据传输。菜鸟官方微博随后也转发了国家邮政局的公告，并表示坚决拥护国家邮政局的决定，并将认真执行，切实维护好商家和消费者的利益。顺丰则表示，顺丰一贯以客户为重，这次沟通依然坚持这个原则，数据接通是企业之间的行为，本身并不影响外部业务。

顺丰与菜鸟在此次数据接口事件中多次回应，尽管有着剑拔弩张的氛围，但最终双方修复了合作关系。

（根据 TechWeb《顺丰菜鸟数据接口事件中谁是最后赢家》整理）

案例探讨

通过以上菜鸟与顺丰博弈案例，分析其背后的原因。

第13章

国际物流市场营销

本章学习重点

● 国际物流市场营销的含义
● 国际物流市场营销与国内物流市场营销的主要区别
● 国际物流服务营销策略

章首引例

两业联动是基本的发展模式，不搞两业联动，就无物可流。"一带一路"产能合作将物流由境内延伸到境外，其发展模式可以概括为：

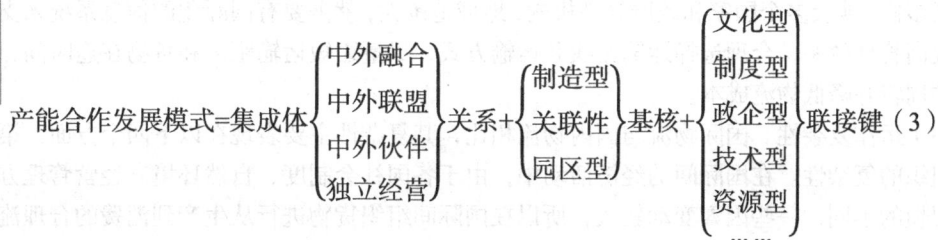

$$
\text{产能合作发展模式} = \text{集成体}
\begin{cases}
\text{中外融合} \\
\text{中外联盟} \\
\text{中外伙伴} \\
\text{独立经营}
\end{cases}
\text{关系} +
\begin{cases}
\text{制造型} \\
\text{关联性} \\
\text{园区型}
\end{cases}
\text{基核} +
\begin{cases}
\text{文化型} \\
\text{制度型} \\
\text{政企型} \\
\text{技术型} \\
\text{资源型} \\
\cdots\cdots
\end{cases}
\text{联接键（3）}
$$

"一带一路"国际物流，其中包括：①境外产能合作，例如，境外电商物流发展；②境内与境外相连的中欧班列；③国际快递业务，包括与境外电商物流相联系的部分，国际快递业务一般由规模较大的快递公司来经营运作。目前，我国 130 多家快递公司声称有能力承接国际业务，但已经被 DHL、UPS、FedEx、TNT 四大国际快递巨头占据了市场，四巨头以其完善的硬件设施和个性化需求服务等优势保证业务量的稳固增长；EMS 虽然失去国际快递业务的垄断地位，但长期独家经营所累积的知名度使其还占有国际快递业务市场近 30%的份额。通过共建"一带一路"合作，中国已在 24 个国家参与建设了 82 个工业园区，

"枢纽+通道+网络"的迅速扩张和巨额投资充分展示了外资巨头在国内市场的良苦用心。

（根据董千里：《集成场：一带一路产能合作网链研究》、中国物流与采购网相关资料整理）

13.1 国际物流营销概述

13.1.1 国际物流的含义和特点

1. 国际物流的含义

国际物流（International Logistics）是指商品物质实体在不同国家之间的流动。国际物流是国际贸易的必然组成部分，各国之间的相互贸易最终将通过国际物流来实现。只有国际物流工作做好了，一个国家才能将国外需要的商品和物资适时、因地、保质、保量、低成本地送到目的地，从而提高本国商品在国际市场上的竞争能力，扩大对外贸易。同时，可将本国需要的设备、物资等商品及时、高效、低成本地进口到国内，满足人民生活、生产建设、科学技术与国民经济发展的需要。

国际物流的总目标是为国际贸易和跨国经营服务，即选择最佳的方式与路径，以最低的费用和最小的风险，保质、保量、适时地将货物从一国的供方运到另一国的需方。

2. 国际物流的特点

国际物流与国内物流相比，具有市场广阔性、信息国际性、运作复杂性、实现高风险性等特点。

（1）市场广阔性。由于国际物流是跨国界的物流活动，所面对的市场是任何一个国内市场所不能比拟的。此外，由于各国及各地区的种族、文化习惯及经济水平的差异，导致市场需求层次和数量也有较大差别，这为更多交易的开展提供了必备条件。从市场营销的角度看，它是形成有效市场的基本前提。

（2）信息国际性。由于国际物流跨越不同地区和国家，跨越海洋和大陆，运输距离长，运输方式多样，涉及多个国家和政府管理机构，地域范围大，就需要有国际化的信息系统来支持，以便提高管理效率，合理选择运输路线和运输方式，尽量缩短运输距离和货物在途时间，加速货物的周转并降低物流成本。

（3）运作复杂性。国际物流与国内物流相比，其复杂性主要表现在以下四个方面：第一，物流组织的复杂性。在国际间的经济活动中，由于各国社会制度、自然环境、经营管理方法和生产习惯的不同，一些因素变动较大，所以在国际间组织货物进行从生产到消费的合理流动是一项复杂的工作。第二，法规环境的差异性。不同国家的物流适用法律的不同，使国际物流的复杂性远高于国内物流，甚至会阻断国际物流。此外，不同国家的标准不同，也造成了国际间接轨的困难，因而使国际物流系统难以建立。第三，不同国家或地区的经济和技术发展水平的差异性。不同国家或地区的经济和科技发展水平不同，甚至有些地区根本无法应用某些技术，这些都给形成完整、有效的国际物流系统增加了难度。例如，中欧班列进行中有一个很重要的问题，就是国与国之间的铁路轨距的不一致，中国铁路是标准轨的，宽度是1 435mm，而与中国国境相接的蒙古国和俄罗斯铁路是宽轨的，宽度为1 520mm。第四，不同国家之间人文环境的差异性。不同国家的风俗人文环境的不同也使国际物流受到了很大局限。

（4）实现高风险性。物流服务本身的功能要素和系统与外界的沟通很复杂，而国际物流又在这一复杂系统上增加了不同国家的要素，这不仅导致了地域和空间的进一步拓展，而且涉及的内外因素更多，所需时间更长。这些因素带来的直接后果是难度和复杂性的增加，即风险增大。

国际物流的风险主要包括政治风险、经济风险和自然风险。政治风险主要是指由于途经国家的政局动荡，如罢工、战争等原因，造成货物可能受到损害或丢失。例如，2018 年美国蓄意挑起贸易战争，禁止美国公司向中兴通讯销售零部件、商品、软件和技术 7 年直到 2025 年，使中兴所有业务陷入休克状态，相关货运陷入僵局。经济风险又可分为汇率风险和利率风险。从事国际物流必然发生资金流动，因而就必然存在汇率风险和利率风险。自然风险是指在物流过程中，可能因台风、暴雨等自然因素引起的风险。

物流窗口 13-1

中欧班列：国际物流"枢纽+通道+网络"的综合利用

中欧班列（CHINA RAILWAY Express, CRexpress）是由中国铁路总公司组织，按照固定车次、线路、班期和全程运行时刻开行，运行于中国与欧洲及"一带一路"沿线国家间的集装箱铁路国际联运列车，是深化我国与沿线国家经贸合作的重要载体和推进"一带一路"建设的重要抓手。

自 2011 年首列中欧"渝新欧"班列开行以来，至 2017 年 5 月，中欧班列国内始发城市已达 28 个，到达欧洲、中亚等 12 个国家的 29 个集散地，运行线路达到 51 条。中欧班列自开通以来发展迅速，从 2011 年 3 月 19 日渝新欧开行第 1 列到 2014 年 9 月 23 日郑新欧开行第 200 列，总用时 3 年零 3 个月，而从第 200 列到第 800 列，用时仅 1 年零 2 个月。根据中国铁路总公司的数据，2016 年中欧班列共开行 1 702 列、同比增长 109%，其中返程班列 572 列，同比增长 116%；2017 年，多个城市已提出了"运力翻倍"计划。

2021 年全年，中欧班列共开行 15 183 列，通达欧洲 23 个国家的 170 多个城市，运送 146.4 万标箱。通过共建"一带一路"合作，中国已在 24 个国家参与建设了 82 个工业园区。中欧班列通道不仅连通中国和欧洲及沿线国家，也连通东亚（日韩）、东南亚（新马泰越）及其他地区；不仅是铁路通道，也是航空、水运等多式联运走廊。中欧班列作为一种绿色、环保、安全、快捷的国际运输新方式，受到了国内企业和国际社会的广泛关注和欢迎，被誉为"钢铁新丝路"。

（根据中国商务新闻网资料摘编）

13.1.2 国际物流市场营销概述

1. 国际物流市场营销的含义

根据上述国际物流和市场营销的含义，我们可将国际物流市场营销定义为：从事交通运输、仓储等一体化物流服务的企业，通过整体营销努力满足一个以上国家或地区的客户对物流服务的需求，从而实现国际物流企业利益目标的活动过程。对于国际物流市场营销的定义，可从以下 5 个方面来理解与把握。

（1）国际物流市场营销的主体是从事国际物流活动的物流企业。

（2）国际物流营销的对象是一个以上国家或地区的客户。作为营销对象的客户，既可以是个人，也可以是团体；既可以是营利性企业，也可以是非营利性组织，它们往往分处于不同的国家或地区。

（3）国际物流市场营销的目标是在满足客户需求的基础上实现的。国际物流市场营销的目标，既可以是预期的利润或收入，也可以是非营利性目标。无论何种目标，它们的共同点都是强调通过满足客户的需求来达成。

（4）国际物流市场营销是大市场营销策略的手段的整体组合。企业不仅需要运用物流服务、定价、分销和促销策略等，而且更注重政治权力、公共关系及这些策略因素的组合，以达到国际物流市场营销的整体效果。

（5）国际物流市场营销活动是个连续的经营管理过程。对国际物流市场营销活动的管理不应停留在某个阶段或某个时段，而应涵盖国际物流营销活动计划、组织和控制的全过程。

2. 国际物流市场营销与国内物流市场营销的比较

国际物流市场营销与国内物流市场营销既相互联系又彼此区别。国际物流市场营销与国内物流市场营销之间的联系是：首先，国际物流市场营销是在国内物流市场营销的基础上发展起来的，国内物流市场营销的指导思想、基础理论、运作程序和方法技能适用于国际物流市场营销活动，为国际物流市场营销的发展提供了必备的条件与前提。其次，国际物流市场营销又是国内物流市场营销的延伸和发展。物流企业往往是从国内物流市场起步，再向国际物流市场拓展，但随着物流企业营销的全球化，国内物流市场营销构成了物流企业所从事的国际物流市场营销的一部分。

根据上述国内和国际物流市场营销的有关内容可知，国际物流市场营销与国内物流市场营销的区别主要体现在以下几个方面。

（1）营销环境的复杂性与多变性。例如，2018年7月6日，美国以对华贸易逆差为由，突然宣布对价值340亿美元的中国商品强行加征25%的进口关税，发动了贸易战，引发全球市场动荡。

（2）竞争者的多国性或全球性。与国内物流市场营销不同，国际物流市场营销的竞争者可能来自不同的国家或地区，竞争范围多国化、竞争性质全球化。

（3）营销问题的特有性与策略手段的专门性。物流企业在国际物流市场营销中，常常会碰到国内物流市场营销中所没有碰到的问题，需要采取特殊的营销策略与技能来解决。例如，进入国际物流市场方式的选择；物流服务的标准化或差异化；不同国家分销模式的差异；货币汇率变动对物流企业定价的影响；物流企业促销方式在不同国家运用受到局限等问题。

（4）营销活动协调与管理的困难性。国际物流市场营销协调和管理的难度要远远大于国内物流市场营销：物流企业营销策略的制定，必须考虑不同国家或地区营销环境的差异；物流企业营销的计划、组织和控制过程不得不经常调整，以适应国际物流市场营销环境的变化；物流企业不得不协调国际营销利益与全球营销目标的冲突，以保证物流企业利益在全球范围内的最大化。

3．国际物流市场营销研究的重点

国际物流市场营销的重点是基于国际物流服务的内容而展开的，国际物流服务的内容如图 13-1 所示。

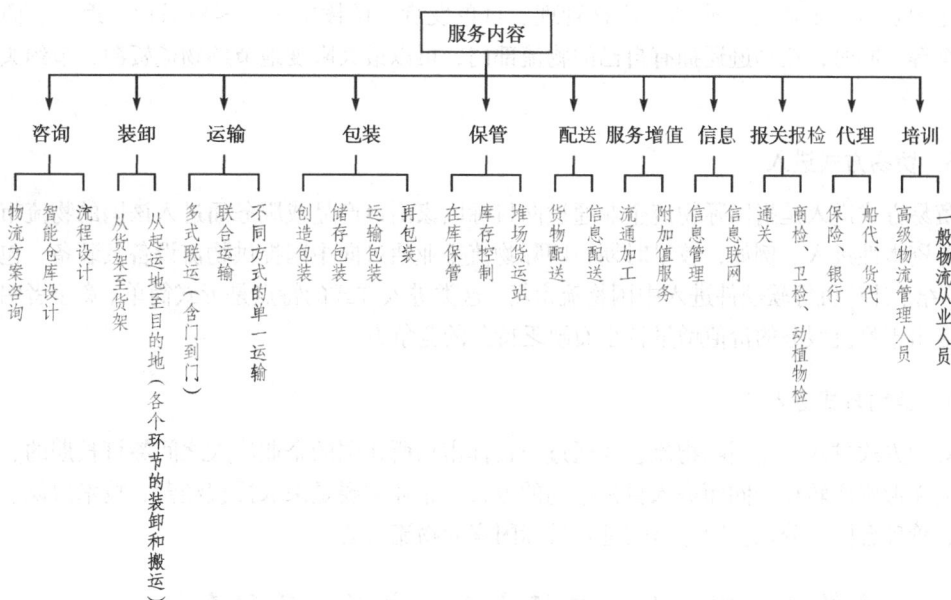

图 13-1　国际物流服务的内容

从图 13-1 可知，国际物流服务的内容从国际物流企业与货主建立业务关系开始，其包括咨询和提供采购原料、提供商品生产或加工地点、原料或产成品的储存保管、装卸、包装、租船、订舱、配载、制单、报检、报关、集港、疏港、运输、结汇、跟踪物流位置，直至货物到达指定目的地的最终客户手中等一系列服务。国际物流市场营销就是企业要运用市场营销理论，以上述国际物流服务内容为基础，了解和分析国际物流市场的营销环境，如政治法律环境、经济环境和社会文化环境等，收集国际物流市场的各种信息，在此基础上，制定物流企业进入国际物流市场的各种营销战略与策略，如进入国际物流市场的物流服务策略、定价策略、促销策略和销售渠道策略等，以及制订物流企业的国际物流市场营销计划和做好国际物流市场营销的控制工作等，从而使物流企业有更多、更好的物流服务进入国际物流市场，满足客户需求并取得良好的经济效益。

13.1.3　进入国际物流市场的方式

物流企业在对国际物流市场环境和企业内部条件分析的基础上，选定了目标市场后，就需要选择进入目标市场的方式。

1．合资方式进入

合资方式进入是指国际物流企业在某东道国与当地某家或少数几家企业或第三国的企业各出部分投资成立合资公司，分享股权、利益共享、风险共担而进入目标市场的方式。例如，2017年 9 月顺丰控股与美国联合包裹成立合资公司的事项获监管审批。合资公司将推出经济型国际快递产品，从中国至美国转运时效在 7 个工作日之内。

2．建点方式进入

建点方式进入就是国际物流企业根据目标市场需要，将物流活动中的某一环节设在目标市场所在国，以此达到进入目标市场的目的。例如，亚马逊在中国目前有 15 个运营中心，各运营中心主要负责厂商收货、仓储、库存管理、订单发货、调拨发货、客户退货、返厂、商品质量安全等。同时，亚马逊还拥有自己的物流部门，可以最大限度地节约物流资源，节约买家的费用。

3．贸易方式进入

贸易方式进入是指国际物流企业通过向目标国家出口产品或服务而进入该国的物流市场，它是非资本性进入。例如，较早时期，国际物流企业通过向中国提供物流设备及装备，包括通信、网络、计算机等软硬件进入中国物流市场。这类进入方式的特点是形式简单、竞争者明确，但可能由于物流服务的价值增量较小而缺乏持久的竞争力。

4．契约方式进入

契约方式进入是指国际物流企业通过与目标市场所在国的企业法人之间签订长期的、非投资性的无形资产转让合同而进入目标市场的方式。企业主要是采取授权经营、技术协议、服务合同、管理合同、分包合同等形式进入目标国家的物流市场。

13.1.4 选择进入国际物流市场方式时应考虑的因素

物流企业为了正确地选择适合自己的进入目标市场的方式，需要对影响选择的因素和作用力进行综合考虑，主要为以下 4 个方面。

1．东道国物流市场规模的大小

如果东道国物流市场较小，物流企业可选择建点方式等较低层次的进入方式；对于物流市场潜力大的国家，物流企业可能愿意投入更多的资源进行物流市场的开拓，因而可选择合资方式等进入。

2．东道国的资源状况

东道国丰富低廉的生产资源往往是促使物流企业选择合资方式的重要因素。

3．东道国政府的政策法规

限制外国投资的政策必然促使企业考虑选择契约方式进入市场；严格的外汇管制政策则直接影响投资收益和资本的汇回，也会使物流企业谨慎地选择合资方式进入市场。

4．东道国与母国之间的文化差异

东道国与母国之间的文化差异越大，营销活动的不确定性也随之增大，企业就越倾向于选择控制程度较低的进入方式。相反，对于地理相邻、语言相通、文化相近的国家，物流企业出于对自己经营能力的自信，常常乐意选择合资方式进入市场。美国学者古德诺和汉斯曾对 250 家美国公司的跨国经营活动进行考察，发现当东道国与母国的文化差异程度增大时，企业市场进入方式的控制程度也随之降低。

13.2　国际物流服务营销策略

在国际物流市场营销中，国际物流企业面临的首要问题是要为国际物流市场客户提供什么样的物流产品，这就需要国际物流企业根据自身的条件和目标国客户的需求情况，选择恰当的产品营销策略。

1．直接延伸策略

所谓直接延伸策略，是指物流企业在国际物流市场上推出与国内物流市场相同的物流服务，并且采用与国内物流市场相同的宣传方式。它有助于物流企业在全球范围内树立统一形象，减小营销管理的维度和难度，降低成本，提高利润。直接延伸策略主要适用于国际物流市场对物流服务的需求及使用条件与国内市场的基本相似的场合，如东道国与本国在经济上和文化上相近，可采用各种标准化物流服务等直接延伸策略。

2．宣传延伸策略

宣传延伸策略是指物流企业对国内营销的物流服务进行相应的改进，以适应不同国家目标市场的要求，但保持原有的宣传方式不变。物流服务改进包括功能的改进、运作标准的改进、包装的改进、品牌的改进等诸多方面。这种策略适用于物流服务在不同国家的用途基本相似，但物流服务使用条件或客户购买习惯存在差异的情况。例如，针对目标市场的具体情况，物流企业将物流服务的有形展示、包装、外观、色彩及品牌加以变化，但物流服务的品质及宣传方式都保持不变，这样可以节省大量的宣传费用。

3．物流服务与宣传双向适应策略

这种策略是指物流企业针对物流服务在不同国家或地区所面临的不同用途、要求及不同的使用条件，将物流服务和宣传方式都进行相应的调整，从而使物流服务和宣传方式都能很好地适应不同的目标市场的需求。值得一提的是，这种策略的成本较前几种策略要高，对企业的要求也较高。

4．全新物流服务策略

全新物流服务策略，顾名思义是指物流企业专门为国际市场研制开发的全新物流服务，推出的是与国内市场完全不同的物流服务。当物流服务改进无法满足国际市场要求或无法适应国际市场使用条件，或者物流服务改进的成本费用过高而超过客户支付能力或理解价值时，物流企业就可能选择全新的物流服务策略。由于新的物流服务是依据国际市场的客户需求和使用条件进行研制和开发的，宣传方式也具有更强的针对性，能够更好地满足不同国家客户的需求与偏好。以菜鸟为例，2013 年菜鸟与俄罗斯方面开发了定制化的快递面单，用以匹配俄罗斯邮政自动化分拣设备识别的需求，并选择了具有一定实力的航空服务商为货物提供运输。三年后，俄罗斯用户收到来自中国包裹的平均时间便从 60 天减少到了 15 天。

13.3 国际物流服务定价策略

国际物流服务定价策略是指物流企业在营销活动中，根据自身的条件及所处国际物流市场的环境，运用价格策略获取竞争优势的一种手段。它直接关系到物流企业的经济效益，所以，必须审慎地制定定价策略。

13.3.1 标准价格策略与差异化价格策略

标准价格策略是指国际物流企业对同一种物流服务在不同国家或地区的物流市场上采用同一标准定价模式的策略。这一定价策略的优点是：简单易行，便于操作，有利于跨国企业在国际物流市场上建立统一的企业形象，便于价格和营销管理。这一定价策略的缺点是：在国际市场中，同一种物流服务的成本因不同市场中的税负水平、汇率变化等的差异而很难统一，这就导致确定统一价格难度较大。此外，由于不同国家物流市场状况、竞争态势等千差万别，统一价格在不同市场中有可能因价格太低而失去获得最大利润的机会，也有可能因价格太高而失去竞争力。以下以 EMS 国际及港、澳、台地区标准定价为例进行说明，如表 13-1 所示。

表 13-1　EMS 国际及中国港、澳、台地区标准定价

资费	国际及中国港、澳、台地区特快专递邮件通达国家/地区	*起重 500 克		续重 500 克或其零数	中速快件通达国家/地区
		文件	物品		
一区	中国香港、中国澳门	90	150	30	
二区	日本、韩国、蒙古国、*中国台湾地区	115	180	40	
三区	马来西亚、新加坡、泰国、越南、柬埔寨	130	190	45	印度尼西亚、菲律宾
四区	澳大利亚、新西兰、巴布亚新几内亚	160	210	55	文莱、新喀里多尼亚
五区	比利时、英国、丹麦、芬兰、希腊、爱尔兰、意大利、卢森堡、马耳他、挪威、瑞士、葡萄牙、德国、瑞典	220	280	75	法国、荷兰、西班牙、奥地利、斐济、瓦努阿图
六区	美国	180	240	75	加拿大
七区	巴基斯坦、斯里兰卡、老挝、土耳其、尼泊尔	250	325	90	印度、孟加拉国、直布罗陀、缅甸

注：以上数字单位为人民币元。

差异化价格策略是指国际物流企业提供同类物流服务时，根据不同国家物流市场行情、提供不同物流增值服务等情况制定不同价格的策略。这一定价策略优点是：充分考虑到各国运作成本、竞争态势、供求情况、税收水平、汇率变化等影响定价的因素，能够更好地满足各国物流市场的实际需求，有利于国际物流企业实现利润最大化。但是，这一定价策略与标准价格策略相比，市场调研成本相对较高，价格和营销管理方面难度相对较大。

一般认为，企业是采用统一价格还是采用差别价格，主要取决于以下 6 个方面。

- 竞争条件。如果该企业在各国或地区物流市场上的竞争地位一样，一般采用标准价格策略。
- 法律、税收水平。世界各国的法律、税率不同，往往会影响标准价格的实施。如果某国税收太高，将迫使企业在该国制定较高价格，反之亦然。

- 世界各国客户的购买力和生活习惯。消费者的风俗习惯、爱好及支付能力的差异程度越大，采用标准价格策略就越难。
- 公司目标的差异。企业在各国的经营目标不同，往往导致不同的物流服务价格。如果企业的经营目标是长期维持企业物流服务在国外目标市场的占有率，则可能采用低价渗透策略；如果是想短期内利用国外一个特殊的获利机会，则可能采取高价撇脂策略。
- 物流服务特性。如果企业提供的物流服务的技术先进，具有某些专利，易与其他物流服务相区别，则在各国市场上可以采用差异化价格策略；如果企业提供的物流服务较普通，在各国市场上价格基本一致，则企业可采用标准价格策略。
- 物流服务生命周期。如果物流服务是处在投入期的新服务，各国的客户对该物流服务都不太熟悉，则可采用标准价格策略；或者某一物流服务在各国市场上处于生命周期的同一个阶段，则可采用标准价格策略。

13.3.2　国际转移定价策略

1. 国际转移定价的含义和目的

国际转移价格（Transfer Price）是指跨国企业根据全球营销目标，在母公司与子公司之间或在不同子公司之间转移商品或劳务时使用的一种内部交易价格。国际转移定价是指跨国企业为适应市场需求情况，在总公司内部转移产品和劳务时所采用的定价方法。

国际转移价格作为一种跨国企业内部交易价格，具有如下特征：一是转移价格服务于跨国企业的全球营销目标和整体利润追求目标，并非完全反映被转移商品或劳务的实际价值；二是转移价格是由企业少数高级管理人员制定的，并非通过市场供求与竞争机制来确定的；三是转移价格仅适用于企业内部的交易，转移的是成本费用或利润收入。

国际转移定价的目的有三个：一是为了评估总公司及各子公司的经营情况。尽管是公司内部交易，但由于现代跨国企业的总部及各国的子公司都是自负盈亏的经济组织，为了评估各自的经营情况，必须对它们之间的交易制定价格。二是为了减少税收。如某国征收的所得税很高，则在将产品从别国子公司转移到该国子公司时，总公司就将转移价格定得很高；在将该国子公司的产品转移到别国子公司时，则将转移价格定得很低，即利用低价高报的策略，人为地减少子公司税前利润，达到少纳所得税的目的。三是为了规避风险。当子公司所在国已经出现或即将出现较高的通货膨胀率时，为了避免公司资金在该国大量积累，向该国的子公司转移产品时，可将价格定得高些；反之，由该国子公司将产品转移到其他国家的子公司时，可将价格定得低些。这样，可以隐蔽地将该国子公司的资金抽走，从而使跨国企业整体利益损失减少到最低程度，以便使跨国企业获得整体最大经济利润。

2. 国际转移定价的方法

依据定价使用的标准，国际转移定价的方法可分为以下 3 种。

（1）以市场为基础的转移定价。以市场为基础的转移定价，依据的是外部公开市场的竞争性价格水平及企业的定价目标，以此对价格进行相应调整的定价方法。这种转移定价能较好地反映子公司的经营状况。

（2）以成本为基础的转移定价。转移定价的成本基础通常以企业的标准成本资料为依据，在缺乏标准成本资料时则以实际成本为准。如果转移的是技术和服务等无形商品，由于缺乏可比较的外部市场价格信息，常常以内部成本资料作为转移定价的依据。

（3）双方协议的转移定价。协议转移定价由企业内部交易双方自行议定或由企业高层管理人员拍板决定，虽然也考虑到成本因素和市场价格水平，但更多的是从交易双方的利益和企业的定价目标出发来确定价格。

需要指出的是，国际转移定价策略的运用受到两个方面的限制：一是各国政府的限制。为了保护本国的利益，许多国家通过制定相关的法律法规，限制或减少国际转移定价可能造成的损害，如欧盟、日本、加拿大及韩国等地区或国家纷纷加大对国际转移定价的限制，以加强国家税法权威。二是企业内部的限制。尽管国际转移定价能够实现总公司整体利益的最大化，但是这也有可能是以牺牲子公司的经济利益为代价的，所以常会受到这些子公司的抵制。

13.4 国际物流服务分销渠道策略

13.4.1 国际物流服务分销渠道及其特征

1. 国际物流服务分销渠道的概念和构成

所谓国际物流服务分销渠道，是指物流服务从一国供应商向他国客户转移所经过的通道。从图 13-2 可以看到有这些分销渠道：①国内制造厂商到国内出口商到外国进口商，再到外国批发商的分销渠道；②国内制造厂商直接到外国进口商的分销渠道；③国内制造厂商通过交易商在本国的进口代理商，到外国的零售商的分销渠道；④国内制造厂商通过交易国的进口商到外国零售商的交易渠道。

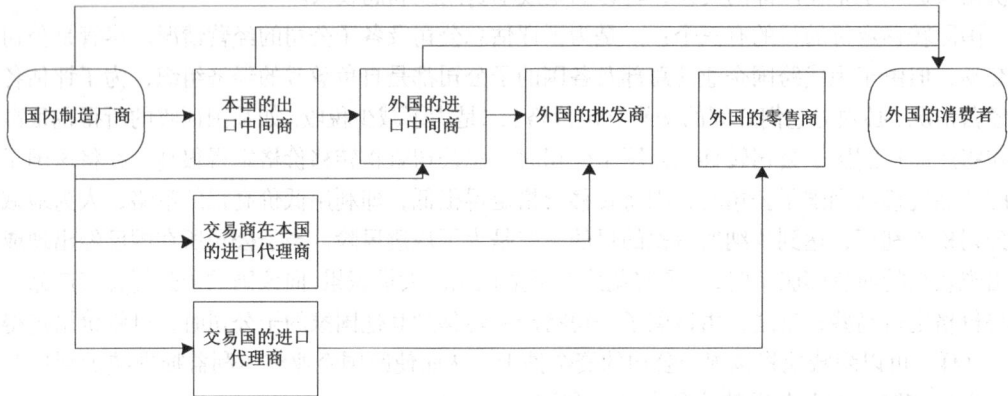

图 13-2　最终消费者的国际物流渠道

从图 13-3 可以看到的分销渠道是：国内制造厂商到国内的出口代理商，到外国的进口代理商，到外国的代理店，到最终用户的销售渠道。

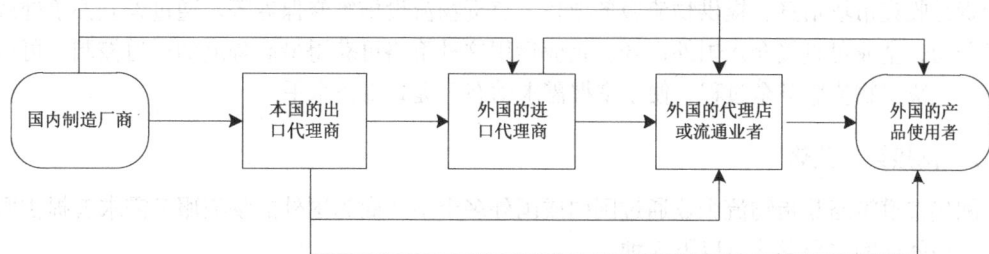

图 13-3　中间消费者的国际物流渠道

2．国际物流分销渠道的特征

（1）分销渠道的终点是国外客户。由于不同国家政治、经济、社会文化等的差异，物流企业应首先了解目标市场国客户的需求特性，以便有针对性地开展服务和开发新业务，使物流服务务能全方位地满足客户需求。

（2）分销渠道应具有整体性。渠道整体性是指在国际物流市场营销活动中，物流企业应将物品从接受地向国外目的地进行有效转移所经历的整个过程视为一个有机整体。因为物流分销渠道的效率有赖于分销渠道内各成员的共同合作，如果某一条渠道成员效率过低，必将影响到整条渠道的效率，从而可能阻碍企业国际物流分销渠道策略的实现。有些企业认为，只要将业务卖给国内出口商或国外进口商，就算达到了目标，而并不关心物流服务从始至终客户的再转手过程，这就是对集成场的场线绩效认识不足，国际商贸物流关注的是全程场线。对于国外分销渠道中中间商的构成、中间商的毛利、中间商的推销方法、物流服务最终价格等缺乏了解和控制，就对最终市场缺乏了解和控制，就会使企业常常处于被动的局面。为此，企业在实施分销渠道策略时，应特别注重全程场线的问题，即全过程、全渠道的一体化概念和把握。

（3）分销渠道的风险大、成本高。由于国际物流分销渠道跨越国界，接收地与目的地之间距离遥远，发生在物品运输、储存、装卸、保险等方面的风险较多、费用很大，并构成了物流服务的营销成本和最终价格。此外，构成分销渠道的各类中间商分属于不同的国家，有本国中间商，也有外国中间商，有经常合作者，也有初次合作者，它们与物流企业的熟悉程度、亲疏关系、利益分配往往不同，加上外国中间商在语言、文化方面存在障碍，加大了经营风险，这就要求物流企业必须谨慎地选择并建立自己的分销渠道，并要勤于管理。

13.4.2　国际物流分销渠道策略

按照企业的分销活动是否有进出口中间商的参与，可以把国际物流分销渠道策略分为直接渠道策略和间接渠道策略。

1．直接渠道策略

直接渠道策略是指物流企业直接为国外的物流服务需求者提供服务。其具体形式是：企业向国外派出营销人员，在国外建立分销机构，如业务办事处、海外分公司等。例如，联邦快递、中外运敦豪、日本邮船、亚马逊等国外知名企业通过设立办事处、分公司等形式在中国构建物流分销渠道。

在国外设立办事处或营销子公司，实际上是物流企业的活动向国外的延伸。这类机构的主要职责是收集市场信息、提供物流服务项目、负责物流设施维修保养等。通过设立办事处或营销子公司，企业可直接介入国外市场。企业运用这种策略可获得最高程度的渠道控制，可以使企业自主决定物流服务全过程，便于掌握需求动态，提高服务水平。

2. 间接渠道策略

间接渠道策略是指物流企业通过国内或国外多个中间商为国外的物流服务需求者提供服务。其中，中间商的主要形式有以下3种。

（1）国际货运代理。它是指具有国际货运资质的企业，接受进出口货物的收货人、发货人或其代理人的委托，以委托人名义或货运代理公司的名义，办理签发运输单证，履行运输合同等有关业务，收取代理费或佣金，具有运输中间人的性质，在托运人与承运人之间起着桥梁的作用。其主要优势在于大批量的装运可获得较小的费率，即较小的成本，而且在很多情况下可使大批量的装运速度更快，即快于个别托运人直接和专业承运人打交道的速度。

（2）国际船舶代理。它是指受国际贸易货物承运人（船东、租船人、船舶经营人等）或代理人或特种船经营人的委托，在委托人授权范围内，代理机构依据法律法规，办理国际船舶的船、货报关，进出港，装、卸货安排及其他与船舶、货物和船员有关的业务，为委托人服务并维护委托人的利益。这类船舶代理机构都设立在本国港口，对本港、本地区、本国各方面情况熟悉，而且长期从事代理工作，积累了丰富经验，因此，往往能比船方更有效地办理船舶在港的各项业务，节省船舶停港时间，加快船舶周转，提高船舶营运经济效益。

（3）报关报检代理。它是指代理机构接受进出口货物收货人、发货人和其他委托方或其代理人的委托，以委托人名义或者以自己的名义办理报关、报检业务，收取相应报酬。在许多国家，由于报关单的填写、办理进出口商品质量、数量、包装、价值、运输器具、运输工具等的检验、鉴定等工作相当复杂和耗时，因此，一些物流企业就将此业务委托给报关报检代理人或机构办理，它们具有与海关打交道的技能和丰富经验，可以缩短时间，提高工作效率。

📖 **物流窗口 13-2**

中国物流企业加快开拓国际物流渠道步伐

截至2017年年底，天猫国际共引进了全球68个国家和地区近4 000个进口品类1.6万个海外品牌，其中不乏首次踏入中国市场的新品牌。实际上，国内的跨境电商平台已经成为海外品牌进入中国市场的跳板。2017年，众多境外实体零售商和国际品牌商瞄准京东与天猫"全球购"市场，借助这些以国内为主战场的电商平台开拓中国市场，也满足消费者从日常进场下单的平台直接购买海外商品。

中国庞大的消费市场为海外品牌商提供了空间，天猫国际、京东等电商平台成为这些海外品牌在中国的分销渠道，成为海外品牌商与消费者沟通的桥梁，省去了品牌商在中国设立分销渠道和分公司的成本，减轻了成本压力。这部分节省的成本可以成为价格红利让渡给消费者，进一步提升消费者对品牌的青睐度。

当海外品牌对国内的跨境电商平台纷纷递出橄榄枝时，强化相应的服务就成为跨境电商的核心举措。面对线上线下加速融合的趋势，不少跨境电商对线下的实体业务跃跃欲试。2017年10月，洋码头创始人曾碧波公开表示，洋码头将尝试在部分城市核心地段设立实体体验店。宝贝格子已经在多地设立格子优品门店，而门店中所售的商品就是一般贸易进口的商品。

随着零售概念的外延不断扩大,众多新零售的试验田接连落地,线上与线下双渠道融合也将被跨境电商采纳和借鉴,跨境电商的多渠道融合会进一步加深。对跨境商品有需求的消费者并不会局限于在线上产生消费行为,更需要线下的体验。这些已经建立起全球供应链关系的跨境电商,增设跨境电商体验店,会满足消费者多渠道购物需求,提升便捷性,并将价格红利让渡给消费者。

（根据中国物流与采购网站新闻整理）

13.4.3 国际物流分销渠道的设计与管理

1. 分销渠道的设计

物流企业到国外市场上销售自己的物流服务,渠道的设计十分重要,因为不同的渠道设计可能给企业带来完全不同的效果。物流企业在进行渠道设计时,应考虑的问题主要有渠道的标准化和多样化、渠道的长度及宽度。

（1）所谓分销渠道的标准化,是指企业在国外采用的分销渠道与国内相同;反之,分销渠道依国家而异,就是分销渠道的多样化。渠道的标准化可以产生规模效益,即由营销人员分销效率的提高和营销经验累积的经验曲线效应所带来的效益。例如,某市场分销渠道的经营方式可以应用于与之类似的另一市场。但是,由于渠道标准化受到很多因素的限制,如不同国家或地区分销环境的差异、客户购买模式的差异及企业进入不同国家或地区的方式的差异等,从而使更多企业采取的是多样化的分销渠道。

（2）分销渠道的长度。分销渠道的长度主要取决于渠道中间环节的多少,如零级渠道通常为短渠道,多级渠道为长渠道。物流企业的特点决定了它倾向于更为直接的分销模式,尽量减少中间商的层次或不使用中间商,原因是直接分销可使企业对渠道拥有更大的控制权,可获得更好的信息反馈,能更好地满足客户的需求,当市场销量大时可获得更好的经济效益。但若目标市场规模不大而客户分布又很分散时,直接分销会大幅度地增加企业的分销成本。因此,渠道长短各有利弊,这就要求物流企业在决策渠道长短时,应综合考虑相关因素,如物流服务特点、国外市场特征、物流企业的国际信誉、资金状况、管理能力、营销经验及为客户提供服务的水平和能力等。

（3）分销渠道的宽度。分销渠道的宽度主要取决于某一级渠道中同类中间商数量的多少。如果物流企业同时选择两个以上的同类中间商向国外客户提供服务,这就是宽渠道;反之,如果只选择一个中间商,这就是短渠道。

通常,人们根据渠道宽窄程度将分销渠道概括为三种形式:一是广泛分销,它要求运用尽可能多的中间商,使渠道尽可能宽。例如,物流企业对一些消费品中的便利品、工业品中的标准化产品提供物流服务时,可采用这种广泛分销。其优点是市场覆盖面广,客户方便;缺点是中间商的积极性低。二是独家分销,这是一种比较极端的形式,即物流企业在某国家或地区市场只选择一家中间商作为物流分销渠道的中间环节。例如,物流企业对某些技术性极强或高档品牌提供物流服务时,可采用独家分销。其优点是有利于企业控制中间商,且中间商积极性高;缺点是有一定风险,如果这家中间商经营不善或出现意外,企业在该国的物流业务就要受到很大的影响。三是选择性分销,它是介于上述两种形式之间的分销形式,即有条件地精选几家中间商进行经营。这种形式对所有的产品都适用。选择性分销比独家分销渠道宽,有利于扩大物流服务范围，开拓国际物流市场；它又比广泛分销渠道窄，能够节约费用，易于控制，不必分散企业太多精力，且中间商有较高的积极性。当然，如果中间商选择不当，选择性分销可能兼有独家分销和广泛分销的缺点。

2. 分销渠道的管理

对于分销渠道的管理，如中间商的选择、激励、测量、评价及渠道的完善等，国际分销渠道和国内分销渠道基本相同，可参阅本书第 10 章相关内容。在此只重点讲述一下分销渠道选择的标准。

物流企业在各国采用的不同分销渠道方案都会产生不同的成本与销量，所以物流企业应特别重视从不同的渠道方案中挑选最佳方案。选择的标准可以从下面 3 个方面衡量。

（1）经济标准。具体地衡量每个物流渠道方案的成本与预期业绩。比如，是物流企业自己直接为目标国提供物流服务，还是选用目标国的中间商来提供物流服务，这就需要衡量两种渠道的成本和预期业绩。

（2）控制标准。这主要是考虑物流企业对所选择渠道的控制能力。在某些业务领域，物流企业出于经营战略等的考虑，希望对分销系统具有较强的控制能力。这也是许多物流企业在目标国建立自己的渠道体系，发展一体化经营的一个极其重要的原因。因为对渠道系统的控制能力，往往影响和决定了物流企业的一些重要战略能否实现及在多大程度上实现等这些至关重要的问题。

（3）适应标准。物流企业与合作方在分销渠道系统中必须承诺履行在一定时期内应承担的责任与义务。比如，物流企业应向当地中间商提供物流服务质量保证措施、服务保证和一定的跌价损失补偿；中间商也应定期向物流企业提供市场信息和各种销售统计资料。一般而言，当总体市场环境的波动不是很大时，双方的承诺容易实现，而市场如果突发变化，会降低双方的承诺度。因此，物流企业对目标国政治、经济环境的稳定性通常会予以较高的重视。

13.5 国际物流服务促销策略

国际物流服务促销是国际物流营销组合的重要组成部分。物流企业将各相关信息传递给目标客户，让他们知晓、了解、喜爱和购买企业的物流产品。

国际物流服务促销组合与国内物流促销组合一样，离不开广告促销、人员推销、营销推广和公共关系这 4 种基本方式的协调运用。但由于不同国家或地区促销环境有差异，国际物流服务促销活动会面临国内所没有的特殊问题，需要物流企业有相应的应对策略。

13.5.1 国际物流广告促销策略

1. 国际广告的特点

国际广告可以看成企业国内广告向国外的延伸。尽管两者有许多相同之处，但差别也是明显的。这也构成了国际广告本身的一些特点。

（1）工作量大和复杂程度高。由于各个国家在语言、文化、风俗、经济发展等方面存在很大的差异，这些差异使物流企业在进行国际广告活动时，不得不充分考虑每个国家的具体情况，从而制定出相应的策略。这也使得做国际广告相对做国内广告而言，不仅工作量大，而且更复杂。

（2）费用高。物流企业在进行国际广告活动中，必须充分了解目标国家的具体情况，这需要花费大量的人力、物力和财力。进行广告的策划和创作时，企业往往也需要花费更多的物力和财力。特别是当企业的目标不仅仅局限于一个国家时，所需的资金就更大了。

（3）对人员素质要求高。进行有效的国际广告活动，必须要有高素质的人员才能成功。一个高素质的国际广告专业人员必须具备丰富的专业广告知识和经验，必须熟练掌握至少一门外语，这是从事对外交往工作的一个先决条件；必须具备广博的知识，特别是外国人文风俗方面的知识，这样才能更好和更深入地了解目标国家的具体情况。当然，一个优秀人才必须具备的素质远不止这些，这些都体现出国际广告比国内广告在人才素质方面要求更高。

2. 影响国际广告开展和效果的因素

（1）语言文字因素。世界上有些语言在多国通行，但世界上的语言种类远远超过国家数量，不少国家有多种官方语言，所以制作国际广告时，企业会面临两大难题：一是制作人不可能也没必要通晓世界各国语言；二是广告主题可以标准化，但有说服力的广告语往往要使用各国当地语言，才更有吸引力。

（2）心理因素。不同国家的客户，其心理因素往往有很大差别，做国际广告时，如果不适应异国消费心理，不仅难以达到预期效果，甚至可能会适得其反。例如，在中国，"实行三包"的广告宣传，可以使用户放心，颇受国人欢迎。在国外则恰恰相反，这种广告会使人感到不放心，因为外国人一向认为，产品尚未使用，企业就首先保证"实行三包"，也许说明企业对产品质量缺乏信心，质量不过关。广告要力求做到有的放矢，以增强广告宣传的针对性和可行性，以便达到预期效果。

（3）政府控制的因素。世界上许多国家对广告业的控制有日益加强的趋势，主要有对广告内容的限制、广告媒体的限制、广告费用的限制、广告信息的限制、广告代理商的限制及对广告实行特殊税收等。面对国际广告可能遇到的种种限制，对从事国际广告活动的营销人员而言，其工作就更加复杂，需要物流企业首先弄清楚各国的广告立法。

（4）社会意识差异。不同国家对广告的社会意识的差异、宗教信仰的不同等也会对国际广告效果产生影响。

3. 国际物流广告策略

（1）标准化广告策略。标准化广告策略是指企业在不同的国家或地区使用统一的广告促销主题和信息内容。这种广告策略强调的是客户需求的趋同性。当今世界，经济一体化已成为不可逆转的趋势，国与国之间经济合作蓬勃发展，信息交往不断增加，这一切使各国间的文化产生了一定程度的融合，缩小了各国传统文化习惯之间的隔阂，使统一协调控制各国市场的广告活动成为可能。标准化广告策略的优点如下。

- 节约成本。一旦形成了某个广告概念，在推广到其他国家时就不需要太多的附加成本，尤其是企业初入某国市场，无法确定该市场是否值得花费巨资制作全新的广告时，采用此策略可以降低广告投资的风险。
- 充分发挥成功广告的效益。一些成功经验是经过长时间实践而取得的，可谓来之不易。如能在多国市场推广同一广告，可使以往成功的经验继续发挥效益，缩短试验周期。
- 有助于建立标准化的物流服务形象，避免在不同国家产生不同的物流服务产品信息。
- 公司总部可以集中管理全球广告业务，便于合理协调各种资源，发挥规模效益。

- 可以确保营销过程中企业各层次目标的实现。

标准化广告策略的主要不足之处是忽略了各国市场各自的特性，当这种特性成为物流服务打开销路的关键因素时，标准化广告策略就显得无能为力。

（2）差异化广告策略。差异化广告策略是指企业根据不同国家或地区促销环境的差异，选用不同的广告促销主题和信息内容。差异化广告策略的优点如下。

- 适应不同文化背景的客户的需求。
- 有利于克服障碍，顺利进入当地市场。许多国家对广告宣传实行较为严格的控制，成为国外企业进入该国市场的主要障碍。外国企业通过雇用当地广告商，可以避免广告宣传的失误。
- 针对性较强。不同国家的客户对同一种物流服务可能有相同的需求，但是对这种物流服务的看法不尽相同，因此广告宣传就要有不同的侧重点。

差异化广告策略的不足之处是企业总部对各国市场的广告宣传的控制较差，难以进行整体策划，甚至出现相互矛盾的现象，从而影响企业形象。

（3）标准化或差异化广告策略选择应考虑的主要因素。

- 广告促销的环境。东道国与母国之间的广告促销环境越相似，信息标准化广告策略促销效果就越好；反之，若两国之间的促销环境差异越大，选择差异化广告促销策略理由也就越充分。
- 目标消费者的特征。不同国家市场消费者的特征越相似，信息标准化的广告促销效果越好；反之，选择广告信息差异化更为合适。
- 广告信息差异化的成本—效益关系。如果广告信息差异化的成本超过可能带来的效益，企业就应考虑采用标准化广告策略；反之，应选择差异化广告策略。
- 广告媒体的可获得性。同一广告媒体在不同国家或地区可能存在不同程度的可获得性，从而直接影响广告促销信息的标准化程度。例如，在美国，成功的电视广告并不适用于印度市场，因为商业电视广告在印度受到严格限制。

4. 国际广告代理商的选择

我国企业的国际市场广告促销活动在多数情况下需要依赖国内或国外的广告代理商，即使企业拥有自己的广告部或相应的广告职能机构，往往也需要借助外部的广告代理商。

国际市场广告代理商种类很多，根据其业务活动范围，基本上可分为两大类。

（1）在世界各地拥有许多分支机构并以国外业务为主的国际性广告代理商。企业选择这类国际性广告代理商的好处是：易于协调企业全球广告促销活动，以获得最佳的整体促销效果；避免在多国市场选择多个广告代理商的困难与麻烦；若由同一个广告代理商承接多国广告业务，作为一揽子生意，不仅可以得到广告代理商的重视，而且支付的佣金也较低。

（2）通常以承接国内业务为主，营业规模虽不及国际广告代理商那么大，但在国内拥有较为完整的分支网络的本地广告代理商。选择本地广告代理商的好处是：本地广告代理商对当地社会文化环境更加了解，因此能够提供更加深入的市场渗透和更加优质的服务；本地广告代理商在当地市场拥有众多的社会关系和更好的企业形象，更易于为当地客户所接受；东道国政府往往对广告业进行控制，外国广告代理商在当地市场的广告业务活动常常受到限制。

对于具体广告代理商的选择，企业应当注意从两个方面来权衡：一是应当比较不同广告代理商的实力与信誉、市场覆盖范围与业务能力、提供服务的种类与质量，以及收取的费用水平等；二是应考虑企业广告促销的目标与策略，对广告促销活动控制的要求与能力，以及企业国际营销活动的规模与方式等。

13.5.2　国际物流人员推销策略

1．人员推销的作用、职责和分类

国际物流市场人员推销是指物流企业自派或利用中间商的推销人员与客户协商和洽谈销售物流服务产品的事宜，通过向客户宣传物流服务产品等方式促进产品的销售。在国际营销活动中，人员推销方式比国内营销具有更为重要的作用。一是由于各国加紧对广告促销的限制，加上不同国家广告媒体可获得性的差异，广告促销在国际市场上的作用和力度趋于下降；二是许多国家较低的工资水平使得人员推销的成本费用下降，企业可以雇用更多的推销员。

国际市场推销人员可分为物流服务推销人员、销售服务人员与临时受命者三类。物流服务推销人员的职责是帮助客户做出购买决策，促使其下订单；销售服务人员的职责是负责与物流服务销售有关的各种售后服务；临时受命者的职责是解决国际营销活动中的突发事件或特殊困难，为新市场或人手短缺地区提供临时性的支持或帮助。

国际市场推销人员若从人员来源或国籍来分，又可分为外派推销人员、本地推销人员和第三国推销人员三类。外派推销人员是指从公司母国派驻东道国从事推销运作的雇员；本地推销人员是指在东道国当地招聘的推销人员；第三国推销人员是指从母国与东道国之外的第三国招聘的推销人员。目前，许多跨国公司采取雇员本土化策略，尽量在东道国当地招聘推销人员。其出发点主要有三点：一是物流服务推销工作要求推销人员了解与熟悉当地社会文化，外派推销人员往往难以满足这种要求；二是从母国外派推销员承担推销工作，往往成本过高，得不偿失；三是许多国家对外资企业用工来源加以限制，要求当地居民占雇佣人员一定比例。近年来，跨国公司在推销人员来源方面的另一趋势是从第三国选派推销员到东道国。其原因主要有两个方面：一是不同国家或地区劳动力供应不平衡，有些国家专职推销员短缺，另一些国家却过剩；二是在母国或东道国招聘不到具备丰富海外工作经验的推销人员，而来自第三国的推销员往往满足这种素质要求。

2．推销人员的招聘与培训

一般来说，国际市场的推销人员除要具备推销员的基本素质外，还应当具备以下能力。

（1）独立工作的能力。国际推销人员在国外所面临的风险通常比国内大得多，难以及时地得到国内领导或专家的指导与帮助，这就需要推销人员具有较强的独立决策及处理各种问题的能力。

（2）文化适应的能力。国际推销人员要在陌生的社会文化环境中展开推销工作，应当易于适应不同民族的社会心理与文化特征。

（3）对推销事业的忠诚。海外推销工作独立性强，监督与管理难度大，推销人员工作努力与否在很大程度上取决于对事业的追求和对公司的忠诚。

推销人员在上岗之前往往要进行相应的业务培训，以保证推销目标的实现和推销任务的完成。若是企业外派的推销员，培训的重点是东道国的社会文化背景、商业习惯、社交礼仪、当地语言等内容；若是当地聘用的推销人员，培训的内容则侧重于物流服务项目知识、技术信息、公司概况和推销技巧等内容。

3．推销人员的激励和评估

（1）对国际市场推销人员的激励。国际推销工作具有更大的挑战性，需要付出更为艰辛的劳动，因而更应注意对推销人员的激励工作。对国际市场推销人员的激励，主要应考虑以下两点。

- 国际推销人员背景。不同的国家或地区具有不同的文化背景、行为准则和价值观念，了解这些可以使激励措施更有效果。例如，美国的文化价值观突出个人奋斗，因此直接给个人金钱奖励或晋升机会等可能更为有效；日本的文化价值观更强调集体主义、论资排辈和终身雇用等，因此给予个人金钱奖励或晋升机会等就可能难以奏效。
- 综合运用不同的激励方法，以求达到最佳的激励效果。企业激励推销人员的方法很多，除上面提到的金钱和晋级外，还有提供较好的福利、组织优秀推销人员免费到其他国家旅游和度假、组织销售竞赛、给予优秀推销人员特殊的培训机会或者授予他们某种荣誉称号等。

（2）国际推销人员的评估。企业之所以要对国际市场推销人员进行评估，主要原因如下。

- 对国际市场营销人员的激励，是建立在对他们推销业绩进行考核与评估的基础之上的。
- 通过评估发现并表彰推销业绩突出的推销人员，总结成功的推销方法和推销经验并加以推广，以求达到以点带面的带动效应。
- 通过评估发现推销效果不佳或存在问题的推销人员或市场，分析原因，找出问题，加以改进，对于无法胜任推销工作的人员应及时撤换。

对推销人员工作可从两个方面进行考核：一是对推销效果的直接评估。例如，一定时期内其完成的销售额、推销费用占销售金额的百分比、新客户订单占销量的百分比等。二是对推销效果的间接评估。例如，一定时期内访问客户数量与频率、物流服务项目与企业知名度的增加程度、客户服务的水平与范围及其他市场推销任务完成的情况等。

由于不同国家或地区存在市场潜力、市场结构、竞争强度、推销成本或费用等方面的差异，对人员推销效果的评估标准或考核方法，应当依据评估国或地区的差异进行相应的调整，使得评估结果具有可比性。

13.5.3　国际物流营销推广策略

1．国际物流营销推广的方式

（1）现场推广方式。现场推广方式有国际博览会展示和有形展示两大类。

- 国际博览会展示。国际博览会又称为国际集市，是指在一定地点定期举办的由一国或多国联合组办、邀请各国商人参加交易的国际营销形式。在国际博览会上，企业一方面展出各种物流产品，另一方面就地进行交易。被邀请的国家不但可以与主办国进行交易，而且互相之间也可以进行交易。例如，在2013年由我国举办的"第十三届中国国际运输与物流博览会"上，有上百家中外著名物流企业展出了它们最新的物流产品。一般地，国际博览会分为两类，一类是综合性国际博览会，又称"水平型"博览会；另一类是专业性国际博览会，又称"垂直型"博览会。由于博览会参展商集中，且集展示与交易于一体，所以能够提供较多的商业机会。

- 有形展示。物流产品具有不可感知的特点，即在人们消费它之前是无法感受到的。这一特点决定了物流企业必须将一切可传达物流服务产品特色及优点的有形要素有效地组织起来，形成"有形展示"，以加深客户对物流服务产品的印象，缩短客户与物流产品之间的距离，在短期内迅速刺激需求、吸引客户，激发购买行为，实现营销推广。

（2）直接对客户的推广方式。企业对国际物流市场客户的营销推广，主要目的是提高产品的知名度，鼓励购买。这种促销手段可以按照功能和目标分为以下几类。

- 降价。降价是短期内刺激销售的有效方式，但是竞争者很容易模仿。
- 加量不加价。这是指价格不降低，增加给客户提供的服务的数量。这种营销推广方式损害企业形象的风险较小，可以鼓励客户更多地消费。
- 赠品。赠品有各种形式，可以给代理，也可以给客户。其目的是使服务有可触知性。企业可以用此方法奖励客户的忠诚，或者达到短期目的，或者刺激销售，或者推出新服务产品。它的不利之处和降价一样，容易被他人模仿，而且有可能影响企业形象，造成低值服务的印象。
- 免费体验。虽然这对于企业来说是一种负担，但可以让推出的新服务收到良好效果。这种政策的出发点是潜在客户在体验后能购买服务。对于销量已经不错的物流服务，此法不可取，但对于从其他企业中吸引客户或说服潜在客户了解新服务的质量都是有效的。

（3）针对中间商的营销推广方式。针对中间商的营销推广主要形式有以下几种。

- 价格折扣。物流企业对实现一定业务量的中间商提供价格优惠。
- 更高的佣金。在短期内，佣金可以适当提高，以刺激销售，提高中间商的忠诚度或吸引竞争者的中间商。
- 绩效奖励。无论是推出新服务，还是提高老客户的忠诚度，这种刺激都是有效的。但其弊端是，可能成为一种惯例，增加营销成本。
- 销售点设施的提供。中间商的活动可以得到物流服务企业的各种帮助，如宣传画、产品目录、录像资料。物流服务生产者可以向新销售点的开业支付一些成本。
- 共同的广告。物流企业可以承担新销售点或新服务推出的广告成本，这对加强物流企业与中间商之间的合作很奏效。

2．选择国际物流营销推广方式应考虑的因素

营销推广活动具有促销针对性强、方式灵活多样和短期促销效果显著等特点，通常是为了解决具体销售问题或达到临时促销目的而进行的。选择营销推广方式应考虑如下因素。

（1）要了解和分析各国对营销推广方式的限制和管理规定。许多国家对企业的营销推广方式在当地市场上的应用加以限制。例如，有的国家规定，企业在当地市场上进行营销推广活动，须事先征得政府有关部门的同意。有的国家的法律对现金折扣和数量加以限制。

（2）要确定合理的营销推广预算。营销推广预算与营销推广规模有着直接的联系。在一定的规模内，营销推广的费用与效果之间存在正相关关系，但当营销推广费用达到一定水平以后，其效果就会出现递减现象，最后甚至出现与营销推广费用负相关的关系。企业必须正确确定营销推广的规模。

（3）要合理选择营销推广的时间。选择营销推广的时间有两层含义：一是确定营销推广的起始时间，即什么时候开展营销推广较为合适；二是确定营销推广的时间长度。企业开展营销推广时间的长短，应视产品、地区、人口的状况而定。时间过短，可能使许多潜在客户没有机会购买产品，无法达到预期的推广目的；时间过长，可能使客户对产品产生怀疑。

（4）要深入考察目标市场状况。考察可侧重于以下方面。

- 中间商的合作态度。合作态度好，如中间商能够代为分发赠品或优惠券，甚至进行有形展示，营销推广就较易取得成功。因此，企业在决定进行营销推广之前，需要慎重了解中间商的合作态度。

- 目标市场的竞争程度及竞争者在促销方面的动向或措施。这是便于企业针对对手的行动采取相应的对策。另外，企业在国外目标市场进行营销推广时，很可能会遭到当地竞争者的反对或阻挠，甚至可能通过当地有关协会或政府部门利用法律或法规的形式来加以禁止。所以企业决定在一个市场上进行某种营销推广时，必须将市场竞争程度及竞争者的动向考虑在内。

总之，国际市场的促销策略比国内市场的更为复杂，进行国际经营的企业需根据目标市场国的实际情况，采取相应的方式，克服地域、文化等因素带来的困难，只有这样，才能够成功地进行国际营销，使产品跨越国界，走向世界。

13.5.4 国际物流公共关系策略

国际物流企业的公共关系促销作用主要体现在提高企业在国际上的知名度及在国际公众中建立良好的信誉。利用公共关系树立和宣传企业形象的本身就是一种销售行为。因为只有在公共关系状态良好、形象优秀的情况下，企业的物流服务才能畅销不衰。

1. 公共关系在国际物流营销中的任务

国际物流企业在国际物流营销中进行公共关系活动，最主要的目的是树立企业良好的社会形象和声誉。为达到这一目的，国际物流企业应做到以下几点。

（1）加强与传播媒介的联系。企业要与传播媒介建立良好的合作关系，充分利用传播媒介来为其服务；主动向传播媒介提供企业信息，积极创造具有新闻价值的事件，争取媒介的主动报道，引导舆论，树立企业在公众中的良好形象。

（2）调整与政府的关系。由于从事国际物流的企业面临着来自各个国家的各种不同要求或压力，为了协调各种关系，避免可能发生的冲突和利益矛盾，企业就需要加强与东道国政府官员的联系，了解他们的意图及所在国的法律，争取相互之间的理解，以求得企业在东道国生存和发展的空间。为此，企业可以组织些公益活动，如为公用事业捐款、赞助等，树立为东道国的社会与经济发展积极做贡献的形象。

（3）改善与客户的关系。客户是企业生存和发展的生命线，企业要善于运用公共关系加强与客户的沟通，增进了解，使客户对企业形象和它的服务内容产生良好印象。这一点对企业的意义十分重大。

（4）在不同时期、不同阶段进行不同的公共关系活动。企业在进入东道国的初期肯定会面临许多问题，公关任务繁重，工作的重点是争取被东道国的政府及市场接纳。进入营运阶段以后，企业就要关注东道国的政策动向及企业利润汇回母国的风险等，工作的重点是扩大企业在东道国社会的影响，确立良好的声誉。最后，即使在撤出阶段，也要注意保持与东道国的良好关系，以维护其他方面的利益。

物流窗口 13-3

"一带一路"倡议实现中，中国加快全球物流布局

"一带一路"倡议提出至今已有五年多了，在五年多的建设中，由点及线、及面、及网，在物流枢纽、通道和网络发展中不断前进，在合作中茁壮成长。"一带一路"建设已经驶入了加速推进的"快车道"，成为世界经济全面复苏的一股强大动力。

（1）基础设施互联互通加快推进。设施联通是"一带一路"建设的核心内容和优先领域。高效畅通的国际大通道加快建设。中老铁路、中泰铁路、匈塞铁路建设稳步推进，雅万高铁全面开工建设。斯里兰卡汉班托塔港二期工程竣工，科伦坡港口城项目施工进度过半；希腊比雷埃夫斯港建成重要中转枢纽。中缅原油管道投入使用，实现了原油通过管道从印度洋进入中国；中俄原油管道复线正式投入使用，中俄东线天然气管道建设按计划推进。

（2）经贸投资合作成效显著。中国与"一带一路"沿线国家的贸易和投资合作不断扩大，形成了互利共赢的良好局面。2017年，中国对"一带一路"国家的进出口总额达到14 403.2亿美元，同比增长13.4%，高于中国整体外贸增速5.9个百分点，占中国进出口贸易总额的36.2%。其中，中国对"一带一路"沿线国家出口7 742.6亿美元，同比增长8.5%，占中国总出口额的34.1%；自"一带一路"沿线国家进口6 660.5亿美元，同比增长19.8%，占中国总进口额的39.0%，近五年来进口额增速首次超过出口额。2017年，中国对"一带一路"沿线国家投资143.6亿美元，占同期中国对外投资总额的12%。尤其是，在中企海外并购项目整体锐减五成、交易总额整体下降逾10%的情况下，对"一带一路"沿线国家并购投资额逆势增长32.5%。目前，中国与沿线国家已建成80多个境外经贸合作区，为当地创造了24.4万个就业岗位。中国—白俄罗斯工业园等成为双边合作的典范，中国—老挝跨境经济合作区、中哈霍尔果斯国际边境合作中心等一大批合作园区也在加快建设。

（3）金融合作深入发展。金融合作是"一带一路"国际合作的重要组成部分。通过加强金融合作，促进货币流通和资金融通，可以为"一带一路"建设创造稳定的融资环境，引导各类资本参与实体经济发展和价值链创造，推动世界经济健康发展。截至2018年6月，中国在7个"一带一路"沿线国家建立了人民币清算业务。目前，已有11家中资银行在27个"一带一路"沿线国家设立了71家一级机构。

（4）国际接受度不断提升。在以和平合作、开放包容、互学互鉴、互利共赢为核心的丝路精神指引下，"一带一路"倡议持续凝聚国际合作共识，在国际社会形成了共建"一带一路"的良好氛围。正如习近平主席所言，我们推进"一带一路"建设不会重复地缘博弈的老套路，而将开创合作共赢的新模式；不会形成破坏稳定的小集团，而将建设和谐共存的大家庭。"一带一路"倡议的国际影响力日益提高，与相关国家和国际组织的战略对接工作不断推进，朋友圈和合作范围持续扩大。目前，中国已与100多个国家和国际组织签署了共建"一带一路"合作文件；"一带一路"倡议及其核心理念被纳入联合国、二十国集团、亚太经合组织、上合组织等重要国际机制成果文件。作为2017年中国最重要的主场外交活动，"一带一路"国际合作高峰论坛的成功召开，标志着"一带一路"建设框架下最高规格的官方国际对话机制建立起来了。

（根据央视网《"一带一路"五年成就辉煌》资料摘编）

2. 国际公共关系策略

（1）宣传型公关策略。宣传型公关策略是指企业利用各种传播媒体和交流方式，开展广泛的宣传活动，让公众了解、信任并支持企业及其物流服务的一种公关策略。此种策略的特点是能体现企业的个性和特色，传播面广，见效快，有利于企业在国外物流市场上迅速树立起良好的形象。

企业对国际物流市场目标公众的宣传公关可通过两种途径：一是展览会或交流会等不借助大众传播媒体的宣传活动；二是广告宣传、新闻报道或专题通信等借助大众传播媒体的宣传活动。

（2）交际型公关策略。交际型公关策略是指企业通过直接的人际交往与客户进行情感上的联络，以建立广泛的社会关系网络，形成有利于企业营销的人际环境的一种公关策略。交际型公关策略具有情感性强、反馈迅速、公关效果好等特点。国际物流市场营销中的交际型公关策略，实际上是企业一种直接的情感投资，可以通过与目标市场国或地区公众的直接接触，随时捕捉各种有价值的信息，了解待定公众的态度和反应，以期灵活有效地及时调整和完善各种公共关系行为和策略。但是应当看到，交际型公关策略在国际物流市场营销中的运用有很大的局限性：一是交际型公关策略是建立在人际交往的基础上的。物流企业作为外来者，往往对当地情况并不熟悉，社会关系网络尚未建立，交际型公关策略可能因交际面的限制而无法发挥应有的作用。二是由于不同国家社会文化与政治法律环境的差异，对人际交往的要求、规范等会各不相同，企业忽视或不了解这些，不仅无法建立所期望的人际交往网络，反而可能导致严重的公关危机。

交际型公关策略可通过个人交往，如拜访或交谈、信件往来或参加社交活动等方式，以及团体交际如座谈会、招待会、舞会等方式来实现。

（3）服务型公关策略。服务型公关策略是指通过提供优质服务的手段，来赢得公众的信任和支持，从而树立良好企业形象的一种公关策略。服务型公关策略的特点是以看得见、摸得着的实际利益来争取客户，而且通过客户亲身体验后的良好口碑传播，具有更强的说服力，更能影响其他公众。但这种策略的实施，有赖于物流企业的全体员工的共同努力，仅仅依赖公关部门往往无法取得理想的效果。

（4）社会型公关策略。社会型公关策略是指企业通过举办或赞助各种社会公益活动来扩大企业的社会影响，赢得公众的信任和支持，树立企业良好形象的一种公关策略。社会型公关策略的特点是社会公益性强、影响面广和效果深远。在国际物流市场竞争中，当一个物流企业能在公众中树立起不单纯追求经济效益，而是热衷于为社会公众服务的形象时，该企业的社会型公关策略就取得了最完美的效果。社会型公关策略通常有以下两种方式。

- 赞助各类社会公益或慈善事业。例如，赞助东道国大众传播媒介制作公益广告和节目，捐资办学、助残助老或出资修建公共设施，举办冠以物流企业或产品名称的体育比赛等活动，以此树立物流企业关注东道国公益事业、承担社会责任的形象，赢得社会的广泛支持，提高企业及其产品的声誉。
- 借企业本身的重要庆典开展各类社会活动。例如，企业利用开业周年或正式进入市场等机会，邀请社会人士参加庆祝活动，借此烘托企业形象，渲染气氛，联络关系，为以后的合作奠定基础。

（5）矫正型公关策略。矫正型公关策略也称为危机公关策略。这种策略多用于企业的发展遇到风险，内外部环境发生严重的不协调，其公共关系面临危机时。在国际物流营销活动中，尽管企业希望将直接的摩擦和冲突化解在萌芽状态，但是由于企业所处国际环境的复杂性及企业自身的一些不确定因素，矛盾、冲突甚至危机是不可避免的。这时就需要企业利用矫正型公共关系策略，在认真调查研究的基础上，正视现实，勇于承担风险，及时地分析原因，采取有效措施，防止事态进一步扩大。同时，企业尽可能地调动一切有利因素，找出危机之中的突破点，积极迅速地进行相关公关活动，挽回不良影响，重新树立企业的良好形象。

在应用这一策略时，企业应当注意坚持三项基本原则：一是超前行动。企业要进行调查分析，尽早发现引发危机的蛛丝马迹，预测出将要遭遇的问题及事态的基本发展方向与程度，从而制订出多种可供选择的应变计划。二是败不可悔，时不可失。企业在处理企业公关危机时，不管面对的是何种性质、何种类型、何种起因的危机事件，都应该主动承担责任，积极进行处理，以防错过处理危机的最佳时机，从而引发更大的危机。三是临危不惧，如实宣传。企业主动与公众沟通，与新闻媒介取得联系，公开事实真相，不掩饰隐瞒、弄虚作假，否则只会欲盖弥彰，更加损害企业的形象，甚至造成毁灭性打击。

13.5.5 国际物流高质量发展策略范围

"一带一路"经济带以国际物流为基础的物流集结中心、物流主通道和物流网络，是以新亚欧大陆桥、西部陆海新通道建设为基础，从而将国内各地区分散的国际物流业务，通过集结中心整合起来，提高国际物流一体化运作效益、质量和降低成本。

📖 案例分析 13-1

统一品牌的中欧班列

中欧班列是指按照固定车次、线路、班期和全程运行时刻开行，往来于中国与欧洲及"一带一路"沿线各国的集装箱国际铁路联运班列，经由西、中、东 3 条通道运行：西部通道由我国中西部经阿拉山口（霍尔果斯）出境，中部通道由我国华北地区经二连浩特出境，东部通道由中国东南部沿海地区经满洲里（绥芬河）出境。自"一带一路"倡议提出以来，中欧班列如雨后春笋般在各地不断涌现。

经过一段时间的发展，针对中欧班列发现的问题不断凸显。中国铁路总公司决定将中国开往欧洲的所有中欧班列全部采用"中欧班列"统一品牌。中欧班列品牌标识以奔驰的列车和飘扬的丝绸为造型，融合中国铁路路徽、中国铁路英文缩写、快运班列英文字母等元素，以中国红、力量黑为主色调，凸显出中国铁路稳重、诚信、包容、负责和实力的品牌形象。

2018 年 6 月，中欧班列累计开行已突破 9 000 列，运送货物近 80 万标准箱，国内开行城市 48 个，到达欧洲 14 个国家 42 座城市，运输网络覆盖亚欧大陆主要区域。2021 年全年，中欧班列共开行 15 183 列，通达欧洲 23 个国家的 170 多个城市，运送 146.4 万标准箱。铁路总公司运输局相关负责人表示，统一中欧班列建设、班列命名、品牌标识、品牌使用和品牌宣传，有利于集合各地力量，促进内部良性竞争，增强全程服务能力，打造具有国际竞争力和信誉度的知名品牌，推进中欧班列健康有序发展。

（根据网络新闻资料整理）

本章小结

本章提出了国际物流、国际物流市场营销的基本含义，分析了国际物流市场营销与国内物流市场营销的区别，提出了适合"一带一路"国际产能合作的物流网链绿色延伸等市场营销组合策略。

巩固复习

回答下列问题（达到深刻理解给5分，部分理解给3分，不理解给1分）

1. 国际物流与国内物流相比其特点是什么？
2. 国际物流市场营销与国内物流市场营销的区别有哪些？
3. 物流企业进入国际物流市场的方式有哪些？
4. 简述物流企业进入国际物流市场需要考虑的因素。
5. 国际物流服务营销策略有哪些？
6. 国际物流营销中的定价策略有哪些？
7. 国际物流分销渠道有哪些特征？
8. 国际物流分销渠道策略有哪些？
9. 国际物流促销策略有哪些？
10. 简述公共关系在国际物流营销中扮演的角色及作用。

请把各小题分数相加，如总分为42~50分，请继续下面的题目；如果总分为33~41分，请对不足之处进行有针对性的复习；如果总分在32分以下，请重新学习本章相关内容。建议你在学习过程中多与老师和同学探讨不理解之处。

多项选择题

1. 国际物流服务营销策略包括（　　）。
   A. 直接延伸策略　　B. 间接延伸策略　　C. 宣传适应策略
   D. 宣传延伸策略　　E. 全新物流服务策略
2. 物流企业进入目标国家的物流市场的方式有（　　）。
   A. 投资方式　　B. 租赁方式　　C. 贸易方式
   D. 契约方式　　E. 建点方式
3. 公共关系在国际物流服务营销中的任务是（　　）。
   A. 在不同时期和阶段进行不同的公共关系活动
   B. 改善与客户的关系　　C. 大力宣传物流企业
   D. 加强与媒体的联系　　E. 调整与政府的关系
4. 国际物流服务分销渠道策略包括（　　）。
   A. 通过代理商的渠道策略　　B. 直接渠道策略
   C. 间接渠道策略　　D. 通过中介组织的渠道策略
   E. 直接与间接渠道相结合的策略

思维提升

1. 国际物流市场营销与国内物流市场营销的共同点和不同点是什么？
2. 在国际物流中的枢纽、通道和网络运行中，你认为哪些国际物流营销策略较为常用？
3. 网络查阅并了解灰犀牛风险，根据中兴芯片事件思考公共关系在国际物流营销中的重要性。

拓展阅读

1. 董千里. 集成场："一带一路"产能合作网链研究[M]. 北京：中国社会科学出版社，2020.
2. 董千里. 集成场理论：两业联动发展模式及机制[M]. 北京：中国社会科学出版社，2018：361-384.

实例分析

集成场理论分析西安陆港保税公司组织中欧班列的实践

该案例的合成场元主要是西安陆港集团作为物流集成体、西安集结中心作为基核，通过联接键构成国际物流链，主要以中欧班列西通道实现中欧班列西线全贯通运作。

集成体的构成：西安陆港集团下的5家子公司：西安国际陆港多式联运公司、西安国际陆港博正供应链公司、西安国际陆港博中公司、西安国际陆港供应链公司、西安国际陆港海漫公司，体现了多企业支撑的集成体体系。国有独资企业，现有员工1 500余人，资产规模350亿元。2020年公司营业收入为20.63亿元，物流收入为19.98亿元，资产总额为95.67亿元，资产负债率为67.70%。企业主要经营范围：国内外多式联运；货物仓储、装卸、分拨服务；国际货运代理服务（海运、陆运、空运）房地产投资、开发、建设、租赁和销售等。从事中欧班列运营，整车口岸、粮食口岸、肉类口岸运营。

基核的构成：建成并实现西安综合保税区的厂房、仓库、冷库的开发建设及运营，依托西安港和中欧班列（长安号）打造联通世界物贸体系，充分利用汽车、粮食、肉类3个口岸、货场等基础设施平台，使我国东中部货源通过汽车、铁路都在仓库、货场、厂房等，在同一地址进行运营集结货源，支撑基核的是西安港平台集成体，其支撑平台运行有利于提高基地投资绩效。东中部货源在西安集结中心进行集结，直接对接中欧班列西线，具有很好的规模经济效益。西安集结中心建设的功能规划、土地利用等效果很好，基核建设本身具有排他性，这是能够进行统一规划、推动建设，实现一体化国际物流的关键。

联接键的构成：建成跨境电商通关服务平台，通过"'一带一路'国际多式联运智慧物流枢纽平台""数字班列"，场站智能作业管理系统（进出口）、西安港整车口岸海关辅助监管系统、WMS仓储管理系统、中欧班列长安号单一窗口订舱平台、跨境（备货）仓储系统，通过信息化手段，实现班列物流可视化、服务线上化、工作无纸化和流程标准化，为客户提供舱位展示、发运状态、在途监控等班列状态业务数据，客户签约、班列订舱、线上舱位调整、单证处理、地面服务等环节全面实现了无纸化，全服务环节通过数据流动实现。

结合上述分析，组织西安始发的中欧班列物流集成体是西安国际陆港多式联运公司，作为中欧班列（长安号）欧洲线路官方唯一运营商，是中欧班列运输协调委员会7家发起单位之一，在中欧班列开行20条干线，可辐射45个站点，基本实现对亚欧地区的全覆盖。同时公司提供专业整车物流全程解决方案，以及场站服务、集装箱租赁、境内外拖车和全流程地面操作等增值服务。西安国际陆港博正供应链公司（咨询平台）是以物流信息及硬件技术标准为核心的供应链解决方案提供者，以拼箱业务作为全新业务，是西安港综合平台的强力支撑。西安国际陆港博中公司（国贸企业）凭借中欧班列（长安号）稳定的班列频次、高效的运输速度和最优的全程物流解决方案，将运输时效缩短至12天，是海运时效的三分之一，相对于国内4S店价格更具竞争优势。另外，可满足西北、西南客户的购车需求，西北、西南客户在西安就可以买到心仪的车型，免去了客户前往沿海港口城市购车的成本，为客户提供更加优惠的购车价格。西安国际陆港供应链管理有限公司（货主企业），主要开展业务有跨境备货业务（1210模式：1210全称保税跨境贸易电子商务，简称保税电商）及跨境出口业务（9610模式、9710模式、9810模式）。其运营的跨境保税仓库可为跨境电商客户提供货物储存、货物分拣打包、快递配送等服务。

案例探讨

（1）中欧班列的国际物流链组织者集成体由哪些公司构成？各自起到什么作用？

（2）国际物流链形成的特点是形成稳定的网链，这一网链是如何构成的？

（3）中欧班列统一品牌的背后，西安集结中心在哪里体现了国际物流营销策略的重大转变？

参考文献

[1] 董千里，等. 物流市场营销学 [M]. 4 版. 北京：电子工业出版社，2019.

[2] 董千里. 高级物流学 [M]. 3 版. 北京：人民交通出版社，2015.

[3] 董千里. 改革开放 40 年的中国物流业高级化发展理论与实践[J]. 中国流通经济，2018（3）：3-14.

[4] 董千里. 集成场理论：两业联动理论及机制[M]. 北京：中国社会科学出版社，2018.

[5] 董千里. 物流集成场：国际陆港理论与实践[M]. 北京：社会科学文献出版社，2012.

[6] 雷蒙德·P. 菲斯克，史蒂芬·J. 格罗夫，乔比·约翰. 互动服务营销[M]. 张金城，等，译. 北京：机械工业出版社，2001.

[7] 菲利普·科特勒，加里·阿姆斯特朗. 科特勒市场营销教程[M]. 俞利军，译. 北京：华夏出版社，2000.

[8] 董千里. 网链绿色延伸："一带一路"重卡产能合作的价值链提升[J]. 中国流通经济，2018（6）：3-14.

[9] 董千里，鄢飞. 物流集成理论及实现机制[M]. 北京：社会科学文献出版社，2011.

[10] 董千里. 集成场："一带一路"产能合作网链研究[M]. 北京：中国社会科学出版社，2020.

[11] 董千里，董展. 制造业与物流业联动发展模式的识别与应用研究——集成场视角的案例研究[J]. 物流技术，2013，32（12）：8-11.

[12] 董千里，伍佳妮. 特种货物物流运作与管理[M]. 北京：中国铁道出版社，2017.

[13] 董千里. 现代企业物流管理[M]. 北京：首都经济贸易大学出版社，2008.

[14] 董千里，董展. 制造业与物流业联动集成场中的联接键形成与运行研究[J]. 物流技术，2013，32（11）：1-4.

[15] 董千里，董展. 集成体主导的基核区位分布与两业联动发展关系研究[J]. 物流技术，2013（10）：36-38.

[16] 董千里，等. 物流运作管理 [M]. 3 版. 北京：北京大学出版社，2022.

[17] 董千里. 基于供应链管理的第三方物流战略研究[J]. 中国软科学，2000（10）：34-37.

[18] 董千里. 采购管理[M]. 重庆：重庆大学出版社，2008.

[19] 董千里. 基于集成场理论的制造业与物流业网链融合发展机理研究[J]. 物流技术,2013,32（3）: 1-3, 8.

[20] 董千里. 基于集成场的省域制造业与物流业联动发展水平研究[J]. 物流技术，2013,32（2）: 1-4.

[21] 乔尼·约翰逊. 全球营销[M]. 汇林，等，译. 北京：中国财政经济出版社，2004.

[22] 董千里，等. 供应链管理[M]. 大连：东北财经大学出版社，2009.

[23] 菲利普·科特勒. 营销革命4.0：从传统到数字[M]. 王赛，译. 北京：机械工业出版社，2017.